AF334193

CHRISTOPHER LEHMPFUHL
SCHLOSSPLATZ IM WANDEL / SCHLOSSPLATZ IN TRANSITION

Mit einem Essay von / With an essay by
Thomas Gädeke

PRESTEL
Munich · London · New York

INHALT / CONTENTS

ENERGIE

Die Kunst von Christopher Lehmpfuhl ist in jeder Hinsicht außergewöhnlich. Wer beobachtet, wie er seine Farben mit bloßen Händen aus Eimern schöpft, um sie auf der Leinwand mit ganzem Körpereinsatz lebendig werden zu lassen, der wird Zeuge eines ungezügelten, fast schon elementaren Kreativprozesses. Christopher Lehmpfuhl malt mit allen Sinnen. Oft unter Strapazen, bei Wind und Wetter, zu jeder Jahreszeit. Er fängt Licht, Farben und Stimmungen ein und komponiert sie zu gewaltigen Momentaufnahmen von Natur und Urbanität. Seine meist großformatigen Bilder verströmen dabei Energie, sie sind authentisch, wirkmächtig und persönlich zugleich.

Eben diese Intensität ist es, die mich an seiner Kunst so fasziniert. Schon seit Jahren schätze ich seinen unmittelbaren Blick auf die Dinge; ich teile sein Interesse an der Bergwelt und der Architektur. Auch in meiner Funktion als Vorstandsvorsitzender eines Unternehmens, das Kreativität ins Zentrum seiner Wertschöpfung stellt, gab und gibt es Berührungspunkte. So verwandelte Christopher Lehmpfuhl das Dach der Berliner Bertelsmann-Repräsentanz mehrfach in ein Freiluft-Atelier, um die bauliche Transformation des benachbarten Schlossplatzes zu beobachten. Seit über einem Jahrzehnt dokumentiert er mit seiner Pleinairmalerei an dieser und anderen Stellen, wie der einstige Palast der Republik abgetragen wurde und dort nach und nach das Stadtschloss samt Humboldt Forum entstand. Wie imposant seine Dokumentation des spektakulären Baugeschehens geraten ist, zeigt der vorliegende Kunstband.

37 expressionistische Ölgemälde aus dem Schlossplatz-Zyklus zeigte Bertelsmann 2018 zusammen mit der einstigen Projektgesellschaft U5 im noch unfertigen Berliner Kreuzungsbahnhof „Unter den Linden". Ich erinnere mich gern daran: Lehmpfuhls kraftvolle Bilder, manche davon 8 Meter breit, passten hervorragend in das mächtige Bauwerk.

Sie passen auch hervorragend in diesen Bildband, mit dem der zu Bertelsmann gehörende Kunstbuchverlag Prestel eine der wichtigsten Schaffensphasen des Künstlers porträtiert. 126 Werke umfasst der Zyklus *Schlossplatz im Wandel* bisher. Ob er damit tatsächlich vollendet ist, weiß wohl nur Christopher Lehmpfuhl selbst. Ihm und diesem Buch wünsche ich ein Publikum, das sich gerne von den ausdrucksstarken Bildern und deren zeitgeschichtlichem Wert begeistern lässt.

Thomas Rabe
Vorstandsvorsitzender von Bertelsmann, Stifter und Kunstsammler

The art of Christopher Lehmpfuhl is extraordinary in every respect. To observe the artist using his bare hands to scoop his paints out of buckets and, in an all-out effort, bring them to life on the canvas is to witness an uninhibited, all but elemental creative process. Christopher Lehmpfuhl paints with all his senses. Often under adverse conditions, in all kinds of weather, in every season. He captures light, colours and moods, and composes them into powerful impressions of nature and urban scenes. His mostly large-format pictures exude energy; they are at once authentic, powerful and personal.

This intensity is what fascinates me so deeply about his art. For years, I have appreciated his focused, direct view of things; I share his interest in the mountains and in architecture. Likewise, in my role as CEO of a company that places creativity at the centre of its value creation, there have been and still are shared points of contact. For example, Christopher Lehmpfuhl repeatedly transformed the rooftop of Bertelsmann Unter den Linden 1 in Berlin into an open-air studio from where one could observe the structural transformation of neighbouring Schlossplatz. For more than a decade, he has painted en plein air at this and other locations around the site to document first the demolition of the former Palast der Republik (Palace of the Republic), and then the gradual reconstruction of the Berliner Schloss (Berlin Palace), including the Humboldt Forum. The book you are holding now illustrates just how impressive his documentation of the spectacular building work has turned out.

In 2018, Bertelsmann showed 37 expressionist oil paintings from this Schlossplatz cycle in the Unter den Linden underground station – at the time still unfinished – in cooperation with the former U5 project company. I still remember it vividly: Lehmpfuhl's vigorous paintings, some of them 8 metres wide, were a perfect fit for the mighty construction site.

They are also a perfect fit for this illustrated book, in which the art publisher Prestel, a Bertelsmann imprint, portrays one of the artist's most important creative phases. The *Schlossplatz in Transition* cycle comprises 126 works so far; only Christopher Lehmpfuhl himself knows whether this means it is, in fact, completed. I wish him and this book an audience that is eager to be inspired by his expressive pictures and their value as artifacts of contemporary history.

Thomas Rabe
Chairman & CEO of Bertelsmann, patron of the arts and art collector

ENERGY

WANDEL

Der radikale Wandel, den die mittlere Spreeinsel in den letzten 20 Jahren erlebt hat, ist selbst für Berlin ungewöhnlich. Die Umbrüche betreffen ganz augenfällig die baulichen Strukturen des Raums, aber ebenso radikal wandeln sich die Bedeutung und Funktion im Gefüge der Stadt. Die Gemälde von Christopher Lehmpfuhl nehmen diesen dynamischen Strudel aus Bauten, Maschinen und Farben in den Blick. Die Plastizität des Farbauftrags scheint das Umgraben und Umwälzen von Erde und Geschichte auf der Leinwand nachzuvollziehen. Seine Bilder machen so das Wesen dieses Herzstücks der Stadt augenfällig: die wichtigste Tradition dieses Ortes ist der Umbruch.

Wie die archäologischen Grabungen in Vorbereitung zur Errichtung des Humboldt Forums deutlich gemacht haben, war das schon von Anfang an so. Als Ende des 12. Jahrhunderts die ersten Menschen beschlossen, auf den sumpfigen Spreewiesen zu leben, gruben sie den Boden für den Bau ihrer Häuser und die Anlage ihrer Gärten wortwörtlich um. Über 100 Jahre wurde hier gelebt und gearbeitet, bevor dieses Areal dem Erdboden gleichgemacht wurde. Denn um 1300 sollte nun mit dem Bau des Dominikanerklosters eine erste steinerne Monumentalarchitektur entstehen. Das Kloster selbst wurde ab 1443 vom Berliner Schloss zunehmend zur Seite gedrängt, eingebunden und am Ende abgerissen. Das Schloss wiederum wurde ebenfalls permanent transformiert, neu ausgerichtet und erweitert. So ging es immer weiter – die dramatischen Umwälzungen des 20. Jahrhunderts mit dem Ende der Monarchie, der Zerstörung des Schlosses, dem 1976 eröffneten Palast der Republik und der Debatte um seinen Abriss sowie die Rekonstruktion des Schlosses seit 1990 sind bekannt. Die Eröffnung des Humboldt Forums markiert jetzt einen neuen Höhepunkt. Nach Jahren als Wohnwagenparkplatz, Jahrmarktfläche, Ort der kulturellen Zwischennutzung, archäologische Grabungsstätte, Wiese und Großbaustelle entsteht zwischen den beiden Spreearmen wieder ein öffentliches Stadtquartier und belebter Anziehungspunkt. Der Wandel wird und soll weitergehen. Wie die neuen Nutzer hinter den rekonstruierten Fassaden die neue Mitte der Hauptstadt mit Leben füllen werden, ist alles andere als ein abgeschlossener Prozess. Denn das Humboldt Forum will ein Ort sein, der nicht nur städtebaulich, sondern auch in seiner gesellschaftlichen Wirkung einen zentralen Platz in Berlin einnimmt.

Hartmut Dorgerloh
Generalintendant des Humboldt Forums

The radical transformation that the middle of the Spree Island has undergone in the last 20 years is unusual even for Berlin. The changes quite noticeably involve the area's architectural structures, but its significance and function within the fabric of the city is changing just as radically. The paintings by Christopher Lehmpfuhl explore this dynamic maelstrom of buildings, machines and colours. The plasticity of the paint application seems to reenact on canvas the digging up and turning over of earth and history. The artist's paintings thus make evident the essential nature of this linchpin of the city: the most important tradition of this place is transformation.

As the archaeological excavations in preparation for building the Humboldt Forum made clear, this has been the case from the very beginning. When, at the end of the twelfth century, the first people resolved to live on the swampy Spree meadows, they dug up the earth to build their houses and lay out their gardens. They lived and worked here for over a century before this area was literally levelled. For around 1300 the Dominican monastery would be the first stone monumental architecture erected here. But from 1443 on, the monastery itself would be increasingly pushed to the side by the Berliner Schloss (Berlin Palace), incorporated and finally demolished. The palace, in turn, was continuously transformed, redesigned and expanded. And so it went on – the dramatic upheavals of the twentieth century with the end of the monarchy, the destruction of the palace, the opening of the Palast der Republik (Palace of the Republic) in 1976, and the debate since 1990 about its demolition and the reconstruction of the palace are well known. The opening of the Humboldt Forum now marks a new climax. After years as a parking lot for trailers, the site for an annual flea market, a space for interim cultural use, a site of archaeological excavations, a meadow, and a large construction site, once again a public urban quarter and lively centre of attraction is emerging between the two arms of the Spree. The change will and should continue. How new users will fill the new centre of the capital with life behind the reconstructed façades is anything but a completed process. For the Humboldt Forum will be a space that occupies a central place in Berlin not only in terms of urban planning but also social impact.

Hartmut Dorgerloh
Director of the Humboldt Forum

TRANSITION

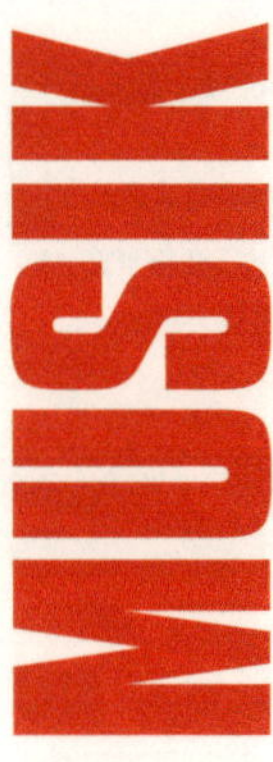

Christopher Lehmpfuhl lernte ich im Spätsommer 2014 kennen. Eigentlich sah ich auf der Nordseite der Rathausbrücke, nahe der Ostfassade, zuerst Franco Stella, den Schlossarchitekten, im Gespräch mit einem jungen Mann – vielleicht einem Kunststudenten? Dieser holte mit seinen Händen aus großen Eimern plastisch-cremige Farben und schichtete sie auf eine riesige Leinwand. Erste Wahrnehmung aus der Ferne: Aha, wieder so ein etwas wirrer Aktionskünstler! Aber wieso blieb dann Franco Stella stehen und unterhielt sich intensiv mit ihm? Neugierig überquerte ich die Brücke, begrüßte die beiden und begriff dann sofort meinen Irrtum.

Christopher Lehmpfuhl malte nicht, nein, er modellierte ein Farbrelief. Die Farben waren nicht fertig durchmischt, sondern wurden durch den Griff in verschiedene Eimer erst zusammengestellt und dann mit der Hand aufgetragen, ein wenig verrieben, nachmodelliert – und schon kam der nächste Farbauftrag. Alles geschah in einem atemberaubenden Tempo. Und so entstand vor unseren Augen ein erregendes Bild von einem eigentlich langweiligen Betonrohbau an der Spree, den Berliner Dom im Hintergrund lassend.

Das war keine Aktion, sondern für mich als blutigen Laien einfach unglaublich. Ich war einem Genius begegnet, das Bild war in seinem Kopf längst fertig. Um es auf die Leinwand zu bannen, verfügte er über die Fähigkeit, seine Gedanken so in die Hände und die Farbeimer fließen zu lassen, dass daraus ein großes Kunstwerk entstand. In ihrem Ausdruck erinnern mich seine Bilder an den späten Lovis Corinth, der eins der für mich eindrucksvollsten Bilder des Berliner Schlosses malte.

Lehmpfuhl inszeniert seine Bilder. Er legt einen großen Spannungsbogen, sie erzeugen Wärme und machen mir dennoch in ihrer Schönheit eine Gänsehaut. So wie Brahms' große Musik, wenn sie einfühlsam und doch temperamentvoll interpretiert wird. Über die Zeit entstand eine wunderbare Freundschaft und er schuf mit seinem Zyklus diese unter die Haut gehende Begleitmusik zum Schlosswiederaufbau, Inspiration und Freude zugleich. Danke, lieber Christopher Lehmpfuhl!

Wilhelm von Boddien
Geschäftsführer des Fördervereins Berliner Schloss e. V.

I met Christopher Lehmpfuhl in the late summer of 2014. Actually, on the north side of the Rathaus Bridge, near the east façade, I first saw Franco Stella, the palace architect, speaking with a young man – perhaps an art student? The young man was scooping viscous-creamy paint from large buckets with his hands and layering it on a giant canvas. My first thought from a distance: Ah, another one of those crazy action artists! But why, then, was Franco Stella standing there and talking with him so intently? Curious, I crossed the bridge, greeted the two of them and immediately saw my mistake.

Christopher Lehmpfuhl was not painting; rather, he was moulding a painted relief. The paints were not already mixed but were being first combined by reaching into various buckets and then applied with the hand, rubbed together a bit, remoulded – and then came the next application of paint. It all happened at breathtaking speed. And thus before our eyes emerged an exciting image of an actually boring concrete building shell on the Spree, leaving the Berlin cathedral in the background.

This was not some action; instead, for me, an absolute layman, it was simply incredible. I had encountered a genius; in his mind, the image was long finished. To capture it on canvas he possessed the ability to allow his thoughts to flow into his hands and the buckets of paint in such a way that a great artwork came about. In their expressiveness his paintings remind me of the late Lovis Corinth, who, to my mind, painted one of the most impressive images of the Berliner Schloss (Berlin Palace).

Lehmpfuhl stages his images. He casts a wide field of tension; they generate warmth but their beauty also gives me goosebumps – just like Brahms' great music, when it is interpreted in a sensitive yet emotionally charged way. Over time a wonderful friendship has flourished, and with his cycle he has created this wonderful accompaniment to the palace's reconstruction that gets under your skin, both an inspiration and a delight. Thank you, dear Christopher Lehmpfuhl!

Wilhelm von Boddien
General Manager of the Förderverein Berliner Schloss e. V.

DER SCHLOSSPLATZ-ZYKLUS ALS KÜNSTLERISCHER WEG

Es hat mit Gott zu tun. Das wird mancher der Anhänger des Wiederaufbaus des Berliner Stadtschlosses denken, der die wundersame Geschichte dieses zunächst aussichtslos scheinenden Projekts in seiner Erinnerung aufruft. Ein Ausrufezeichen hinter diesen Satz gab die im Frühjahr 2020 aufgesetzte Kuppellaterne samt Kreuz und der von König Friedrich Wilhelm IV. aus der Bibel gewählten Inschrift: „Es ist kein ander Heil, es ist auch kein anderer Name den Menschen gegeben, denn der Name Jesu, zu Ehren des Vaters, daß im Namen Jesu sich beugen sollen aller derer Kniee, die im Himmel und auf Erden und unter der Erde sind." Gerade Kuppelkreuz und Inschrift wurden kontrovers diskutiert, und es schien dabei auch für den Maler ein Spannungsbogen auf, der eine Wunde in der deutsch-deutschen Geschichte offenbar machte. Schließlich kamen viele vernünftige Beiträge aus der ganzen Breite der Gesellschaft dem Akt der Installation der Kuppel mit Kreuz und Inschrift zu Hilfe und vermochten den traditionellen Abschluss der Fassade des künftigen Humboldt Forums durchzusetzen. Eine Sehnsucht nach der Hohenzollern-Dynastie war damit nicht verbunden, aber hilfreich könnte gewesen sein, dass man sich der im 18. Jahrhundert hervortretenden liberalen Züge der von hier aus herrschenden Preußenkönige erinnerte.

Es hat mit Geschichte zu tun. Schon der vom ersten Staatsratsvorsitzenden der DDR, Walter Ulbricht, 1950 betriebene Abriss des nicht schwerer als der benachbarte Dom beschädigten Schlosses erfolgte aus geschichtlicher Überlegung – weniger aus einer Erwägung als aus einem tief verwurzelten Ressentiment der Kommunisten gegen die 1918 untergegangene Monarchie und ihre Symbole. Ulbricht war im Kaiserreich aufgewachsen, dessen Glanz und Selbstbewusstsein ihm verhasst gewesen sein mussten. Mit dem stets vor sich her getragenen „Antifaschismus" hatte der Abriss nichts zu tun, denn das Schloss war in den Jahren der Naziherrschaft nicht auffällig geworden. Der Bau des Palastes der Republik auf den Grundmauern des Schlosses knüpfte bewusst an den Vorgänger an und verwandelte dessen Anspruch in ein demokratisches Symbol der DDR, die sich bekanntlich weder mit Demokratie noch mit Palästen abgab. Hier gab es Kulturveranstaltungen, anspruchsvolle Gastronomie und eine Reihe von großen Gemälden der besten Maler der DDR für die Bevölkerung zu genießen. Der Abriss dieses Versuchs eines Volkspalastes des Arbeiter- und Bauernstaates wurde nötig, als dessen unheilvolle Verseuchung mit Asbest entdeckt war. Der Wiederaufbau des Schlosses in moderner Gestalt und geöffnet für jedermann war schnell ein allgemeines Bedürfnis. Um etwas von der geraubten Geschichte zurückzuerhalten, setzte sich schließlich das von Wilhelm von Boddien betriebene Projekt der rekonstruierten barocken Fassade durch.

Es hat mit Architektur und Stadtgestalt zu tun. Das Schloss setzt den Schlusspunkt unter die Entwicklung der städtebaulich bedeutendsten Straße in Deutschland, Unter den Linden, die sich vom Brandenburger Tor bis zum Alexanderplatz erstreckt. Der Palast der Republik hatte diesen Haltepunkt zwischen Lustgarten, Dom und Rotem Rathaus nicht überzeugend eingenommen.

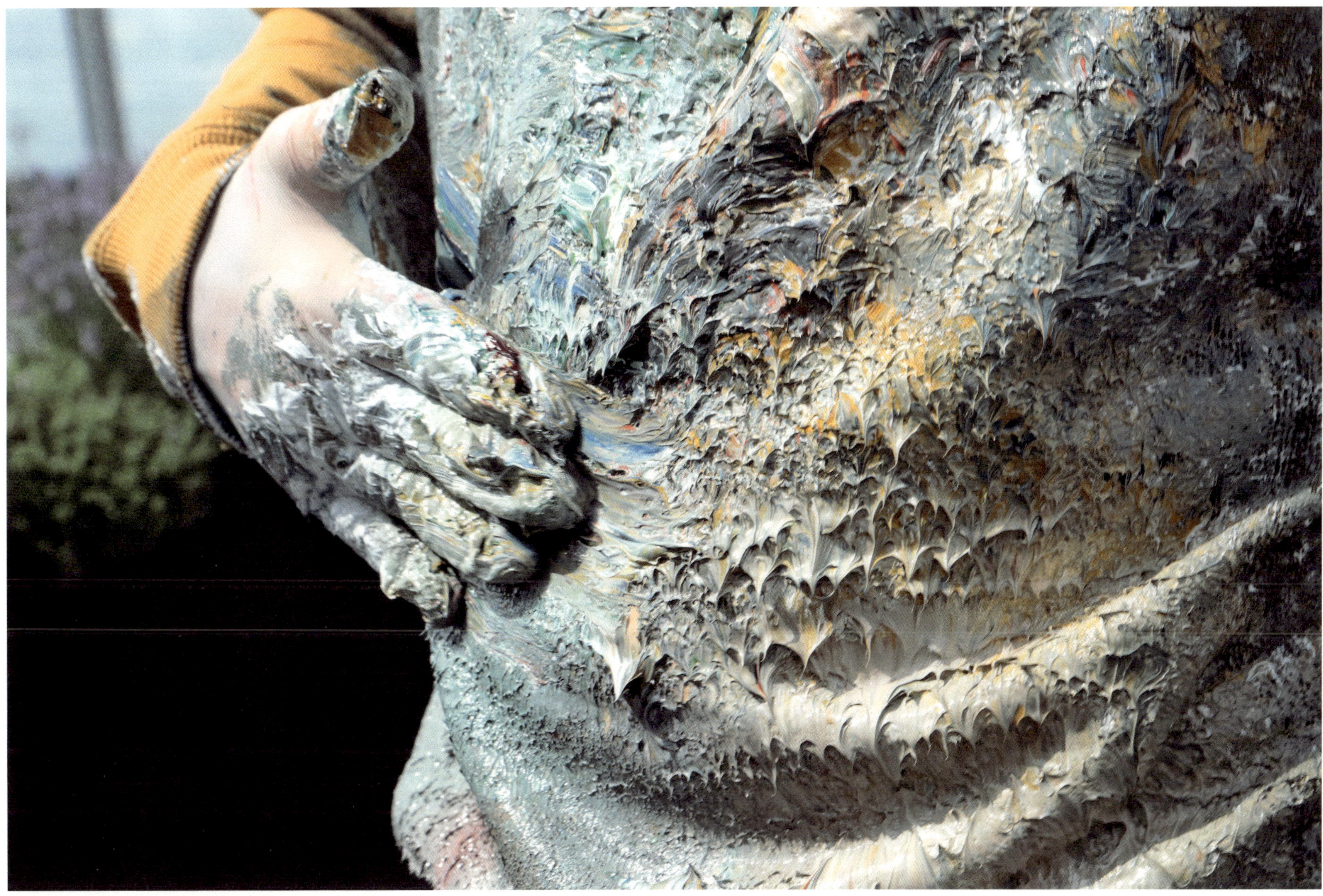

Auf dem Dach der Humboldt-Box, 2013 / On the roof of the Humboldt Box, 2013

Das Zutrauen zur zeitgenössischen Architektur war nach vielen Enttäuschungen geschwunden, sodass das Warten auf eine bedeutende Gegenwartsarchitektur nicht gewagt wurde. Stattdessen suchte man in unserem Zeitalter der Reproduzierbarkeit das Heil in der Wiederherstellung der historischen Schlossfassade. Das so Bewährte war schließlich in den Parlamenten mehrheitsfähig und wurde umgesetzt. Ein moderner Akzent soll mit dem Freiheits- und Einheitsdenkmal, der sogenannten Einheitswippe, gesetzt werden, die auf den Fundamenten des nicht wiederherzustellenden Denkmals Kaiser Wilhelms I. vor dem Schloss gebaut wird.

Christopher Lehmpfuhl ist einer der wenigen Berliner Maler, der im ganzen Land und auch darüber hinaus in den letzten Jahren hohe Aufmerksamkeit erregt hat. Malreisen und Ausstellungen führen ihn jedes Jahr in entlegene Landschaften ferner Länder. Seine Bilder sind auf dem Kunstmarkt und zunehmend in den Museen präsent. Mit dem von Günther Fielmann gestifteten Baumkunstpreis hat er 2018 eine hohe Auszeichnung der Stiftung Schleswig-Holsteinische Landesmuseen Schloss Gottorf erhalten. 2019 folgte mit der Verleihung des Wolfgang-Klähn-Preises, Kunstpreis des Hamburger Handwerks, eine weitere, noch höher dotierte Auszeichnung.

Dennoch sieht sich Lehmpfuhl, der gebürtige Berliner, als Sohn seiner Stadt, in der er mit seiner Familie lebt. Mit dem Stadtbild hat er sich immer wieder auseinandergesetzt. Wenn man den 2011 erschienenen, großformatigen Bildband von über 450 Seiten mit dem Titel *Berlin. Plein Air* zur Hand nimmt, der Gemälde von 1995 bis 2010 abbildet, möchte man meinen, Lehmpfuhl sei ein reiner Berlin-Maler. Von der Vielzahl der Motive und der Fülle der entstandenen Bilder her betrachtet, könnte dies gut begründet sein. Allein, Lehmpfuhl ist ein sehr schaffenskräftiger Künstler, der die Erfahrung bestätigt, dass ein guter Maler meist auch ein Vielmaler ist, und so findet man in der kaum noch zu überschauenden Lehmpfuhl-Literatur eigene Bände zu ganz anderen Motivgruppen. Allerdings gilt seine Kunst vor allem der Darstellung der Landschaft und in geringerem Ausmaß dem Stillleben, wenn man von dem jüngst erschienenen, ganz privaten Buch *Neue Heimat* absieht. Darin verbindet er seine intensive Trauerarbeit am Verlust der Eltern mit einer gründlichen künstlerischen Rückschau auf die Familiengeschichte und zeigt überwiegend Figurenmalerei.

Unter den Berlin-Bildern fand seit 2008 besonders der Schlossplatz des Künstlers Aufmerksamkeit. Mit dem Abriss des Palastes der Republik begann seine zyklische Arbeit *Schlossplatz im Wandel*, die er – ganz der Malberserker Christopher Lehmpfuhl – in Gemälden von sehr großen Formaten, meist 180 x 240 Zentimeter, ausführte. Von den mehr als 120 Gemälden des Zyklus, die zwischen 2008 und 2020 entstanden, sind mittlerweile über 25 Bilder in der Sammlung Würth in Künzelsau für die Öffentlichkeit zugänglich. Einen Prolog bildet *Säulenmeer, 2000* (Abb. S. 34). Das in der Bildergruppe eher kleinere Format begünstigte eine skizzenhafte Malweise. Der Säulengang vor dem Alten Museum schiebt die Träger in der Ferne zusammen und erlaubt nur im Vordergrund Durchblicke auf den Palast der Republik und den Dom, vor dem noch die Bronzeplastik des *Löwenkämpfers* von Albert Wolff nach dem Entwurf von Johann Daniel Rauch zu sehen ist. Der Maler hat sich von dem schönen diffusen Licht der Schneelandschaft, das im Säulengang durch die langen Schatten akzentuiert und gebrochen wird, locken lassen.

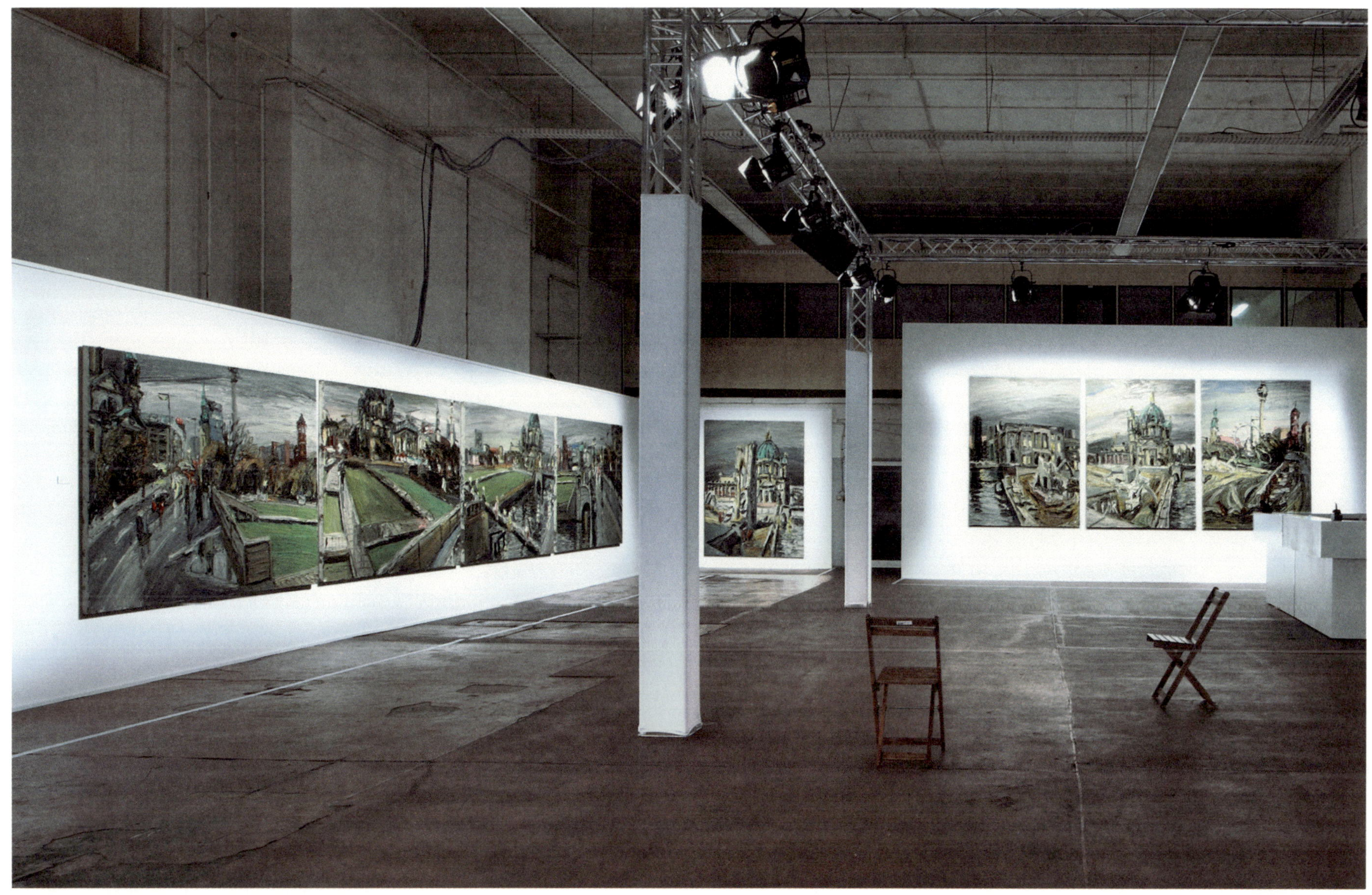

Alte Münze Berlin: Berlin Plein Air, 2010 / Alte Münze Berlin: Berlin Plein Air, 2010
Ausstellungsansicht / Exhibition view

Lehmpfuhl gewinnt den Ansichten der immer wieder gleichen Motive eine erstaunliche Vielfalt der ästhetischen Erscheinung ab, doch muss bedacht werden, dass er über den ganzen Zyklus von 2008 bis 2020 stets dieselben Standorte wählte, um die Veränderung sichtbar zu machen. Das sind die vier Eckpunkte des Areals mit den Brücken, die Humboldt-Box als Aussichtspunkt, später die Dachterrasse des Bertelsmanngebäudes sowie der Balkon des ehemaligen Staatsratsgebäudes, der originalen Schloss-Spolie, von der aus Karl Liebknecht 1918 die Republik ausrief.

Den eigentlichen Zyklus ließ er 2008 beginnen. Der Abriss des Palastes der Republik weckte in besonderem Maße sein Interesse, weil zunächst die Treppentürme als statisches Gerüst des ganzen Baus stehen geblieben waren, die sich nun wie geisterhafte Pfeiler im Licht abzeichneten. Es war sicher nicht von Anfang an Lehmpfuhls Gedanke, buchstäblich zu einem Chronisten der Umgestaltung des Schlossplatzes zu werden. Für eine rein sachliche Bildchronik sind auch eher die Fotografen zuständig. Sein Ansatz ist ein ganz anderer. Wie sehr er als ein Maler arbeitet, der das Malerische der Erscheinungen in Licht und Atmosphäre hervorhebt, zeigt besonders gut das kleine Bild *Friedrichwerdersche Kirche und Stele, 2008* (Abb. S. 49), eine geradezu abstrakte Komposition aus wirbelnden und aufstrebenden Pinselzügen vor einem ruhig in die Waagerechte hingestrichenen Himmel. Wie sehr die surreal aufragenden und sich vor dem Himmel abzeichnenden Treppentürme den Maler beschäftigt haben, davon zeugen die zahlreichen Varianten dieses Motivs von dem kleinformatigen *Schlossplatz-Panorama, 2008* (Abb. S. 56) und dem kleinen *Stelen und Dom Triptychon, 2008* (Abb. S. 45) über die stark rhythmisierten großen Bilder *Die neue Mitte, 2008* (Abb. S. 40/41) bis zu dem Schlussbild der Reihe *Der letzte Turm, 2008* (Abb. S. 48). Lehmpfuhls erstes großes Panorama, *Die neue Mitte, 2008*, besteht aus vier Tafeln mit einer Gesamtbreite von 9,60 Metern. Das Triptychon im Hochformat *Abend-Trio, 2008* (Abb. 52/53) ist nach dem Abriss der Treppentürme entstanden. Im versöhnlichen Abendlicht liegt die ganze Wüstenei des umgebrochenen Geländes vor Augen. In der Ferne erscheint das Riesenrad eines Jahrmarkts vor dem Fernsehturm am Alexanderplatz. Auf der Mitteltafel macht man vor dem hochgereckten Dom die Buchstaben DDR aus, Reste einer Protestinschrift, die nach dem Abriss der letzten Reste des Palastes der Republik auf die Trümmer geschrieben wurde: „Die DDR hat's nie gegeben". Lehmpfuhl geht es darum, Brücken zu bauen und Wunden zu schließen, und so gehen auch diese Empfindungen in sein Werk ein.

2009 ist die kleine malerische Skizze *Schlossplatz im Wandel, 2009* (Abb. S. 57) mit dem bald programmatischen Titel der ganzen Reihe sowie die vierteilige, eine Breite von 9,60 Metern einnehmende Großkomposition *Schlossplatz am Abend, 2009* (Abb. S. 60/61) entstanden, mit der der Bauplatz umrundet und städtebaulich eingeordnet wird. An diesem Panorama wird bereits deutlich, wie stark der Maler zyklisch arbeitet und über das einzelne Bild hinaus Wirkungen erzielt, die einem Kreislauf gleichkommen: Die äußeren Tafeln schließen den Kreis, auch wenn die Zäsuren immer wieder auch synkopische Brüche bedeuten. Bereits 2010 und mit der erweiterten Produktion 2012 wurden diese Werke in der Alte Münze ausgestellt, wo sie ein ehemaliger DDR-Bürger als das schönste Zeugnis der Wiedervereinigung bezeichnete.

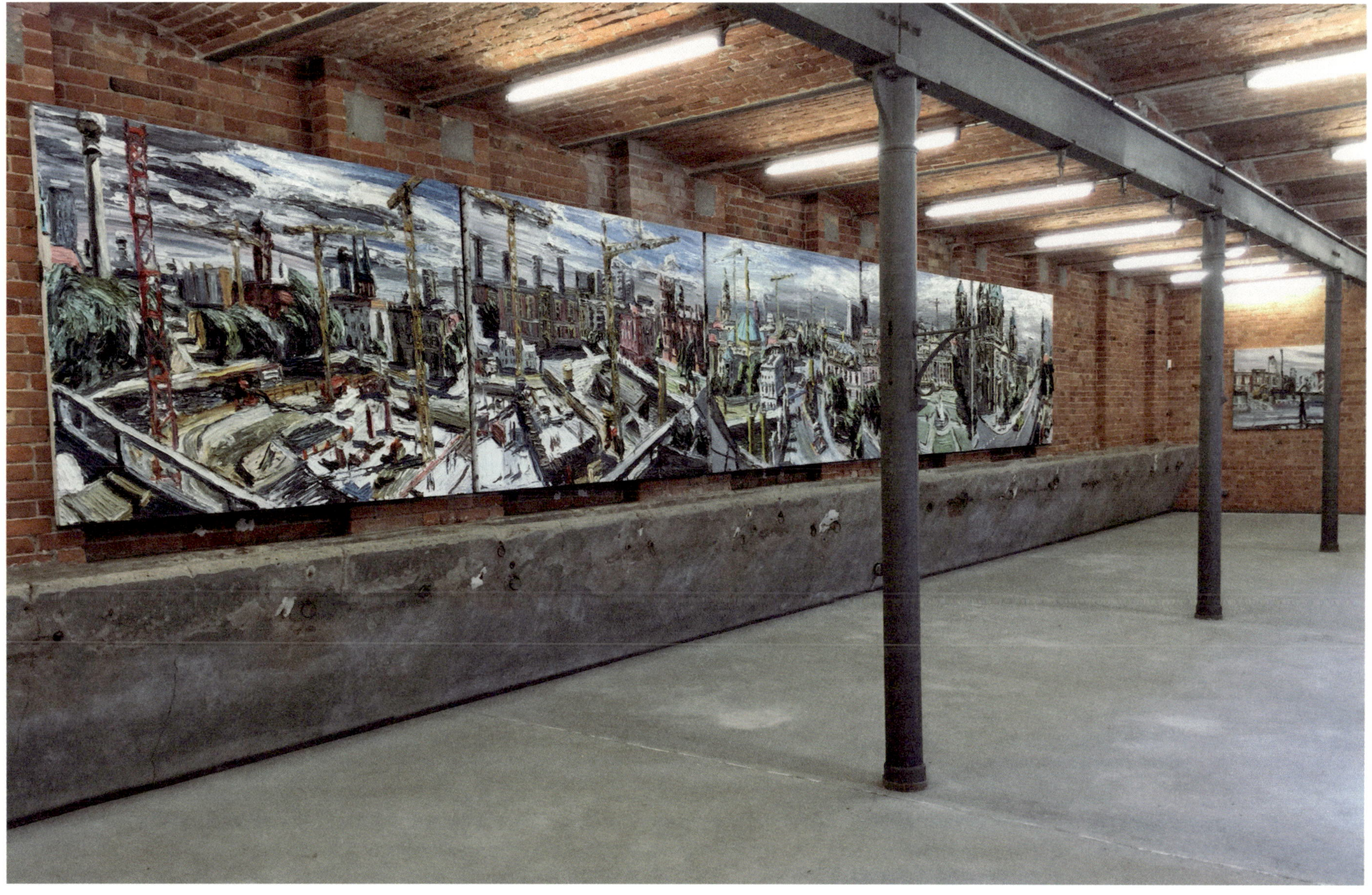

Box Berlin: Schlossplatz im Wandel, 2015 / Box Berlin: Schlossplatz in Transition, 2015

Ausstellungsansicht / Exhibition view

Dieses Motiv wird mit dem wiederum kleinformatigen, stark abstrahierten *Schlossplatz-Duett, 2010* (Abb. S. 66/67) und dem großen Bild *Frühjahrslicht am Schlossplatz, 2010* (Abb. S. 64) sowie *Berlin-Mitte, 2010* (Abb. S. 65) aufgegriffen. Ein weiteres Mal ist zu sehen, wie sehr es Lehmpfuhl um den reizvollen und raschen malerischen Zugriff geht. Seine Chronistentat ist im Wesentlichen die Arbeit des die Atmosphäre einfangenden Malers – etwa so wie Monet die Fassade der Kathedrale von Rouen immer wieder in wechselndem Licht malte. Wobei Lehmpfuhl kein Nachfolger Monets ist, denn in seine Kunst sind, nicht zuletzt durch seinen Lehrer Klaus Fußmann vermittelt, die Heftigkeit des Expressionismus seit van Gogh und spätere Positionen von Corinth und Kokoschka bis Guttuso eingegangen.

Die auf dem Bauplatz ausgelegten Holzplankenwege hatten schon die Bilder von 2009 gegliedert. Im darauffolgenden Jahr kam mit *Spiegelnder Dom, 2010* (Abb. S. 62) ein Moment malerischer Verdichtung hinzu. Dabei ist durchaus eine Lust des Künstlers an rhythmischer Untergliederung der Fläche zu bemerken, die er an der Abfolge der nassen Planken und den sich darin fangenden Reflexen auslebt. Die Bauarbeiten begannen 2010 mit dem Aushub der Baugrube, der zur großen Überraschung vieler die Kellergewölbe des Schlosses weitgehend intakt zutage förderte. Vor allem die mächtigen Fundamente reizten das Auge des Malers und führten zu einer Reihe gleichnamiger Bilder.

Lehmpfuhl hat in diesen Arbeiten deutlich zum Ausdruck gebracht, dass der Körper des alten Schlosses in diesen Fundamenten und Kellern wie mit aufgerissenen Eingeweiden daliegt, in den getreppten Sockeln aber auch Gestaltungsansätze zeigt. Darauf war nun das wiederherzustellende Gebäude ebenso aufzubauen, wie der Maler die Reihe seiner Bilder darauf aufbaute. In den Bildern von 2011 taucht als Fremdkörper die damals zeitweilig errichtete Humboldt-Box auf, wie etwa in *Gewitterlicht am Schlossplatz, 2011* (Abb. S. 75). Lehmpfuhl wäre nicht der Maler des Malerischen, wie wir ihn erleben, würde er nicht auch dieses Element in den malerischen Kontext integrieren. In zwei kleinen Bildern feiert er Licht und Malerei in einem Fest der Schönheit: *Schlossplatz am Abend, 2011* (Abb. S. 76) und *November, 2011* (Abb. S. 79). Auch das große Triptychon *Schlossplatz-Trio, 2011* (Abb. S. 80/81) bringt mit rasanter Perspektivdarstellung den Raum zur Ansicht, in dem sich der Bau erheben soll. Zugleich zeigt sich Lehmpfuhls Sinn für malerische Lichtreize und Reflexe auf regennasser Straße, die ihn als späten Nachfolger Lesser Urys ausweisen.

Das Jahr 2013 war für den Aufbau des Berliner Schlosses wichtig und ereignisreich. Entsprechend ausführlich hat Lehmpfuhl die Ereignisse auf dem Schlossplatz gemalt. Das Bild mit dem Titel *Schlossplatz, 2013* (Abb. S. 93) entfaltet die voll aufgerüstete Baustelle, eingeleitet durch einen Verkehrsschrankenzaun, über den sich das Auge hinweg durch Gestelle, Bauzaun, Container und Fahrzeuge bis zur Humboldt-Box und den Halt gebenden Gebäuden von Altem Museum und Dom müht. Die beiden Versionen von *Schlossplatz im Wandel, 2013* (Abb. S. 106/107) umrunden Baustelle und Spree und geben den Blick wiederum auf Dom und Box frei. Unversehens rücken ein kahler Baum und die schimmernde Wasseroberfläche ins Zentrum der Aufmerksamkeit. Das große *Grundsteinlegung Triptychon, 2013* (Abb. S. 96/97) ist ein weiteres zentrales Werk und zeigt die Box wie ein Kontinuum auf allen drei Tafeln, die das wüste Geschehen um Ausschachtung und Fundamentierung neben das ruhig und lebendig funkelnde

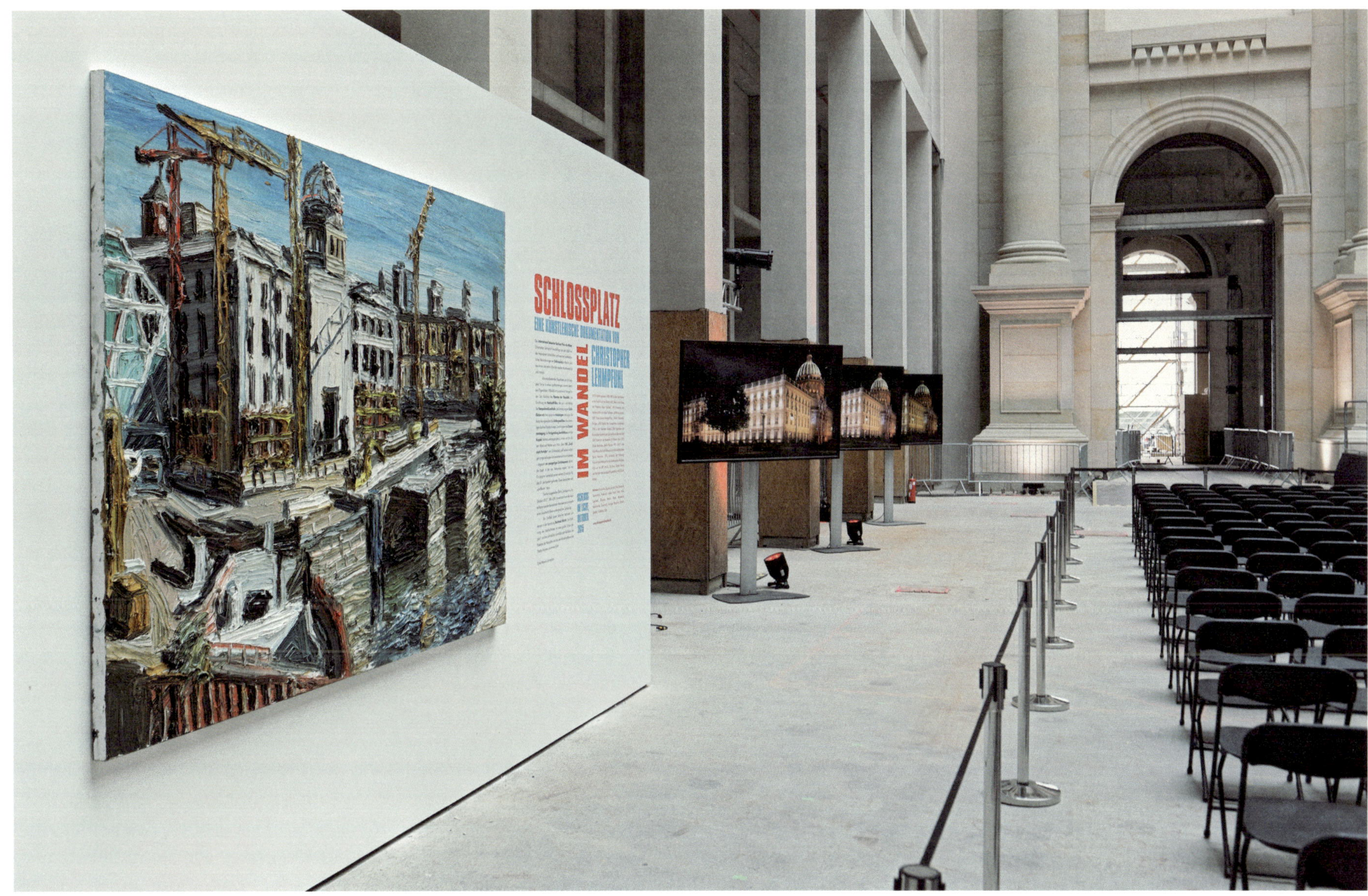

Humboldt Forum Berlin, 2017 / Humboldt Forum Berlin, 2017
Präsentationsansicht / Installation view

Wasser stellen. Die bisher umfangreichste Bilderfolge schuf Lehmpfuhl mit den fünf großen Gemälden seines *Berlin-Panorama I, 2013* (Abb. 98–100), das Baugeschehen und Gesamtansichten von Lustgarten und Dom in einer Gesamtbreite von 12 Metern nebeneinanderstellt und damit ein Blickfeld von 360 Grad zusammenfasst. Von besonderem malerischen Reiz sind die kleineren, wiewohl langen Bilder des *Berlin-Panorama II, 2013* (Abb. S. 102–105) und *Wintertag am Berliner Dom, 2013* (Abb. S. 95).

Atmosphärisch stark ist auch *Berlin-Mitte bei Nacht, 2014* (Abb. S. 113), das mehr an Kokoschkas Städtebilder als an Lesser Ury denken lässt. Im Jahr 2014, in dem der Rohbau in die Höhe wuchs, hat Lehmpfuhl die Chronistenaufgabe genauer genommen und die Monate im Titel notiert. Die Bilder *Schlossplatz* sind mit den Bezeichnungen April, August und September unterschieden (Abb. S. 109–112). Das Diptychon aus dem April zeigt die starken Vertikalen des hochgeführten Baus, während das im September entstandene Diptychon erstmals eine Vorstellung von der Fassadenfront im langen Spätsommerlicht gibt. Das malerisch ertragreichste ist das August-Bild, das geradezu wollüstig die farbigen Schatten und die Spreeoberfläche funkeln lässt.

Eine ganze Reihe großer Bilder vom Aufbau des Humboldt Forums hat Lehmpfuhl im Sommer 2015 in den weitläufigen Hallen des Box Freiraums in Friedrichshain gezeigt, einem ungewöhnlichen Ort, der einst für die Ställe eines Berliner Droschkenunternehmens gebaut worden war. Auch in diesem Jahr wurden in den Werktiteln die Monate genau notiert. Das Diptychon *Schlossplatz im Mai 2015* (Abb. S. 118) tritt über das Wasser und seine Uferbefestigung wieder ganz neu an die Szene heran. Das umfangreichste Ensemble mit acht großen Gemälden im Hochformat *Schlossplatz-Panorama im September 2015* (Abb. S. 114–116) übertrifft mit seiner Gesamtbreite von 14,40 Metern die 12 Meter breite Werkgruppe aus dem Vorjahr. Das Licht des Spätsommers mit den langen Schatten und seinem goldenen Sonnenton hat es dem Maler angetan. Wieder wird der gesamte Bauplatz umrundet. Interessant aber ist, dass sich nur dreimal aus zwei Tafeln ein wirkliches Gesamtbild ergibt. Bei den übrigen werden wie in musikalischen Synkopen schroff die Elemente gegeneinander gesetzt und Brüche bewusst herausgearbeitet. Diese Ansätze können als Vorstufen zu den späteren Rundbildern im Sinn einer Berliner Litfaßsäule aufgefasst werden. Erstmals war diese bedeutende Folge im Marburger Kunstverein im Sommer 2017 zu sehen. Das Bild *Schloss im Licht, Oktober 2015* (Abb. S. 119) wurde im Rahmen eines Spendentages 2017 im Foyer des Humboldt Forums gezeigt. Der Verkaufserlös wurde für den Wiederaufbau des Schlosses gespendet.

Je mehr das Schloss mit seiner Fassade und dem Mittelrisalit präzise Gestalt annimmt, desto genauer wird der Maler, ohne seinen malerischen Fluss aufzugeben. Wir haben Christopher Lehmpfuhl in seinen ästhetischen Vorlieben schon besser kennengelernt. Er hat ein Faible für das scharfe Winterlicht im Februar und für das goldene Spätsommerlicht im September. Beide erzeugen lange Schatten und verwandeln die Welt auf je eigene Weise. Haben wir bereits erwähnt, dass der Maler alle seine Bilder, auch die riesigen Formate, im Freien vor Ort malt? Er duldet keine Vermittlung, nicht einmal Skizzen oder Vorstudien, und schon gar nicht Fotografien. Von dem süßen Gift dieser Versuchung weiß er sich fernzuhalten. Dafür gewinnt er die lebendige Authentizität seiner Bilder. Und in der Direktheit seines Zugriffs hat er sich seit 2006 angewöhnt, auf Pinsel zu verzichten. Nichts sollte mehr

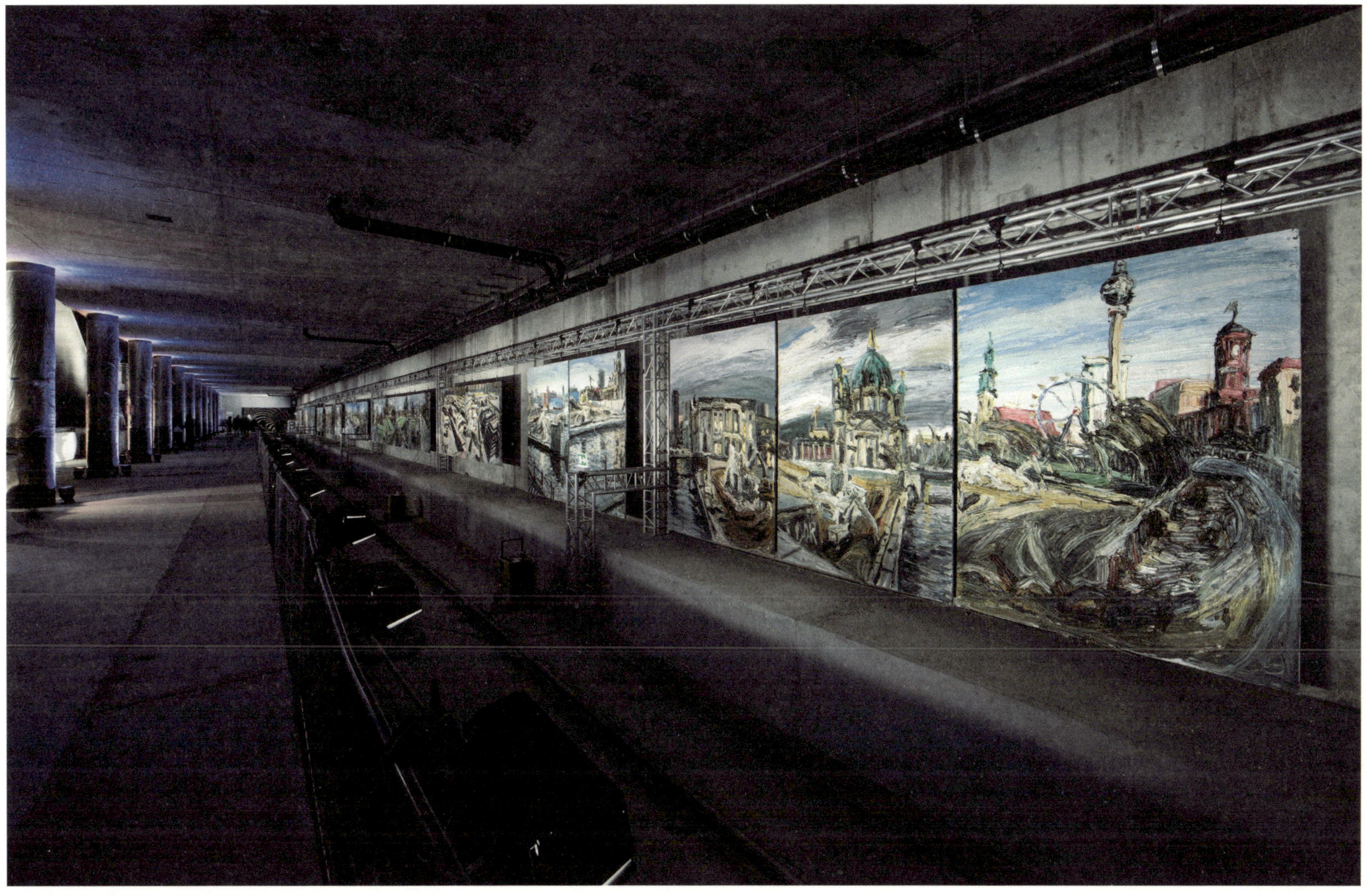

U-Bahnhof „Unter den Linden", 2018 / Unter den LInden underground station, 2018
Installationsansicht / Installation view

zwischen ihm und dem Bild stehen. So begann er, die Farbe direkt mit den Händen aufzutragen und seinen Arbeiten damit ein charakteristisches Merkmal zu geben. Die Furchen, die seine Finger in den Farbbrei ziehen, verleihen den Bildern ihren eigenen Rhythmus und ihr eigenes Relief. Auch die Komposition wird ganz dem Maßstab, direkt vor der Natur zu arbeiten, untergeordnet. Jeder Maler hat Probleme mit der Landschaft vor seinen Augen. Welcher Ausschnitt, welche Jahres- und Tageszeit, welches Wetter und Licht sind dem Bild zuträglich? Lehmpfuhl geht tapfer an diese Probleme und löst sie direkt vor Ort, was in dieser Konsequenz nur selten geschieht. Nur so kann er das von ihm Gesehene und für sein Werk Gewünschte unmittelbar umwandeln und den Zauber des Augenblicks in eine dauerhafte Erscheinung in seinem Bild bannen.

Die wiederum großen und zyklischen Gemälde des Jahres 2016 bestätigen das. Das Doppelbild *Sonniges Schloss im Februar 2016* (Abb. S. 120) zeigt den betongrauen Grundkörper des Schlossbaus in einem Winterlicht, welches die Fensterhöhlen betont und die Fenster der Fassade durch hinterfangende Lichter weiter hervorhebt. Das Werk ist wiederum ein Beispiel dafür, dass Lehmpfuhl seine Arbeiten abstrakter und konstruktiver baut, als man a prima vista annehmen wird. Die Taktschläge der Türme, Hochhäuser und Baukräne, die über das Bild verteilt sind, geben diesem im Verein mit den waagerechten gelben Formen des Baugerüsts seine Ordnung, die freilich erst mit dem Schwingen des Straßenrandes und dem Vorstoß des Baubereichs im Vordergrund einsetzt. Die Spreeansicht mit der Fassade in moderner Rasterarchitektur *Sommerlicher Schlossplatz im Juni 2016* (Abb. S. 121) wird von einem schräggeführten knappen Brückengeländer eröffnet und lebt sowohl von der Vielfalt der Wasserdarstellung als auch von dem Kontrast der modernen Architektur mit dem neobarocken Dom im Hintergrund. Von besonders starkem malerischem Reiz ist das *Schlossplatz-Duett im August 2016* (Abb. S. 122). Der Rundumblick des großen Ensembles *Schlossplatz-Panorama im Dezember 2016* (Abb. S. 126/127), das zum Hauptwerk dieses Jahres wurde, konzentriert sich auf die wasserseitigen Süd- und Ostansichten. Es ist aus Quer- und Hochformaten zusammengesetzt und nimmt eine Breite von insgesamt 13,20 Metern ein.

Immer noch von Baukränen umstellt, zeigen sich im Folgejahr die West- und Südfassade auf *Schlossplatz im Juni 2017* (Abb. S. 128). Die mächtige, blau verhüllte Gestalt des Schlossbaus steht stabil da, fördert aber mit den fluchtenden Fassaden den Eindruck von gedrängter Dynamik dieses Städtebildes, das an die Großstadtbilder Ernst Ludwig Kirchners erinnert, die dieser vor dem Ersten Weltkrieg in Berlin geschaffen hatte. Im August 2017 (ergänzt um zwei Bilder aus dem Juli 2018) ist das größte Panorama mit zwölf Gemälden in einer Gesamtbreite von nahezu 30 Meter entstanden (Abb. S. 132–135). Fahrbahn und Handläufe einer Brücke führen in der Mitte gebieterisch in die Tiefe, während das farbig funkelnde Wasser in seinem poetischeren Weg die Gebäude und Uferbastionen umspielt. Der Sommerwind weht um Dom und Schlossbrücke, und aus der Ferne grüßt die Humboldt-Box. Das große Ensemble führt das neu aufgeführte Schlossgebäude in den städtebaulichen Zusammenhang, jedoch noch im Gewand der Baustelle: eingerüstet und außen mit den zeitweiligen Werbebannern verhängt, die großformige visuelle Botschaften senden, deren Inhalt mit Werbung für Samsung Smartphones der Künstler im Sinn der Bildharmonie im Abstrakt-Unbestimmten gelassen hat. Immer wieder reizvoll ist es, die Anschlüsse zwischen den durchaus autonomen Bildtafeln zu bemerken und die Verwandlung der Perspektive von Bild zu Bild in dem gesamten Zusammenhang zu entdecken.

Das Bild *Schloss-Double, Dezember 2017* (Abb. S. 129) bringt eine malerische Symphonie auf den Mittelrisalit samt Kuppel zwischen den Werbebannern über dem Gerüst, dem ein figürliches Gebilde wie ein verschnürter Mensch an die Seite gegeben ist. Hier hat sich der Künstler an einem Spaß beteiligt und eine Frau mit Mütze wie Risalit und Kuppel ausstaffiert und bemalt. Ein Film zeigt, wie sie vor die Kuppel tritt, mit dieser verschmilzt und sich wieder davon ablöst. Das ebenfalls große Bild *Kuppel im Licht, 2017* (Abb. S. 123) betont in starken Farben die Senkrechten des Gebäudes bis in die Kuppel, begleitet von den Kränen und die dagegengesetzten Waagerechten der Gerüstetagen, der Kranausleger und des Bauzauns, eingeleitet von der schwungvoll geführten Straße im Vordergrund.

Auf dem Gemälde *Herbstliches Schloss, Oktober 2018* (Abb. S. 136) drängt sich die Humboldt-Box noch einmal nahezu gleich hoch neben das Schloss. Satte Grüngelbtöne, durch Rot und Blau akzentuiert, beherrschen das Bild aus der Südwestperspektive. Im Herbst dieses Jahres wurden einige Arbeiten des Zyklus erstmals den Berlinern in einer Ausstellung im noch unfertigen U-Bahnhof „Unter den Linden" vorgestellt, eine Gelegenheit für nur ein Wochenende, die über 14 000 Besucher wahrnahmen.

In dieser tieferen Farbigkeit nahm sich Lehmpfuhl auch im folgenden Jahr die Motive vor. Es geht nun an die Enthüllung der Schlossfassade und den Abbau der Humboldt-Box. *Humboldt-Box vor dem Abriss, 10. Januar 2019* (Abb. S. 138) ist das erste Bild, das einen Teil der freigelegten Fassade hinter der schon eingerüsteten Humboldt-Box und vor dem ebenfalls noch mit Gerüst versehenen Mittelrisalit samt Kuppel zeigt. Auf *Abriss der Humboldt-Box, 11. März 2019* (Abb. 139) ist schon eine barock anmutende Fassade zu sehen, die von einer Berliner Straßenlaterne durchschnitten ist, welche die bildnerische Aufgabe des Baukrans übernommen hat, der hier verschwunden ist. Kräne sind freilich noch in dem Geschiebe der Gebäudeteile auf *Unter den Linden, Mai 2019* (Abb. S. 140) hinter dem Bauzaun vorhanden. Auf *Schlossplatz, Juni 2019* (Abb. S. 141) leuchten die vom Gerüst befreite Südfassade und ihr Anschluss an die moderne Ostfassade im nachmittäglichen Sonnenlicht.

Wenn wir jetzt als Abschluss des großen Zyklus in den letzten Bildern aus 2020 die Westfassade mit der goldenen Kuppel sehen – einmal noch eingerüstet und dann endlich befreit von allen Gestellen zu ihrer wiedergewonnenen Erscheinung –, denken wir an den Maler, der mit malerischen Meisterwerken zugleich ein historisches Zeitdokument schuf, sowie an die Aufgabe der künftigen Nutzer, dieses Gebäude mit dem ihm angemessenen Leben zu füllen, und kehren damit an den Anfang unserer Betrachtung zurück, die bei der von einem frommen Preußenkönig gegebenen Inschrift ihren Ausgang nahm.

Thomas Gädeke

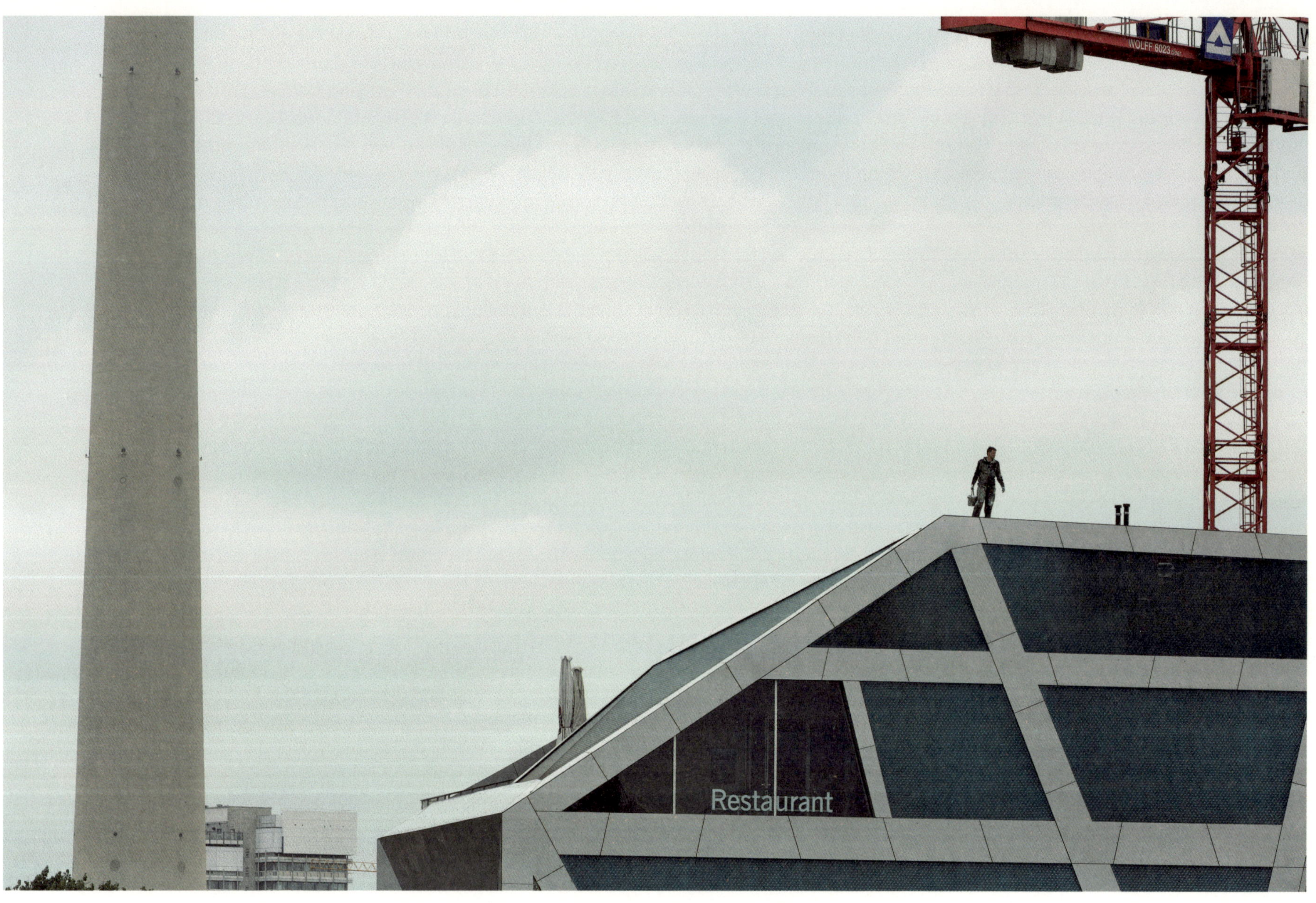

Auf dem Dach der Humboldt-Box, 2013 / On the roof of the Humboldt Box, 2013

THE SCHLOSSPLATZ CYCLE AS ARTISTIC PATH

It has to do with God. This is what many proponents of the Berliner Schloss (Berlin Palace) reconstruction will think, when recalling the wondrous history of this project, which initially appeared hopeless. An exclamation point was added to this sentence in the spring of 2020, with the erection of the dome lantern with its cross and the inscription chosen from the Bible by King Frederick William I of Prussia: "Salvation is found in no one else, for there is no other name under heaven given to mankind by which we must be saved, except the name of Jesus, in honour of the Father, that in the name of Jesus every knee should bow, of those that are in heaven, on earth, and under the earth." The cross on the dome and especially the inscription were the subject of much controversy, and for the artist as well, an arc of tension appeared that revealed a wound in the history of the two Germanies. Finally, many reasonable essays from the whole breadth of society came out in support of installing the dome with cross and inscription, making it possible to carry out the traditional termination of the façade of the future Humboldt Forum. This was not connected with any nostalgia for the Hohenzollern dynasty, but recollecting the liberal features that emerged in the eighteenth century among the Prussian kings who ruled from here may have been helped.

It has to do with history. Already the demolition of the palace – advocated in 1950 by the first Chairman of the State Council of East Germany, Walter Ulbricht, even though its damage was not more severe than that of the neighbouring cathedral – resulted from historical considerations, although they arose less out of a process of deliberation than from the Communists' deeply rooted resentment against the monarchy that died in 1918 and its symbols. Ulbricht had grown up in the Empire, whose splendour and self-confidence he must have hated. The demolition had nothing to do with the constant proclamation of "antifascism", for the palace had not been a conspicuous symbol during the years of the Nazi regime. The construction of the Palast der Republik (Palace of the Republic) on the foundations of the palace intentionally built upon its predecessor and transformed the latter's ambition into a democratic symbol of East Germany, which, as is well known, had little to do with either democracy or palaces. In the new Palast der Republik there were cultural events, discerning gastronomy, and a series of large paintings by East Germany's best painters for the people to enjoy. But when it was discovered that this attempt at a people's palace for the workers and farmers was disastrously contaminated with asbestos, it became necessary to demolish it. Reconstructing the palace in a modern guise with access for everyone quickly became a general desideratum. To recover something of the stolen history, the project of reconstructing the baroque façade, driven forwards by Wilhelm von Boddien, ultimately prevailed.

It has to do with architecture and cityscape. The palace sets the final punctuation mark at the end of the most important street in Germany from an urban planning perspective: Unter den Linden, which extends from the Brandenburg Gate to Alexanderplatz. This site between the Lustgarten, the cathedral, and the Rotes Rathaus (Berlin's town hall) had not been occupied convincingly by

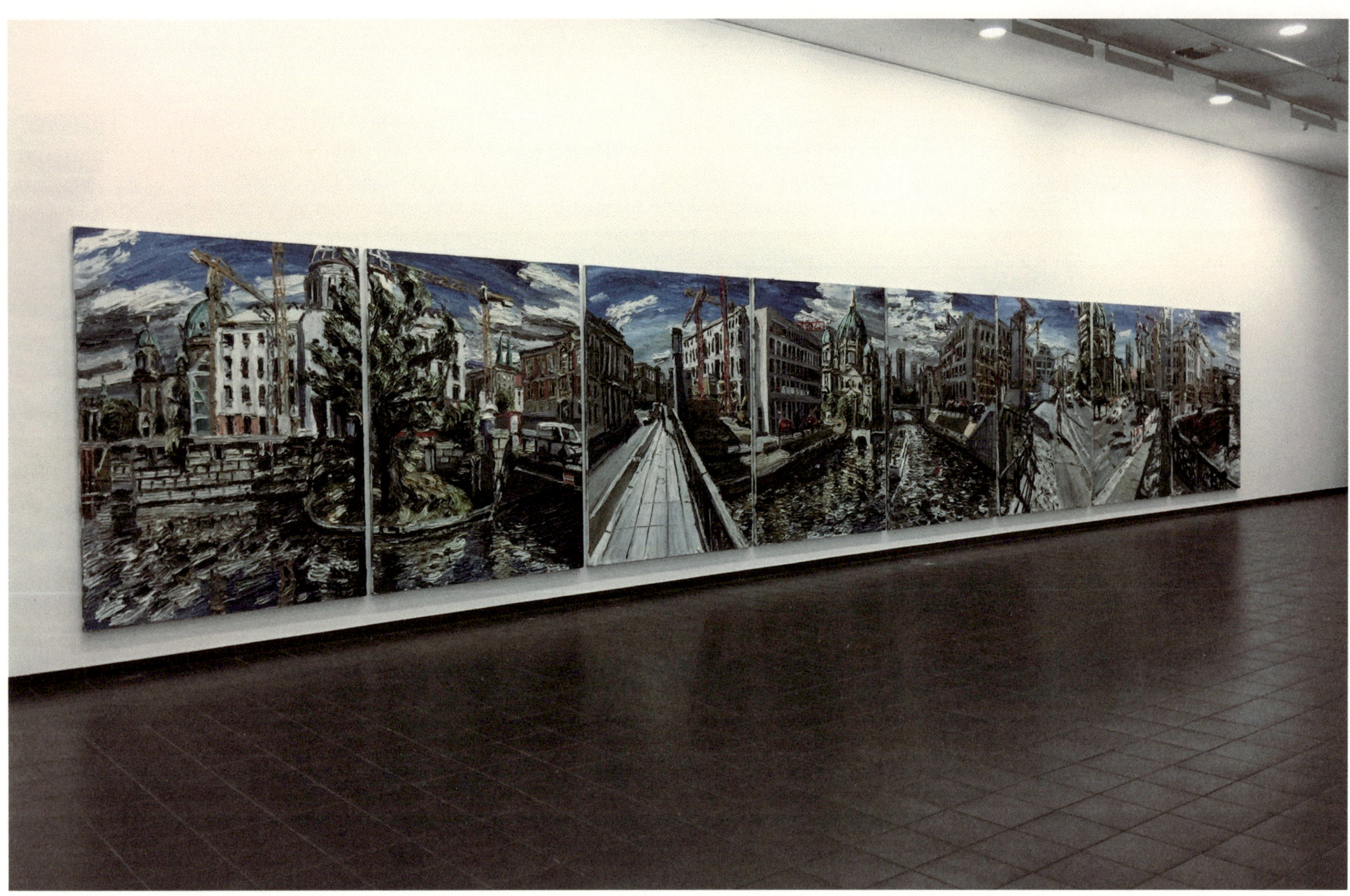

Marburger Kunstverein: Stadt – Land – Fluss, 2017 / Marburger Kunstverein: Stadt – Land – Fluss, 2017
Ausstellungsansicht / Exhibition view

the Palast der Republik. Confidence in contemporary architecture had disappeared after many disappointments, so that there was no desire to risk waiting for a meaningful contemporary architecture. Instead, in our age of reproduction, refuge was sought in the rebuilding of the historical palace façade. That which was tried and true was ultimately capable of winning over a majority in the parliaments and was carried out. A modern accent will be set by the so-called *Einheitswippe*, the Monument to Freedom and Unity, which will be built in front of the palace on the foundations of the former Kaiser Wilhelm I Monument, which will not be rebuilt.

Christopher Lehmpfuhl is one of the few Berlin painters who in recent years has attracted much attention throughout Germany and beyond. Painting trips and exhibitions have led him every year to remote landscapes in distant lands. His paintings can be found on the art market and increasingly in museums. With the receipt in 2018 of the Baumkunstpreis endowed by Günther Fielmann, he was highly distinguished by the Stiftung Schleswig-Holsteinische Landesmuseen Schloss Gottorf. This was followed in 2019 by the Wolfgang-Klähn-Preis. The Hamburger Handwerk art prize is a further, even more highly endowed distinction.

Yet Lehmpfuhl, a Berlin native, sees himself as a son of his city, where he lives with his family. His work has always dealt with the Berlin's urban image. Picking up the large-format illustrated volume of over 450 pages titled *Berlin. Plein Air*, published in 2011, which reproduces paintings from 1995 to 2010, one might assume Lehmpfuhl paints only Berlin. From the variety of motifs and the abundance of the paintings, this could be well founded – except for the fact that Lehmpfuhl is a very prolific artist, who confirms the experience that a good painter is generally one who paints a lot, and so in the vast Lehmpfuhl literature there are entire volumes dedicated to completely different groups of motifs. But his art is devoted first and foremost to the representation of the landscape and to a lesser degree the still life, if one disregards the recently published, entirely private book *Neue Heimat*. There, he merges the intensive work of mourning the loss of his parents with a fundamental artistic look back at the family history, and presents predominantly figure painting.

Since 2008, among the Berlin paintings, the palace square in particular has drawn the artist's attention. The demolition of the Palast der Republik forms the beginning of his cyclical work *Schlossplatz in Transition*, which he – a true painting berserker – executed in paintings of a very large format, most being 180 x 240 centimetres. Of the over 120 paintings in the cycle, which were produced between 2008 and 2020, over 25 are meanwhile accessible to the public in the Sammlung Würth in Künzelsau.

The *work Sea of Columns, 2000* (fig. p. 34) formed a prologue. The smaller format of these images favoured a sketch-like manner of painting. The colonnade in front of the Altes Museum shoves the columns together in the distance and only in the foreground allows a view through to the Palast der Republik and the cathedral, in front of which can still be seen the bronze statue of the *Löwenkämpfer* (The Lion Fighter) by Albert Wolff after a design by Johann Daniel Rauch. The painter let himself be enticed by the lovely diffuse light of the snowy landscape, accentuated in the colonnade by the long shadows.

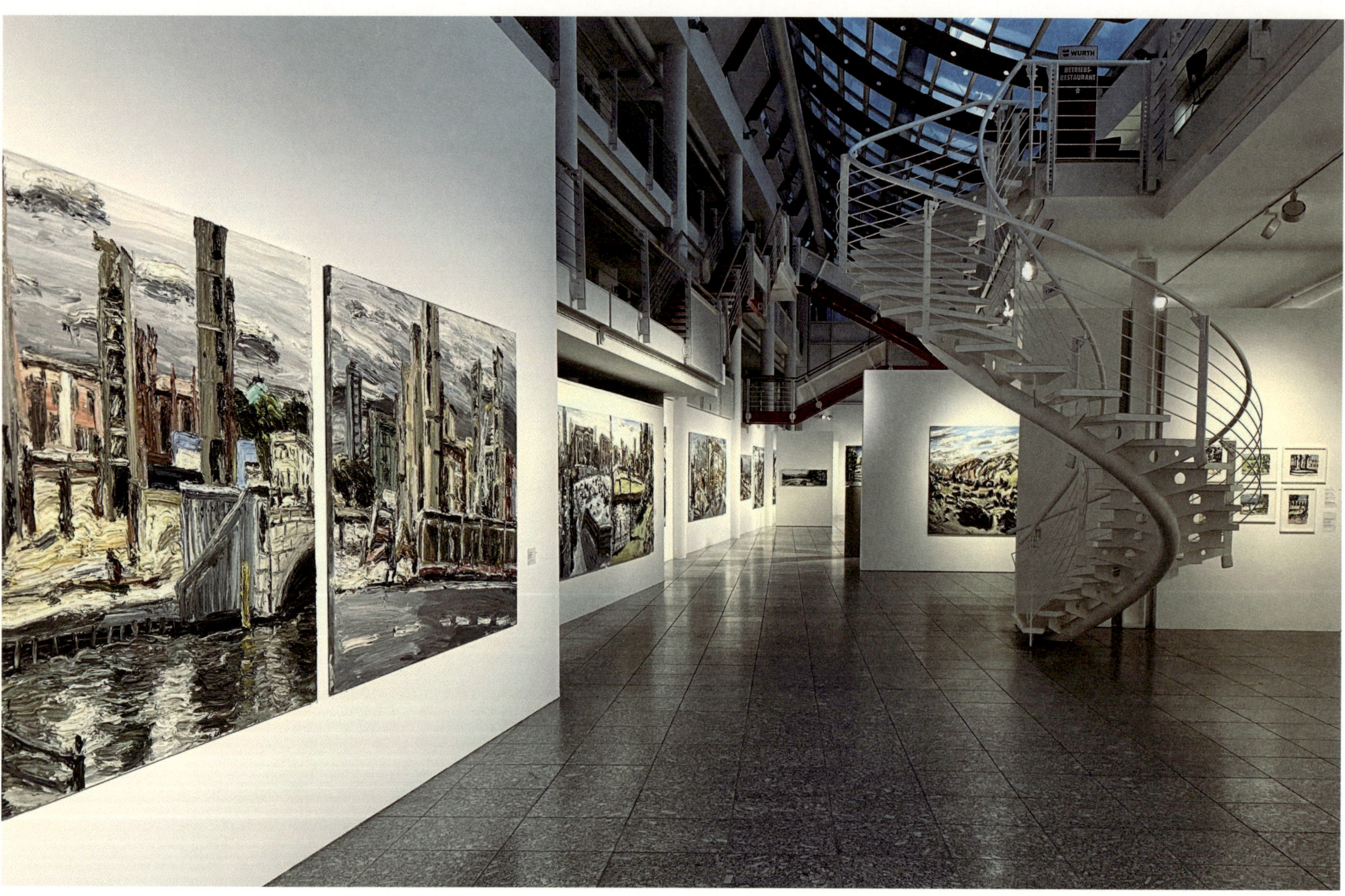

Museum Würth: Zwischen Pathos und Pastos, 2019–21 / Museum Würth: Between Pathos and Pastose, 2019–21

Ausstellungsansicht / Exhibition view

Lehmpfuhl extracts an astonishing variety of aesthetic guises from views of the same motif, but it must be borne in mind that through the whole cycle from 2008 to 2020 he always chose the same positions, in order to make the changes visible. These are the four corner points of the area with the bridges, the Humboldt Box as vantage point, later the rooftop terrace of the Bertelsmann building and the balcony of the former Staatsratsgebäude (State Council Building), the original palace spolia from which Karl Liebknecht proclaimed the Republic in 1918.

He began the actual cycle in 2008. The demolition of the Palast der Republik in particular awakened his interest because, as the static frame of the whole building, the staircase towers initially remained standing, looming in the light like ghostly columns. It was surely not Lehmpfuhl's idea from the beginning to literally chronicle the transformation of the Schlossplatz. The purely factual visual chronicle is more the task of the photographers. Lehmpfuhl's approach is an entirely different one. He is a painter who emphasises the painterly quality of appearances in light and atmosphere; this can be seen especially clearly in the small painting *Friedrichwerder Church and Stele, 2008* (fig. p. 49), a virtually abstract composition of swirling and upwardly moving brushstrokes against a sky extending calmly along the horizontal. How much the staircase towers, rising up surreally and looming against the sky, preoccupied the painter can be seen in the numerous variations on this motif, from the small-format *Schlossplatz Panorama, 2008* (fig. p. 56) and the small triptych *Steles and Cathedral Triptych, 2008* (fig. p. 45), the starkly rhythmised large paintings *Shifting Horizons, 2008* (fig. pp. 40/41) all the way to the final work of the series, *The Final Tower, 2008* (fig. p. 48). Lehmpfuhl's first large panorama, *Shifting Horizons, 2008*, consisted of four panels with a total width of 9.6 metres. The vertical triptych *Evening Trio, 2008* (fig. pp. 52/53) was executed after the demolition of the stair towers. In a conciliatory evening light, the entire wasteland of the ploughed-up grounds extends before one's eyes. The Ferris wheel from an annual fair appears in the distance against the Fernsehturm (TV tower) at Alexanderplatz. In the middle panel, against the towering cathedral, the letters DDR can be made out, the remains of a protest inscription written in the rubble after the demolition of the final remnants of the Palast der Republik: "Die DDR hat's nie gegeben" (The GDR never existed). What matters to Lehmpfuhl is building bridges and closing wounds, and these sentiments, too, flow into his work.

The small painterly sketch *Schlossplatz in Transition, 2009* (fig. p. 57), with a title that would soon be programmatic for the entire series, was painted in 2009, as was the large composition *Schlossplatz in the Evening, 2009* (fig. pp. 60/61), with its width of 9.6 metres, which encircles the construction site and locates it within the urban fabric. This panorama already reveals how much the painter works cyclically and generates effects that transcend the individual paintings, tantamount to a circular flow: the outer panels close the circle, even when the caesuras repeatedly amount to syncopated breaks. These works were exhibited in Berlin's Alte Münze (the former coin mint) already in 2010, where a former citizen of the GDR described them as reunification's most beautiful testament.

This motif is taken up again in another small-format, strongly abstracting painting, *Schlossplatz Duet, 2010* (fig. pp. 66/67), and the large *Schlossplatz in Springtime Light, 2010* (fig. p. 64), as well as *Berlin-Mitte, 2010* (fig. p. 65). Once again it is clear how essential

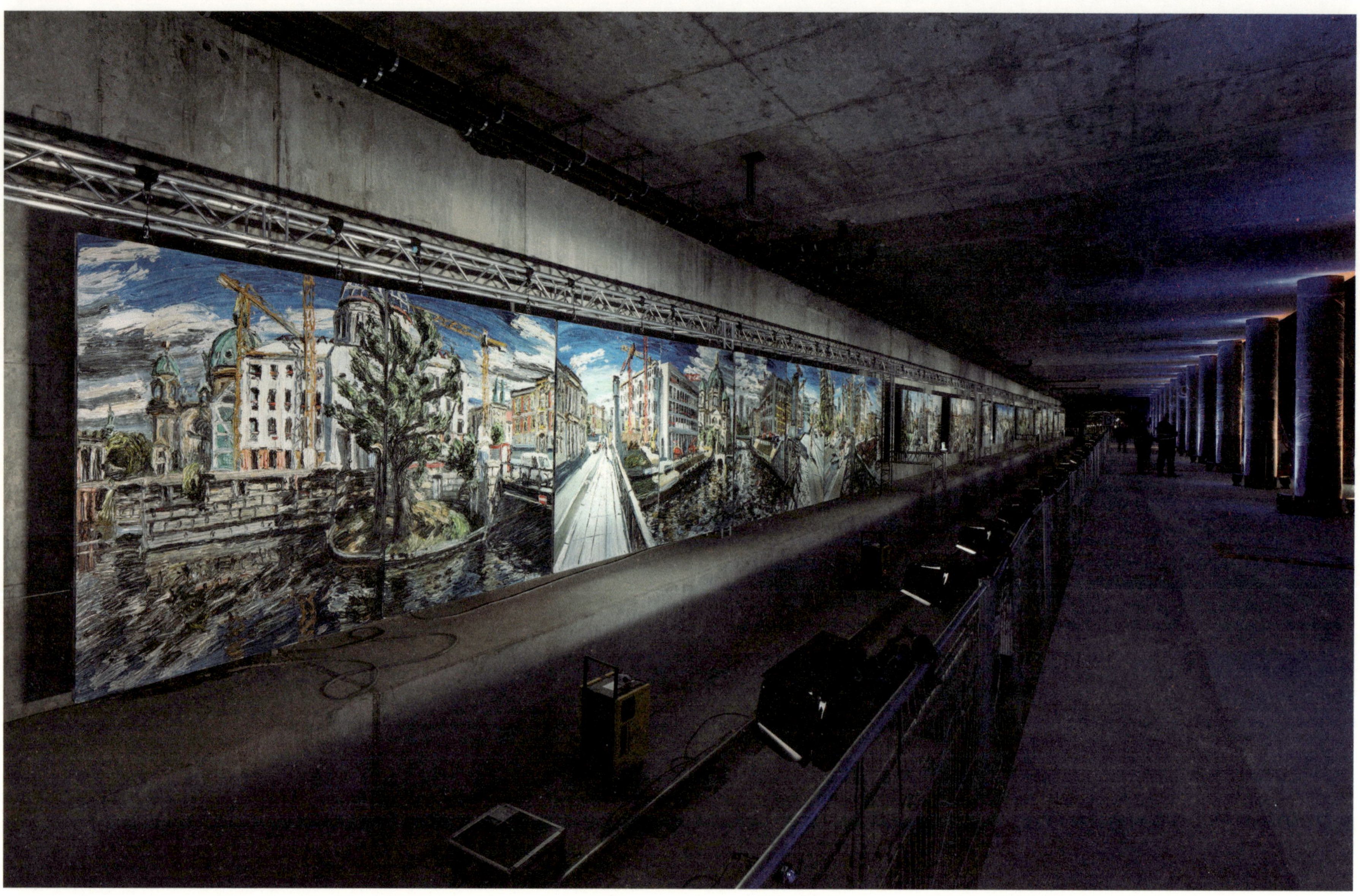

U-Bahnhof „Unter den Linden", 2018 / Unter den Linden underground station, 2018

Installationsansicht / Installation view

the appealing and rapid painterly grasp is for Lehmpfuhl. His act of chronicling is in essence the work of a painter capturing the atmosphere – as when Monet painted the façade of Rouen Cathedral over and over again in the changing light. But Lehmpfuhl is no follower of Monet, for his art – mediated not least through his teacher Klaus Fußmann – has absorbed the intensity of Expressionism since van Gogh and the later positions of Corinth and Kokoschka up to Guttuso.

The path of wooden planks laid out on the construction site already structured the paintings of 2009. In the following year *Reflecting Cathedral, 2010* (fig. p. 62) added to them an element of painterly condensation. Here one can see the painter's love of rhythmically sub-structuring the surface, which he lets run free in the sequence of the wet planks and the reflections caught in them. The construction work began in 2010 with the excavation of the building pit, which, to the surprise of many, unearthed the palace's cellar-vault, largely intact. The massive foundations in particular drew the painter's eye and led to a series of paintings of the same name. In these works, Lehmpfuhl clearly shows that, in these foundations and cellars, the body of the old palace lay there as if with torn-open viscera, making visible stepped pedestals as well as design approaches; they form the basis not only for the building's reconstruction but also for the painter to construct his series of images.

In the paintings of 2011, such as *Schlossplatz in the Light of a Storm, 2011* (fig. p. 75), the Humboldt Box, a temporary structure built at the time, emerges like a foreign body. Lehmpfuhl would not be the painter of the painterly as we know him if he did not also integrate this element into the painterly context. In two small images he celebrates light and painting in a festival of beauty: *Schlossplatz in the Evening, 2011* (fig. p. 76) and *November, 2011* (fig. p. 79). In a racing perspectival view, the large triptych *Schlossplatz Trio, 2011* (fig. pp. 80/81) also presents for inspection the space in which the building will be erected. At the same time it shows Lehmpfuhl's feeling for painterly reflections of light on rain-soaked streets, identifying him as a late follower of Lesser Ury.

The year 2013 was an important and eventful one for the construction of the Berlin Palace. Lehmpfuhl painted the events on the Schlossplatz correspondingly extensively. The painting titled *Schlossplatz, 2013* (fig. p. 93) unfolds the fully equipped construction site, preluded by a traffic barrier, along which the eye labours through frames, a construction-site fence, a container, and some vehicles up to the Humboldt Box and the stabilising buildings of the Altes Museum and the cathedral. The two versions of *Schlossplatz in Transition, 2013* (figs. pp. 106/107) in turn, circle around the construction site and the Spree and open up a view of the cathedral and the Box. A bare tree and the shimmering surface of the water unexpectedly shift into the centre of attention. The large *Laying of the Foundation Stone Triptych, 2013* (fig. pp. 96/97) is another central work and shows the Box like a continuum on all three panels, which juxtapose the desolate goings-on of the excavation and foundation-laying with the calm and vibrantly flickering water. Lehmpfuhl has created his largest image series to date with the five large paintings of his *Berlin Panorama I, 2013* (figs. pp. 98–100), which place construction activities and the full view of the Lustgarten and the cathedral in a total width of 12 metres, together creating a field of view of 360 degrees. Special painterly delights are the smaller, but long, paintings *Berlin Panorama II, 2013* (figs. pp. 102–105) and *Winter Day at the Berlin Cathedral, 2013* (fig. p. 95).

Berlin Mitte at Night, 2014 (fig. p. 113) is also atmospherically powerful, and reminiscent more of Kokoschka's cityscapes than those of Lesser Ury. In 2014, as the shell of the building rose, Lehmpfuhl took the task of chronicler more seriously and noted the relevant month in each painting's title. The *Schlossplatz* paintings are differentiated through the designations April, August and September. The diptych from April shows the strong verticals of the ascending construction, whereas the diptych produced in September for the first time gives an idea of the façade in the long light of late summer. The most fruitful from a painterly perspective is the August painting, with its sensually colourful shadows and the flickering surface of the Spree.

In the summer of 2015 Lehmpfuhl showed a whole series of large paintings of the construction of the Humboldt Forum in the spacious halls of Friedrichshain's Box Freiraum, an unusual location that had once been built for the stalls of a Berlin carriage company. Also in this year he exactly noted the months in the work titles. The diptych *Schlossplatz in May 2015* (fig. p. 118) approaches the scene in an entirely new manner, from across the water and its reinforced bank. The most extensive ensemble with eight large vertical paintings, *Schlossplatz – Panorama in September 2015* (figs. pp. 114–116), with its total width of 14.4 metres, exceeds the 12 metres of the wide group of works from the previous year. The painter was taken with the light of late summer with the long shadows and its golden sunlight. Once again, the group of works circles around the entire construction site. But interestingly, a truly overall image is created from two panels only three times. In the others, the elements are abruptly set against each other as in musical syncopation and ruptures intentionally carved out. These approaches can be grasped as preliminary stages to the later round paintings in the sense of a Berlin advertising pillar. This significant series was displayed for the first time at the Marburg Kunstverein in the summer of 2017. The painting *Palace in the Light, October 2015* (fig. p. 119) was exhibited in the foyer of the Humboldt Forum in 2017 as part of a fundraiser. The proceeds were donated to the reconstruction of the palace.

The more the palace with its façade and avant-corps assumed a precise form, the more precise the painter became, without giving up his painterly flow. We have become increasingly acquainted with Christopher Lehmpfuhl in his aesthetic preferences. He has a predilection for the sharp light of winter in February and for the golden late summer light in September. Both create long shadows and transform the world in their own distinct ways. Have we already mentioned that the artist paints all his works, even the giant formats, outdoors on location? He tolerates no intermediary steps, neither sketches nor preliminary studies, and absolutely no photographs. He knows to keep his distance from the sweet poison of their seductions. This is how he achieves his paintings' authenticity. And in the directness of his grasp, since 2006 he has also acquired the habit of dispensing with the paintbrush. Nothing should stand between him and the painting. So he began to apply the paint directly with his hands, thus giving his works a characteristic feature. The furrows traced in the paste of paint by his fingers give the paintings a distinct rhythm and a distinct relief. The composition, too, is subordinated to the criterion of working directly before nature. Every painter has problems with the landscape before his eyes. Which position should be chosen? Which season and time of day, weather and light are conducive to the painting? Lehmpfuhl approaches these problems unwaveringly and resolves them directly on-site, something that rarely happens this resolutely. Only in this way can he directly transform what he has seen and what he wants in his work and capture the magic of the moment in an enduring guise in his painting.

The once more large and cyclical paintings of the year 2016 confirm this. The double painting *Sunny Palace in February 2016* (fig. p. 120) shows the cement-grey basic body of the palace building in a winter light that emphasises the window apertures and accentuates the windows of the façade through lights from behind. The work is in turn an example of how Lehmpfuhl builds up his works more abstractly and constructivistically than one would assume. Together with the horizontal yellow forms of the scaffolding, the strong beats of the towers, skyscrapers, and construction cranes spread across the image give it its order, which, however, first begins with the swinging motion of the kerb and the incursion of the construction area in the foreground. The view of the Spree with the façade in modern grid architecture, *Summery Schlossplatz in June 2016* (fig. p. 121), is opened up by the sharp diagonal of a bridge railing and lives both from the richness of the representation of water and the contrast between the modern architecture and the neo-Baroque cathedral in the background. *Schlossplatz Duet in August 2016* (fig. p. 122) has a particularly painterly appeal. The 360-degree view of the large ensemble *Schlossplatz Panorama in December 2016* (fig. pp. 126–127), which became the major work of the year, concentrates on the waterside south and east views. It is assembled of both horizontal and vertical formats and occupies a total width of 13.2 metres.

Still surrounded by construction cranes, in the following year the west and south façades can be seen in *Schlossplatz in June 2017* (fig. p. 128). The massive form of the palace building, wrapped in blue, stands there stably, but with the vanishing lines of the façade gives an impression of the crowded dynamic of this cityscape, reminiscent of the urban images of Ernst Ludwig Kirchner, created before the First World War in Berlin. In August of 2017 (supplemented by two paintings from July 2018), the largest panorama was produced, with twelve paintings in a total width of almost 30 metres. The traffic lane and handrails of a bridge in the middle lead imperatively into the depth, while the colourfully sparkling water swirls in its more poetic path around the buildings and bank bastions. The summer wind wafts around the cathedral and the palace bridge, and the Humboldt Box hails from the distance. The large ensemble leads the newly presented palace building into the urban planning context, but still in the garb of the construction site, surrounded by scaffolding and with its exterior covered by temporary advertising banners sending out large-scale visual messages, their content advertising Samsung smartphones left abstract and indefinite by the artist in the interest of pictorial harmony. It is always appealing to note the junctions between the thoroughly autonomous painted panels and discover the transformation of perspective from picture to picture within the entire context.

The painting *Palace Double, December 2017* (fig. p. 129) brings a painterly symphony to the avant-corps and dome between the advertising banners and above the scaffolding, beside which has been added a figural shape like a tied-up person. Here the artist had some fun, fitting up and painting a woman with a cap like an avant-corps and dome. A film shows how she walks in front of the dome, merges with it and then detaches herself from it again. *Dome in the Light, 2017* (fig. p. 123), another large painting, emphasises in strong colours the verticals of the building up into the dome, accompanied by the cranes and the opposing horizontals of the scaffolding levels, the crane jibs, and the construction site fence, introduced by the spirited sweep of the street in the foreground.

In the painting *Palace in the Fall, October 2018* (fig. p. 136) the Humboldt Box huddles once again beside the palace, almost at the same height. Saturated shades of yellow-green, accented by red and blue, dominate the painting from the southwestern perspective. In the autumn of this year several works from the cycle were first presented to Berliners in an exhibition in the still unfinished Unter den Linden underground station, an opportunity that lasted only a single weekend, and was seized by over 14,000 visitors.

Lehmpfuhl pursued the motifs in this deeper colouration the following year as well, which dealt with the uncovering of the palace façade and the removal of the Humboldt Box. *Humboldt Box Before Demolition, 10 January 2019* (fig. p. 138) is the first painting showing a portion of the exposed façade behind the Humboldt Box, already covered in scaffolding, and the avant-corps and dome, also still with scaffolding. In *Demolition of the Humboldt Box, 11 March 2019* (fig. p. 139), a baroque-seeming façade can already be seen, cut through by a Berlin streetlight, which has taken over the pictorial task of the absent construction crane. But cranes are still present in the rubble of the debris of the building parts behind the construction-site fence in *Unter den Linden, May 2019* (fig. p. 140). In *Schlossplatz, June 2019* (fig. p. 141), the south façade, freed from the scaffolding, and the join where it is connected to the modern east façade, glow in the afternoon sunlight.

When we now see the west façade with the golden dome in the final paintings of 2020 as the conclusion of the large cycle – surrounded by scaffolding once again and then finally freed of all scaffolding to reclaim its original appearance – we can think both about the painter, who created a contemporary historical document by means of painterly masterpieces, and about the future users' task of filling this building with life in a way they find appropriate, and thus we return to the beginning of our reflections, which took as their starting point the inscription provided by a pious Prussian king.

Thomas Gädeke

Detail, Seite 128: Schlossplatz im Juni 2017 / Detail, p. 128: Schlossplatz in June 2017
Öl auf Leinwand / Oil on canvas, 180 x 240 cm
Sammlung Kunsthalle Emden / Collection of Kunsthalle Emden

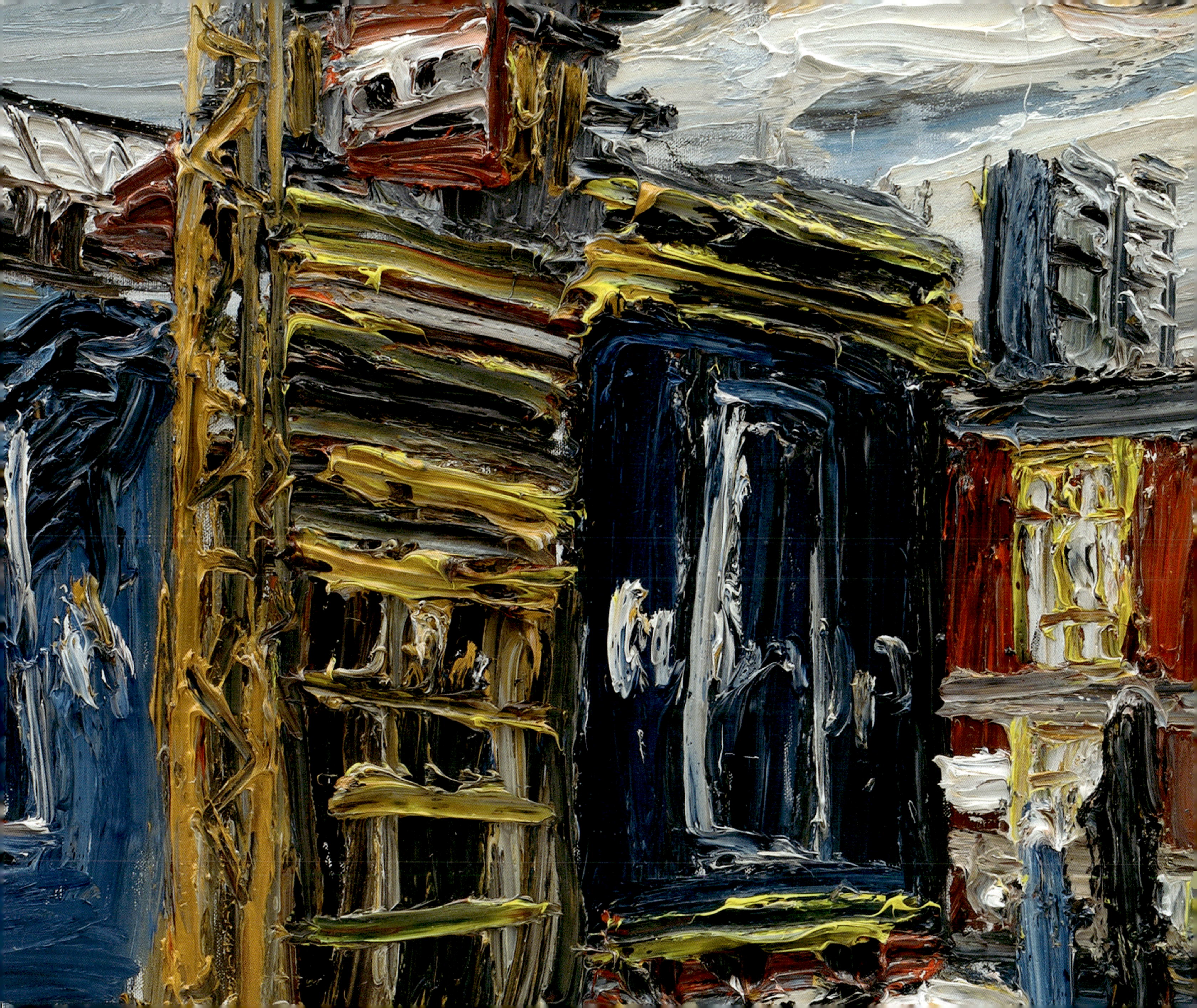

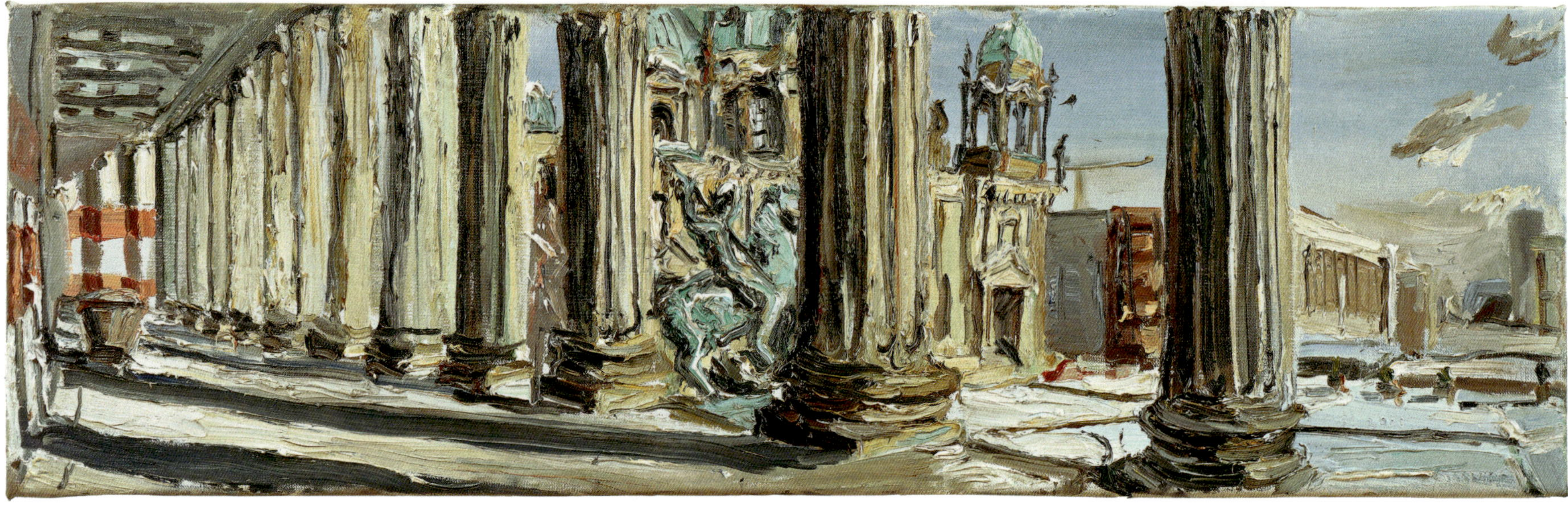

Säulenmeer, 2000 / Sea of Columns, 2000
Öl auf Leinwand / Oil on canvas, 30 x 100 cm
Privatbesitz / Private collection

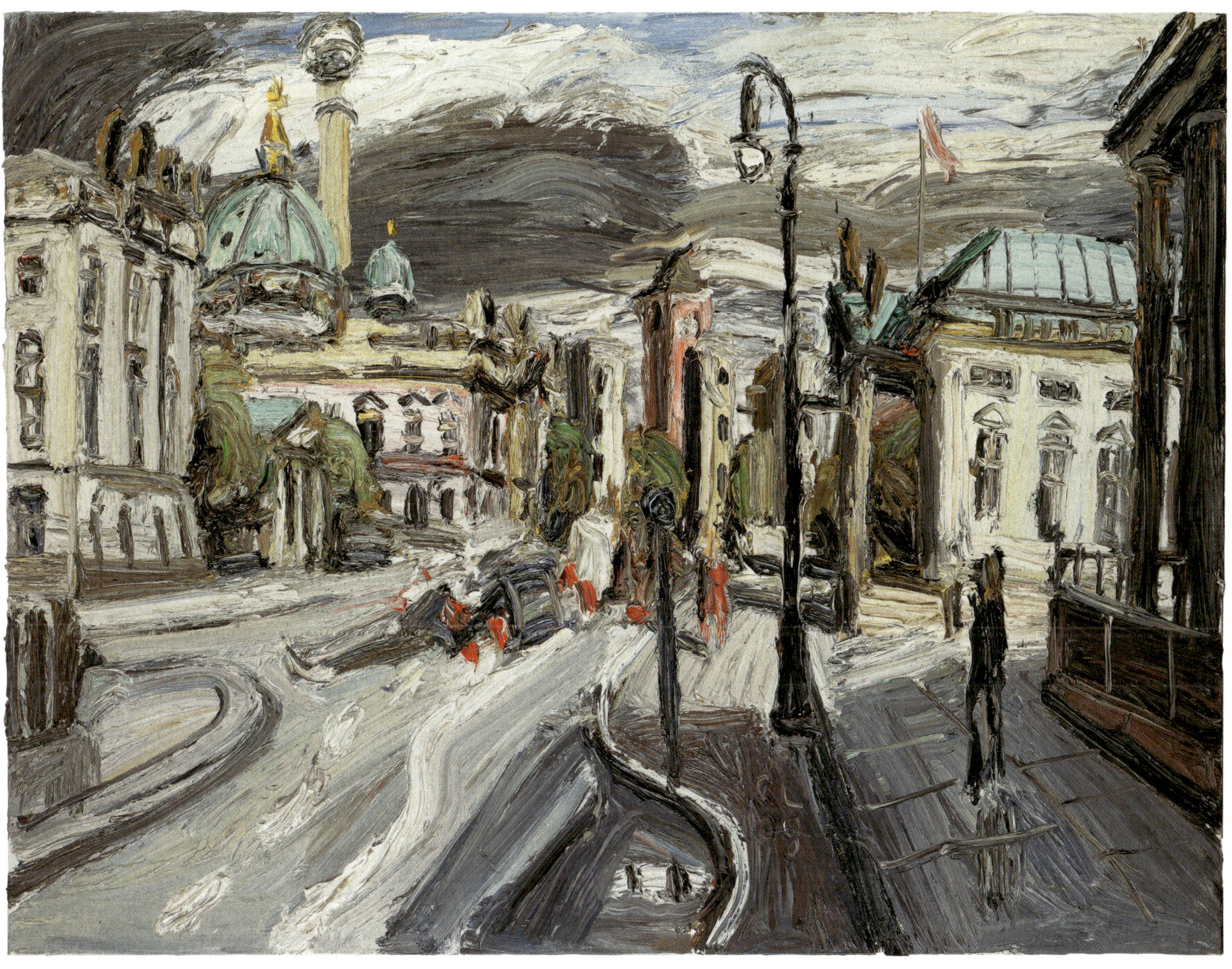

Unter den Linden, 2008 / Unter den Linden, 2008
Öl auf Leinwand / Oil on canvas, 180 x 240 cm
Privatbesitz / Private collection

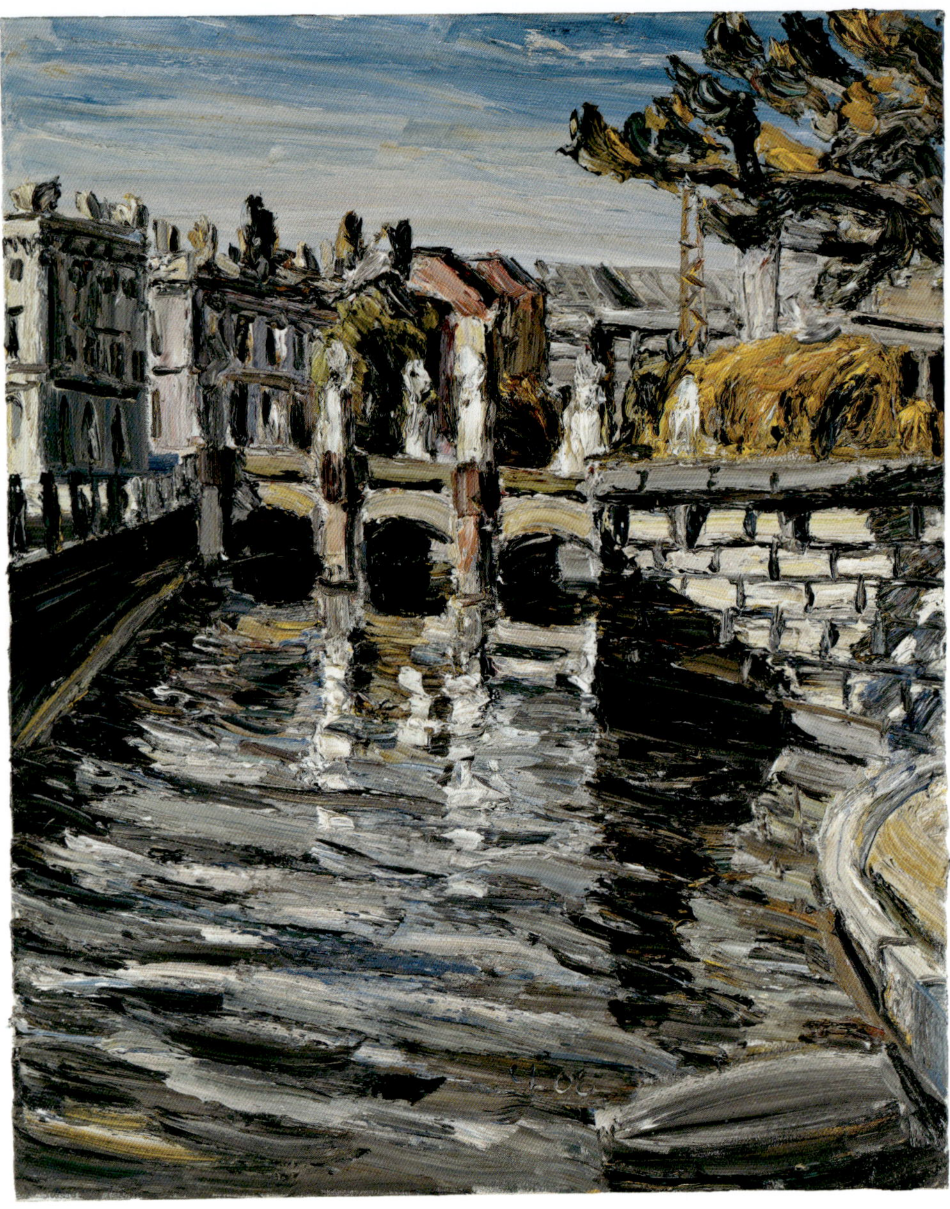

Schlossbrücke, 2008 / Schlossbrücke, 2008
Öl auf Leinwand / Oil on canvas, 240 x 180 cm
Sammlung Würth / Würth Collection

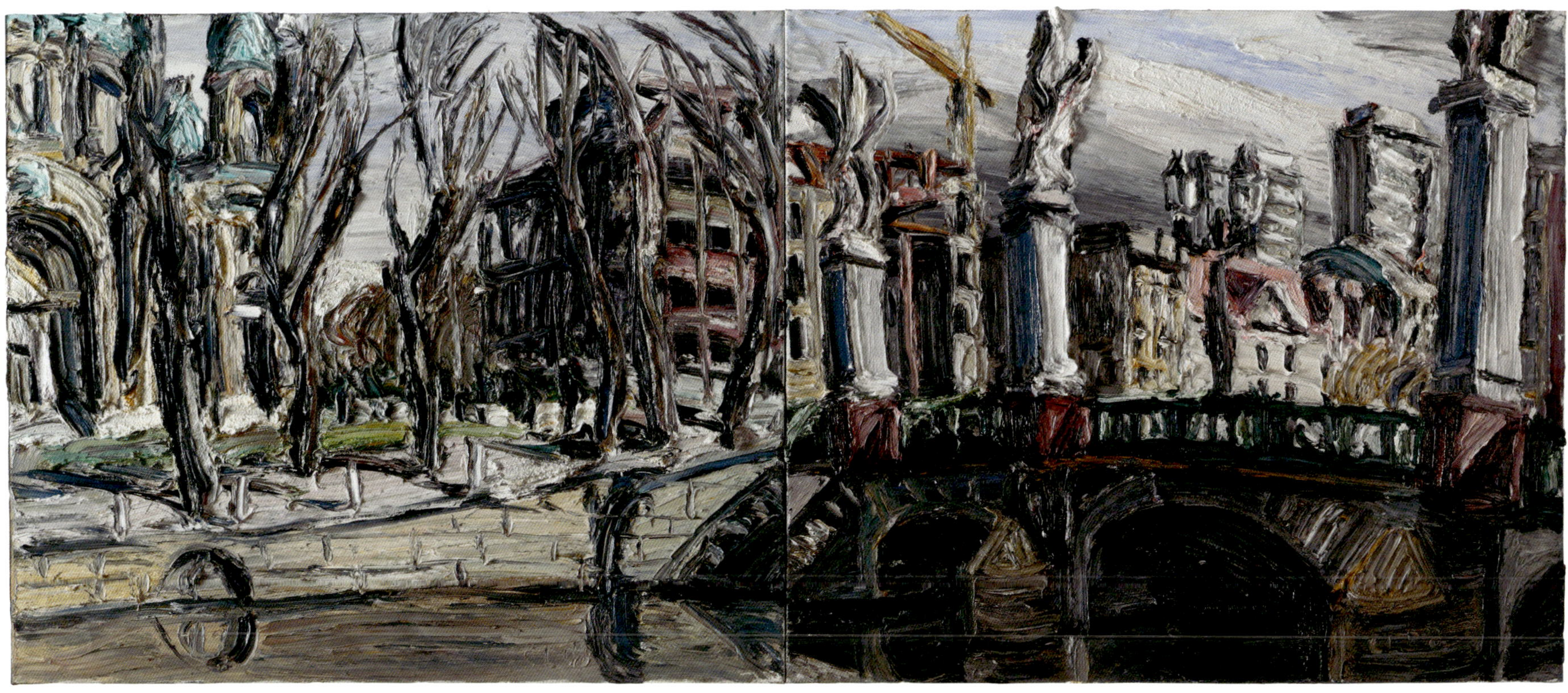

Schlossbrücke Diptychon, 2008 / Schlossbrücke Diptych, 2008
Öl auf Leinwand / Oil on canvas, jeweils / each 100 x 120 cm
Sammlung Deutscher Bundestag / Collection of the German Bundestag

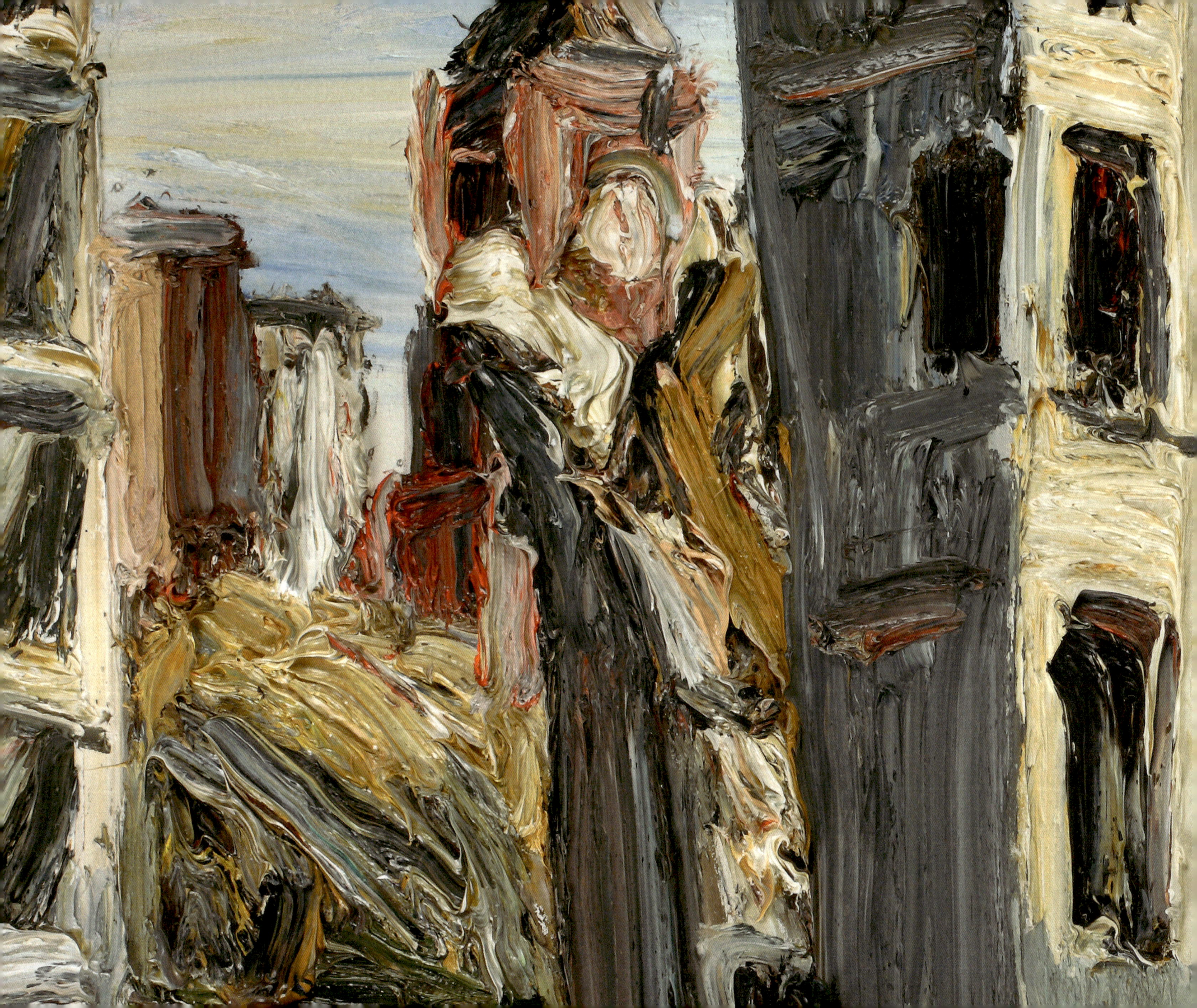

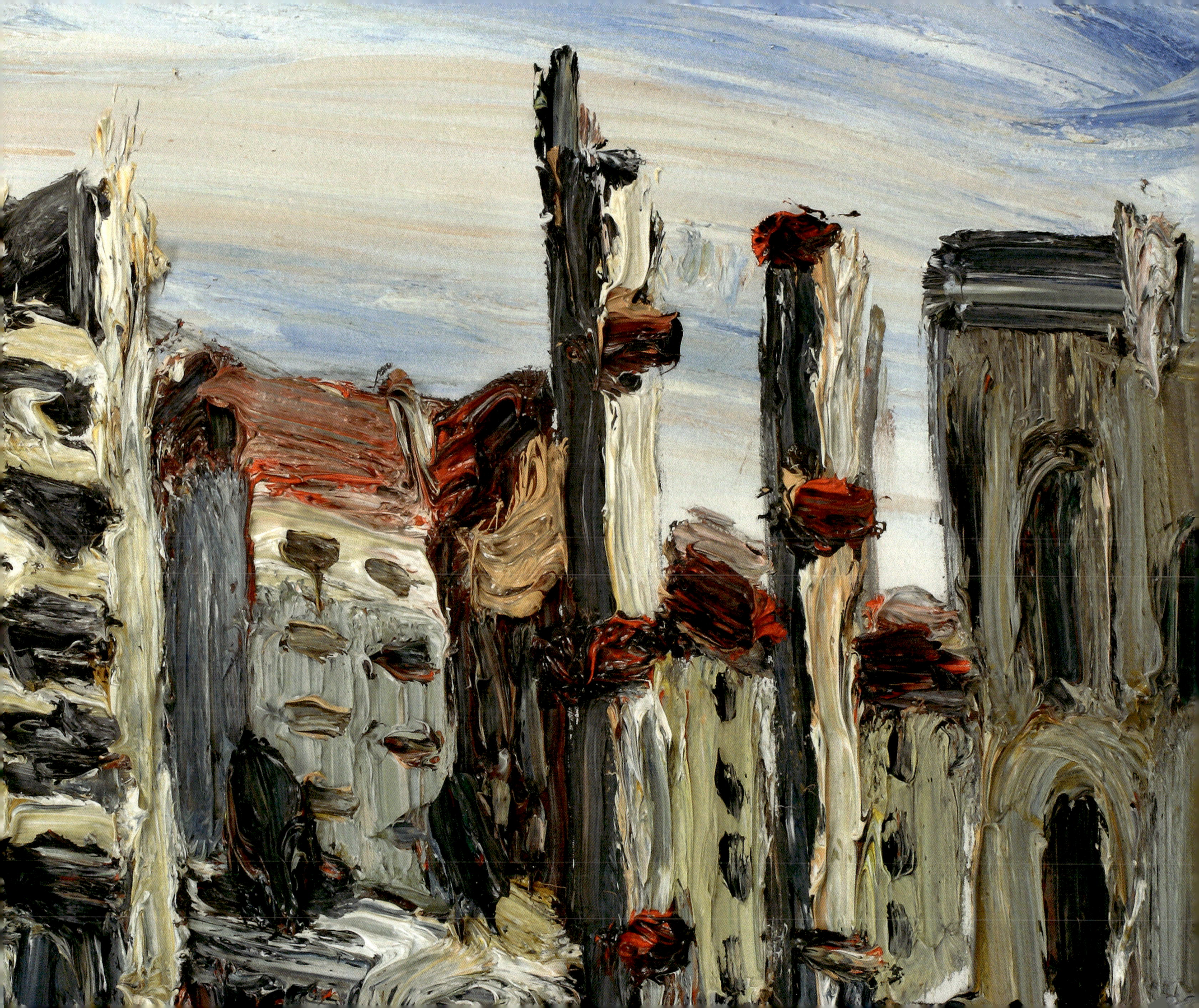

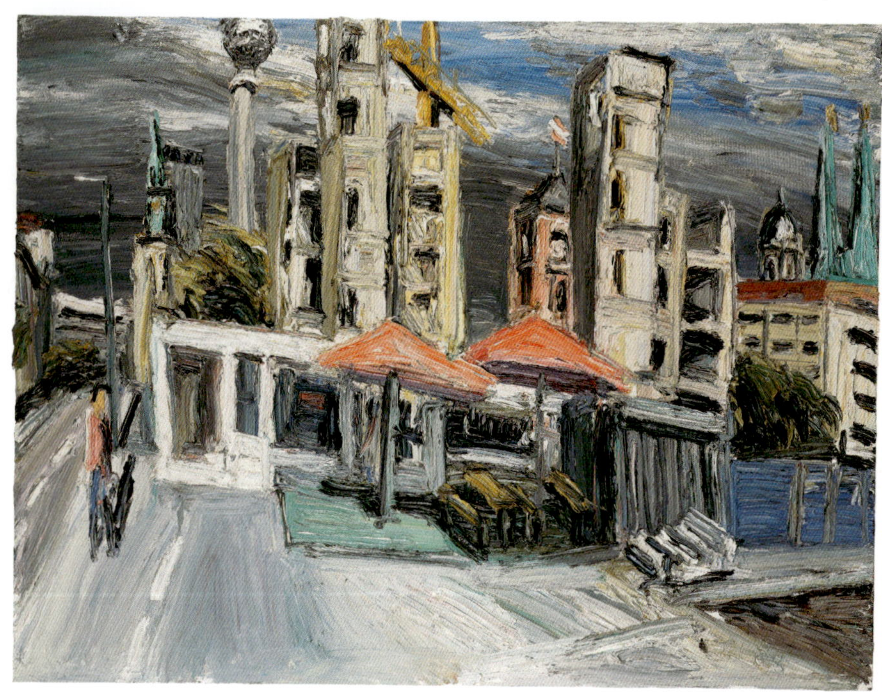
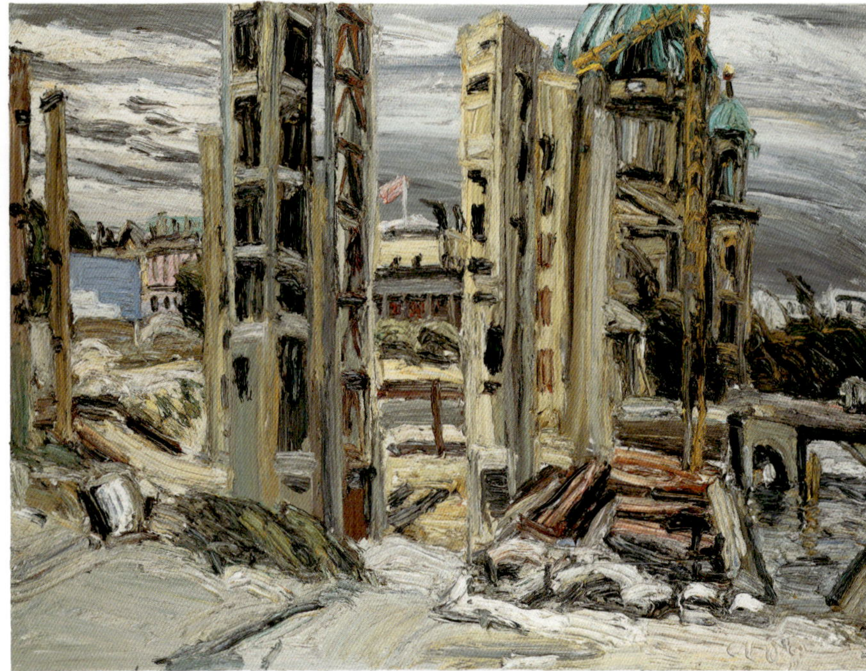

Die neue Mitte, 2008 / Shifting Horizons, 2008
Öl auf Leinwand / Oil on canvas, jeweils / each 180 x 240 cm
Sammlung Würth / Würth Collection

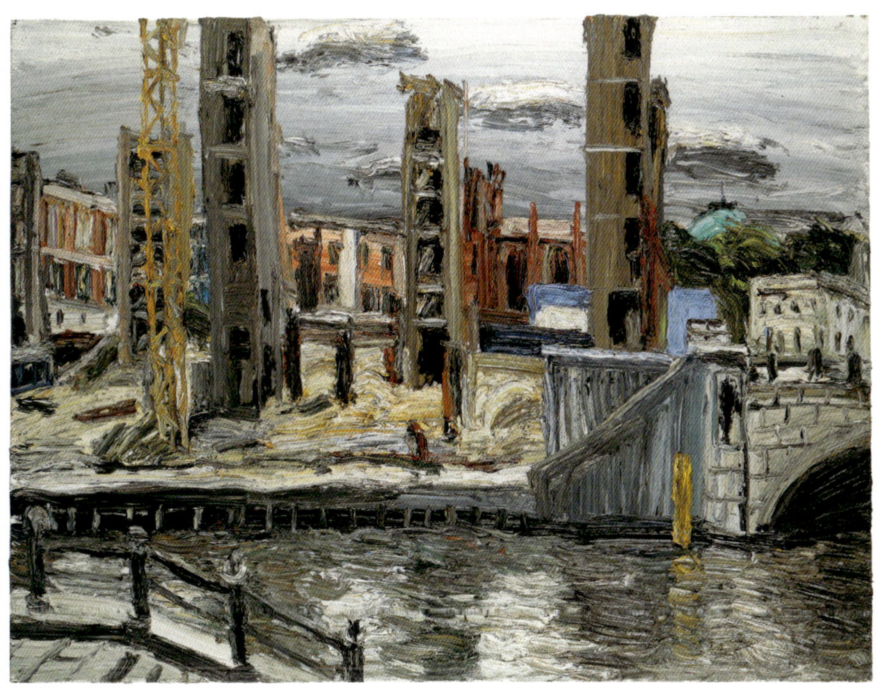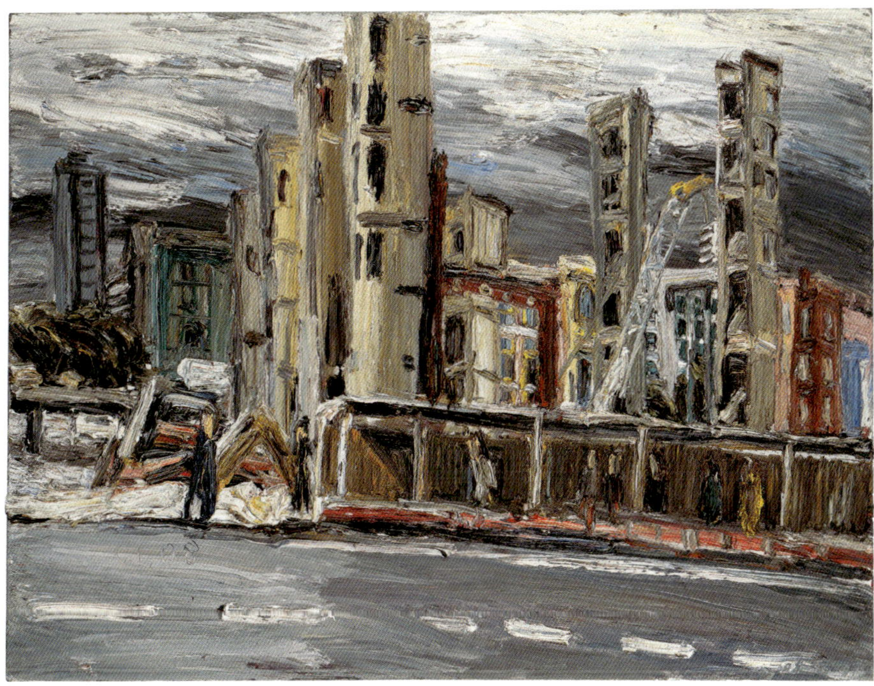

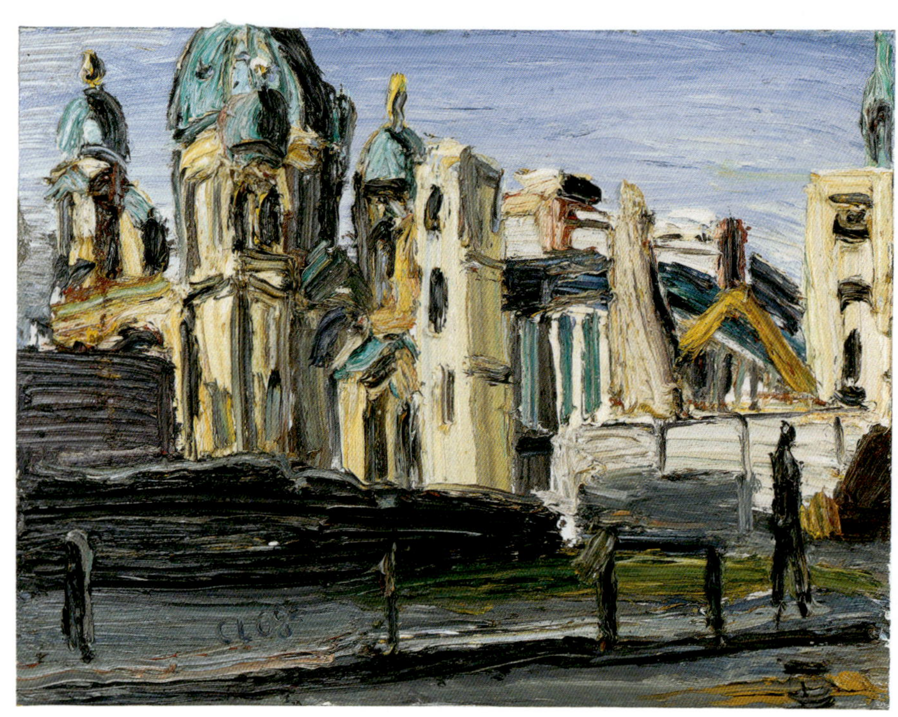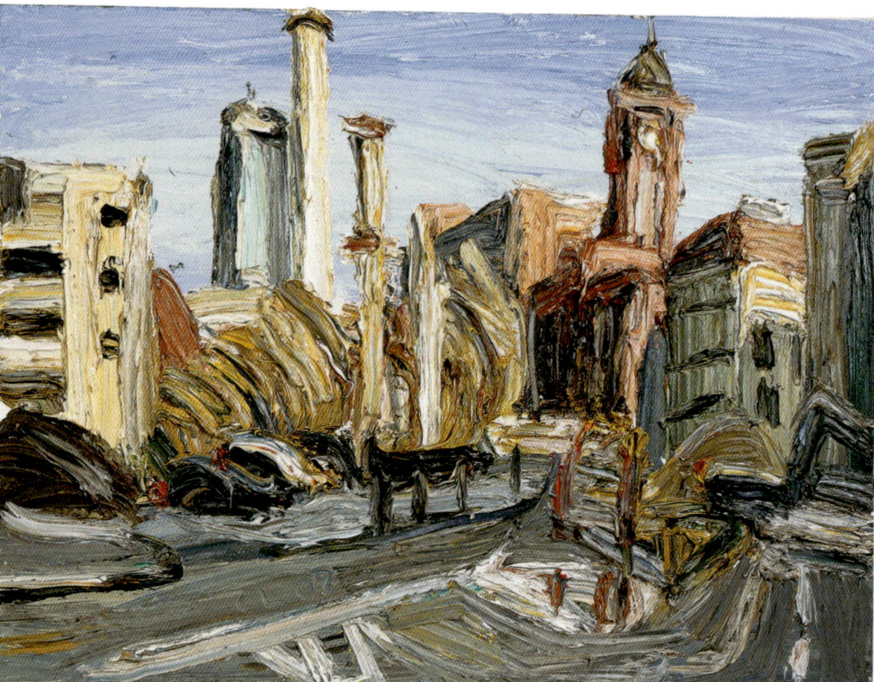

Abendlicht-Duett, 2008 / Evening Light Duet, 2008
Öl auf Leinwand / Oil on canvas, **jeweils** / each 120 x 160 cm
Privatbesitz / Private collection

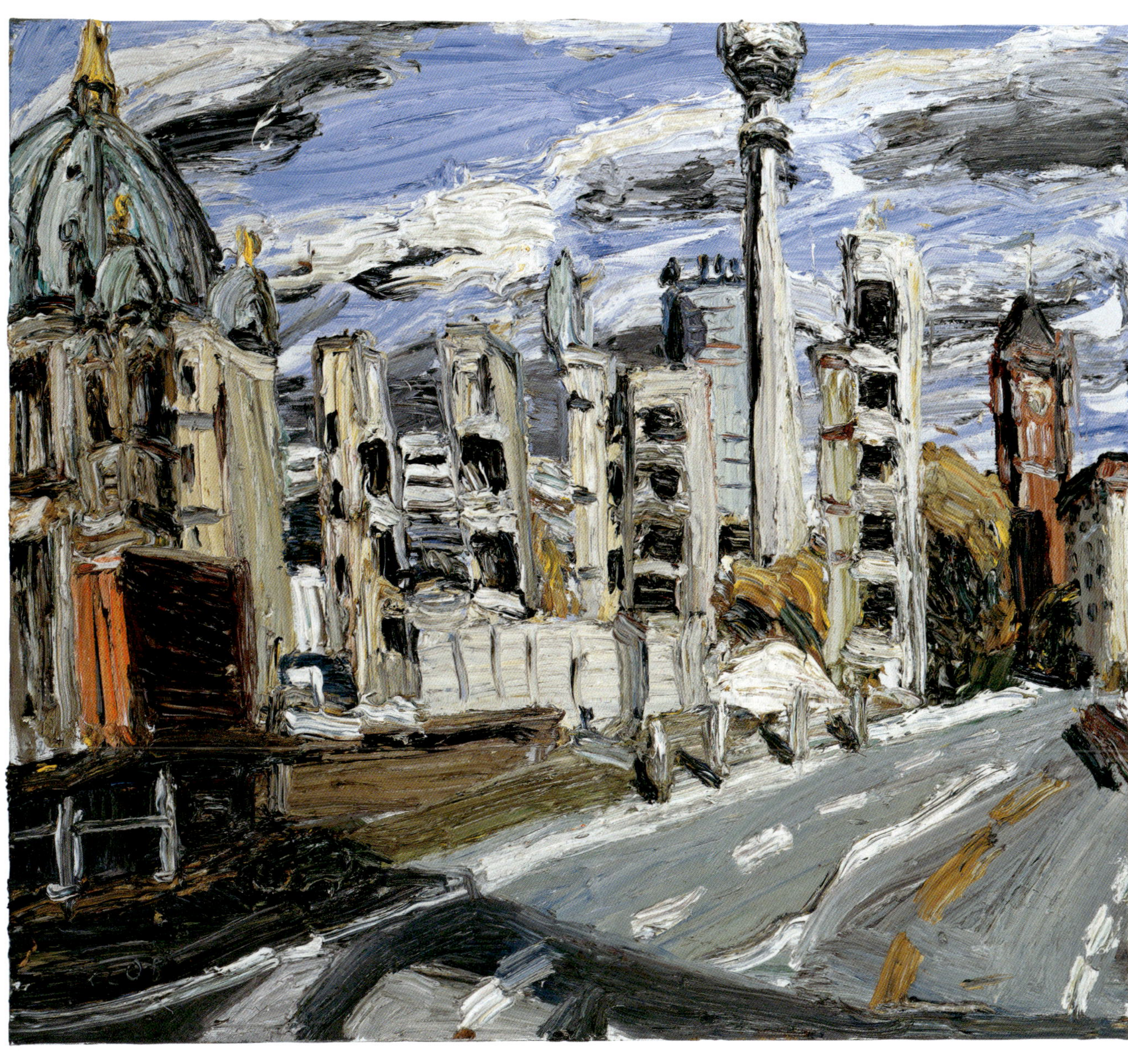

Berlin-Mitte, 2008 / Berlin-Mitte, 2008
Öl auf Leinwand / Oil on canvas, 150 x 170 cm
Privatbesitz / Private collection

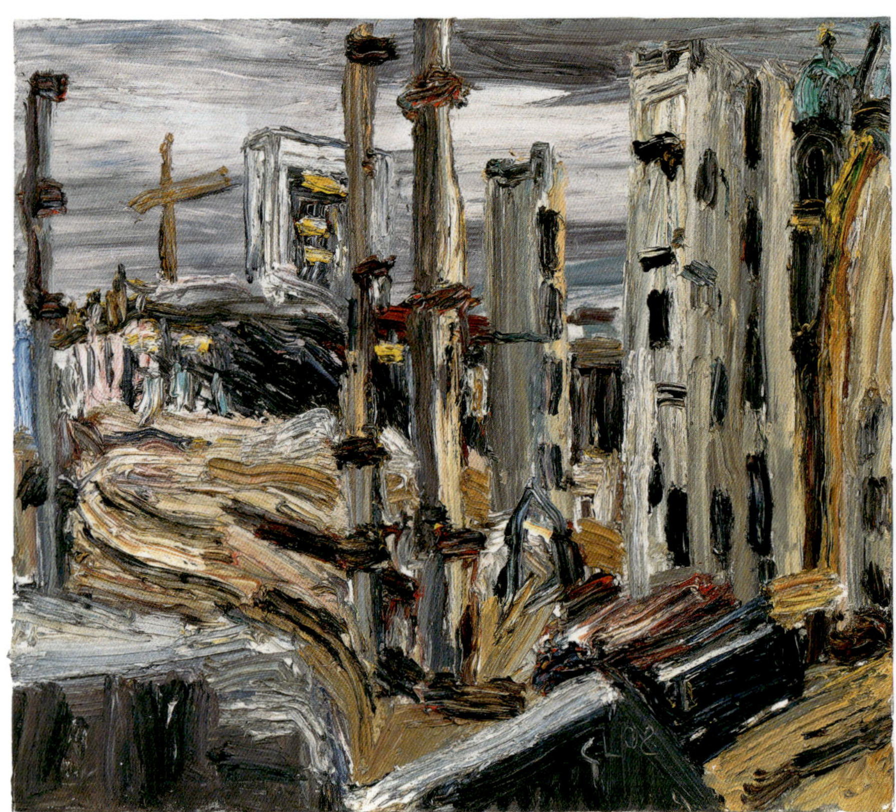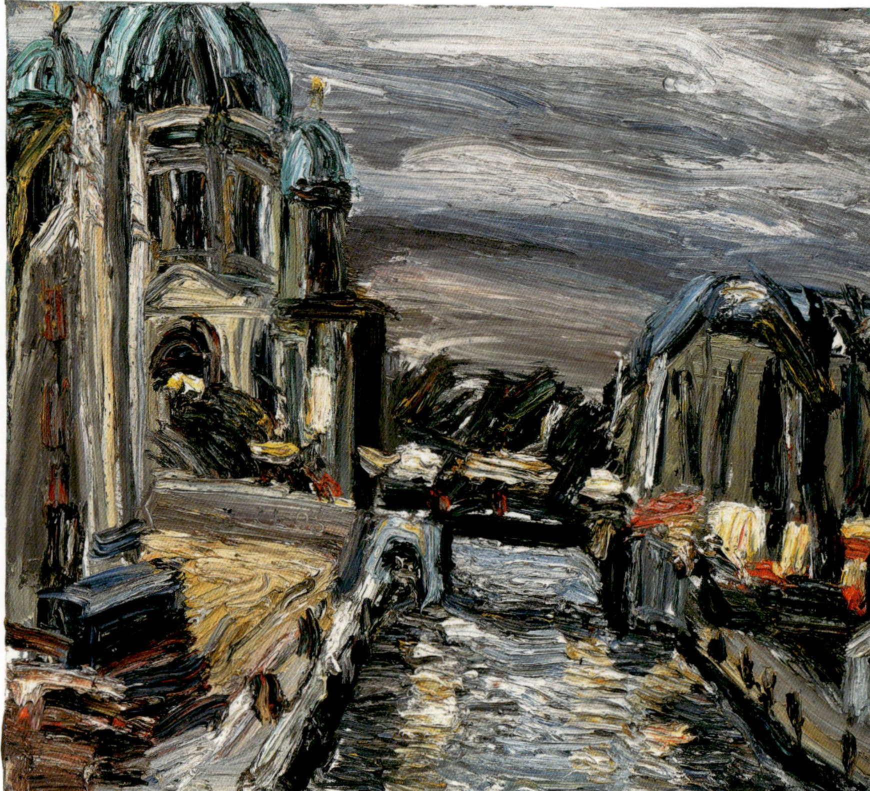

Dom und Stelen am Abend, 2008 / Cathedral and Steles in the Evening, 2008
Öl auf Leinwand / Oil on canvas, jeweils / each 150 x 170 cm

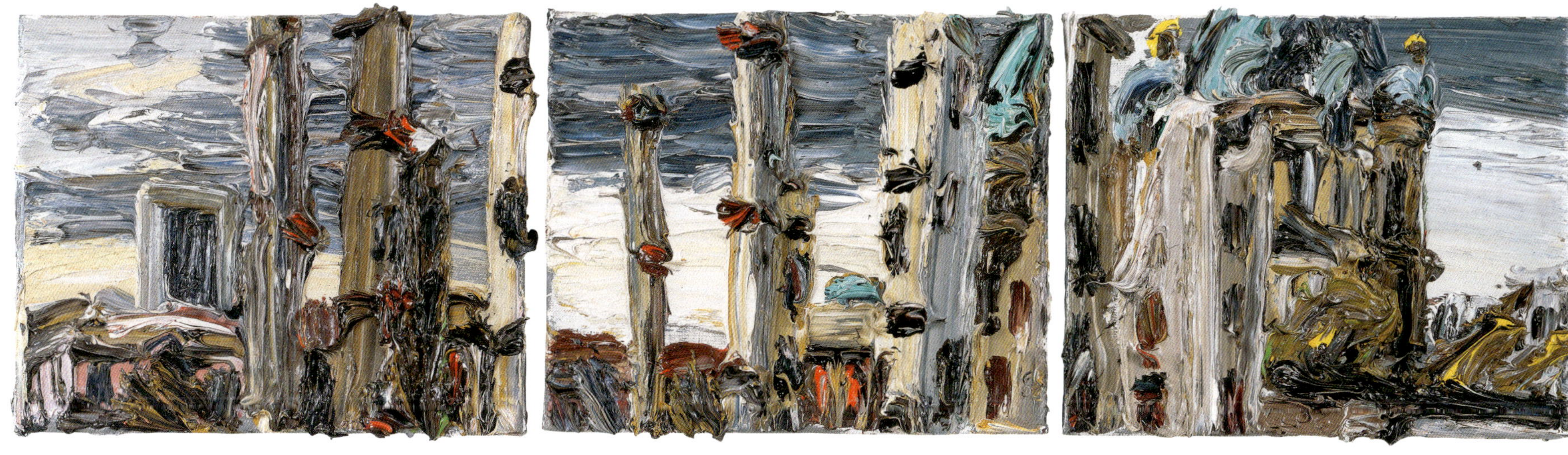

Stelen und Dom Triptychon, 2008 / Steles and Cathedral Triptych, 2008
Öl auf Leinwand / Oil on canvas, jeweils / each 24 x 30 cm
Privatbesitz / Private collection

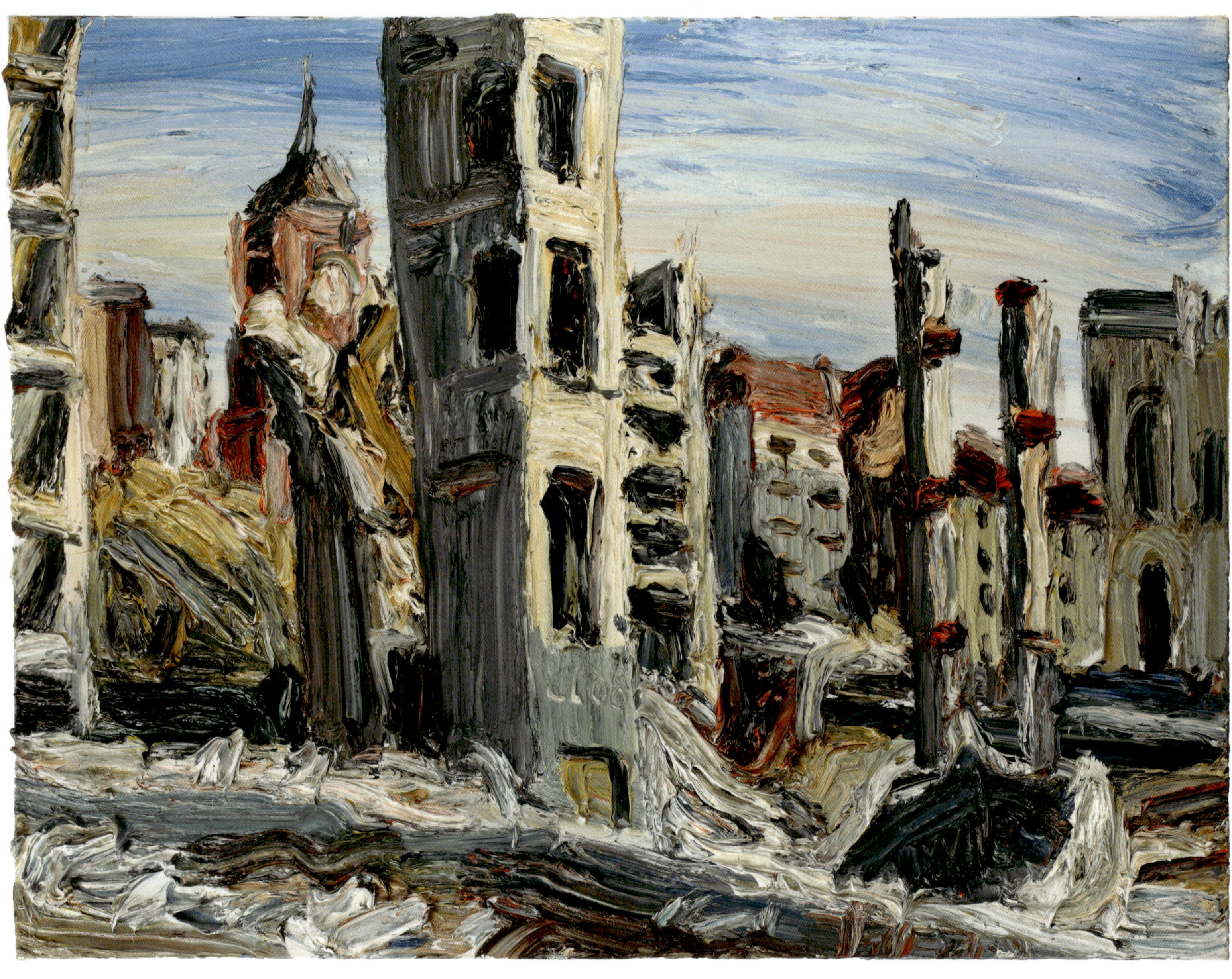

Stelen am Abend, 2008 / Steles in the Evening, 2008
Öl auf Leinwand / Oil on canvas, 120 x 160 cm

Seiten 38/39: Detail / pp. 38/39: detail

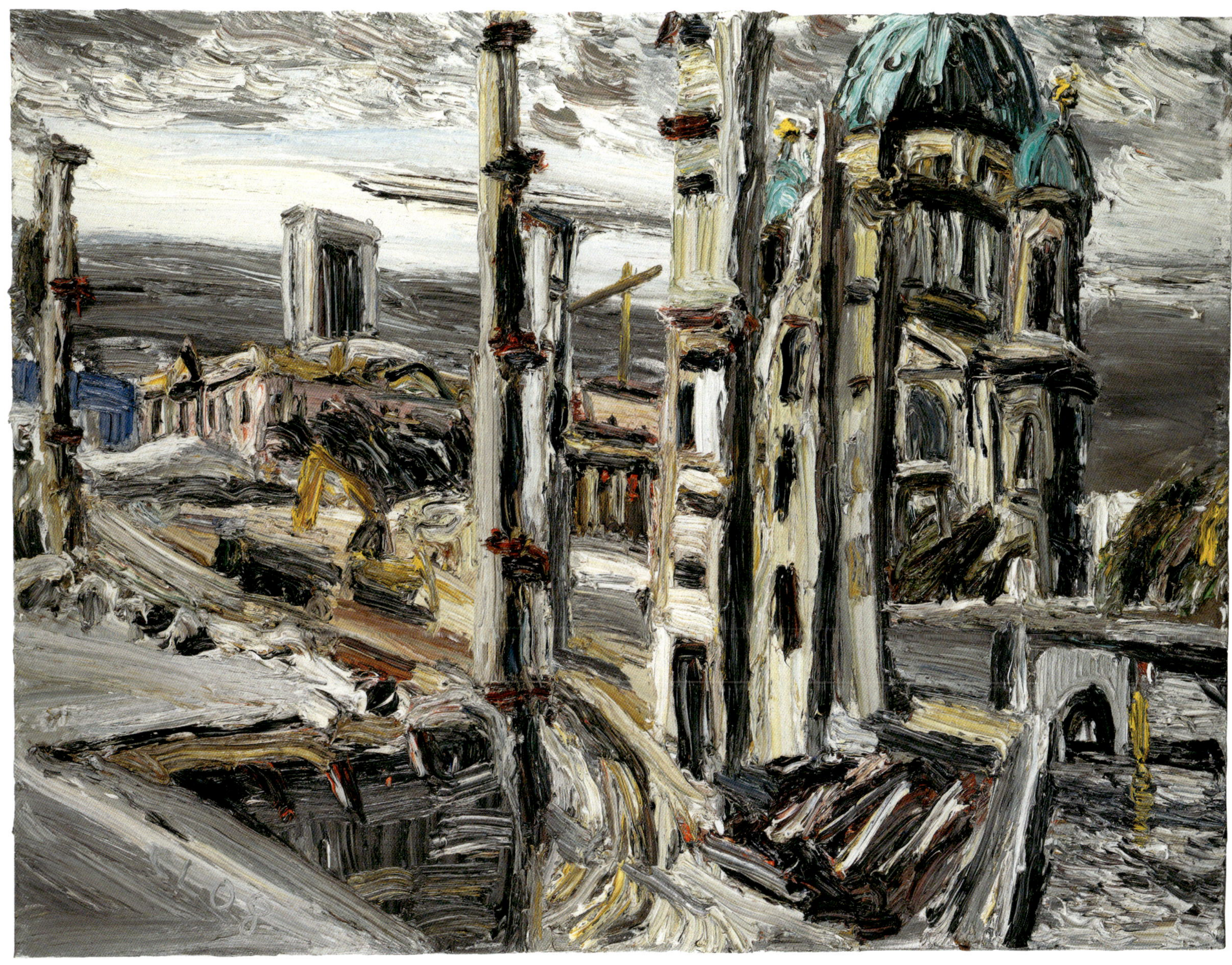

Treppentürme und Dom, 2008 / Staircase Towers and Cathedral, 2008
Öl auf Leinwand / Oil on canvas, 180 x 240 cm
Privatbesitz / Private collection

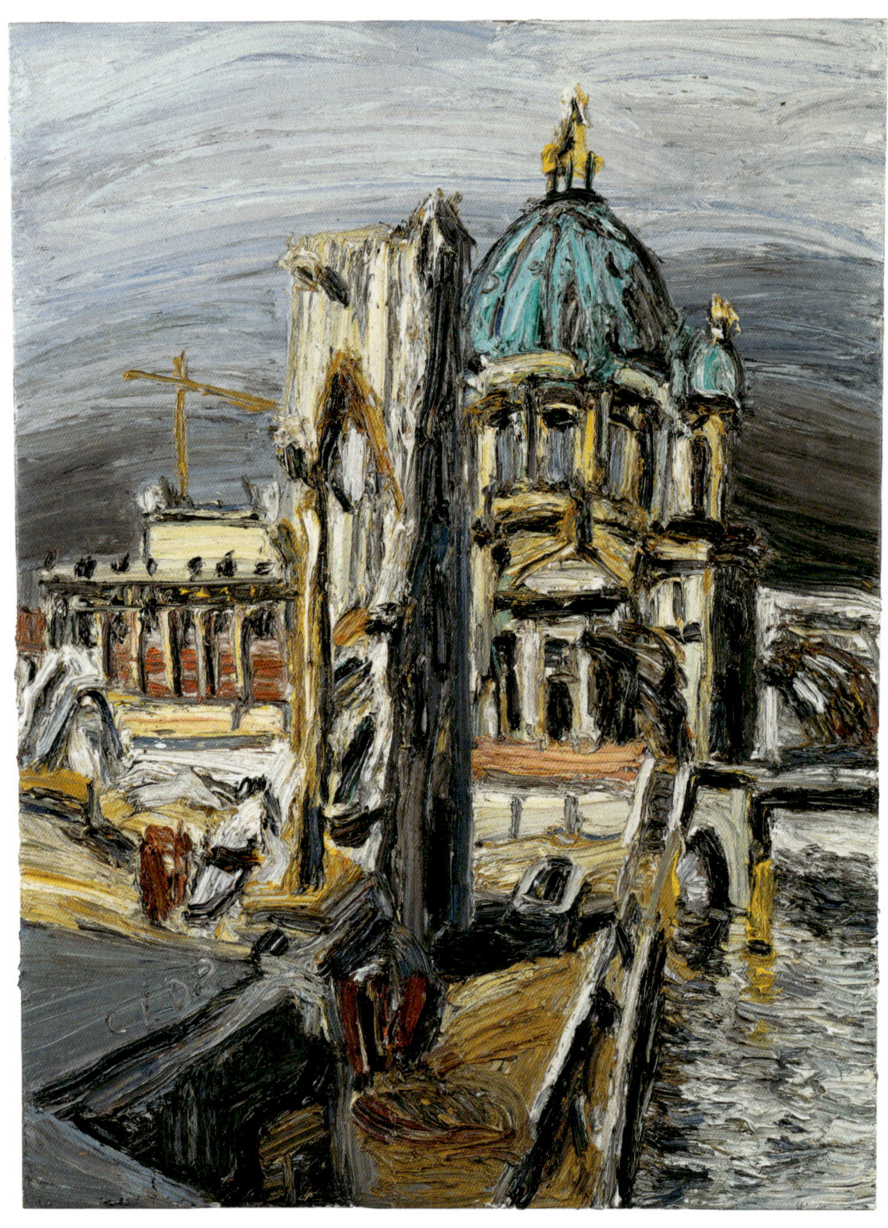

Der letzte Turm, 2008 / The Last Tower, 2008
Öl auf Leinwand / Oil on canvas, 240 x 180 cm
Privatbesitz / Private collection

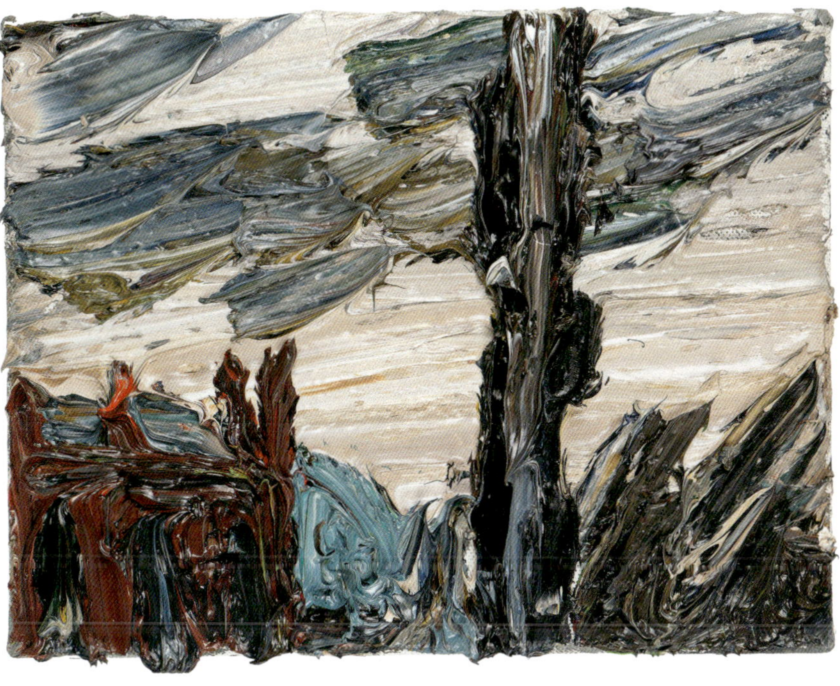

Friedrichwerdersche Kirche und Stele, 2008 / Friedrichwerder Church and Stele, 2008
Öl auf Leinwand / Oil on canvas, 18 x 24 cm
Privatbesitz / Private collection

Seite 50: Detail / p. 50: detail

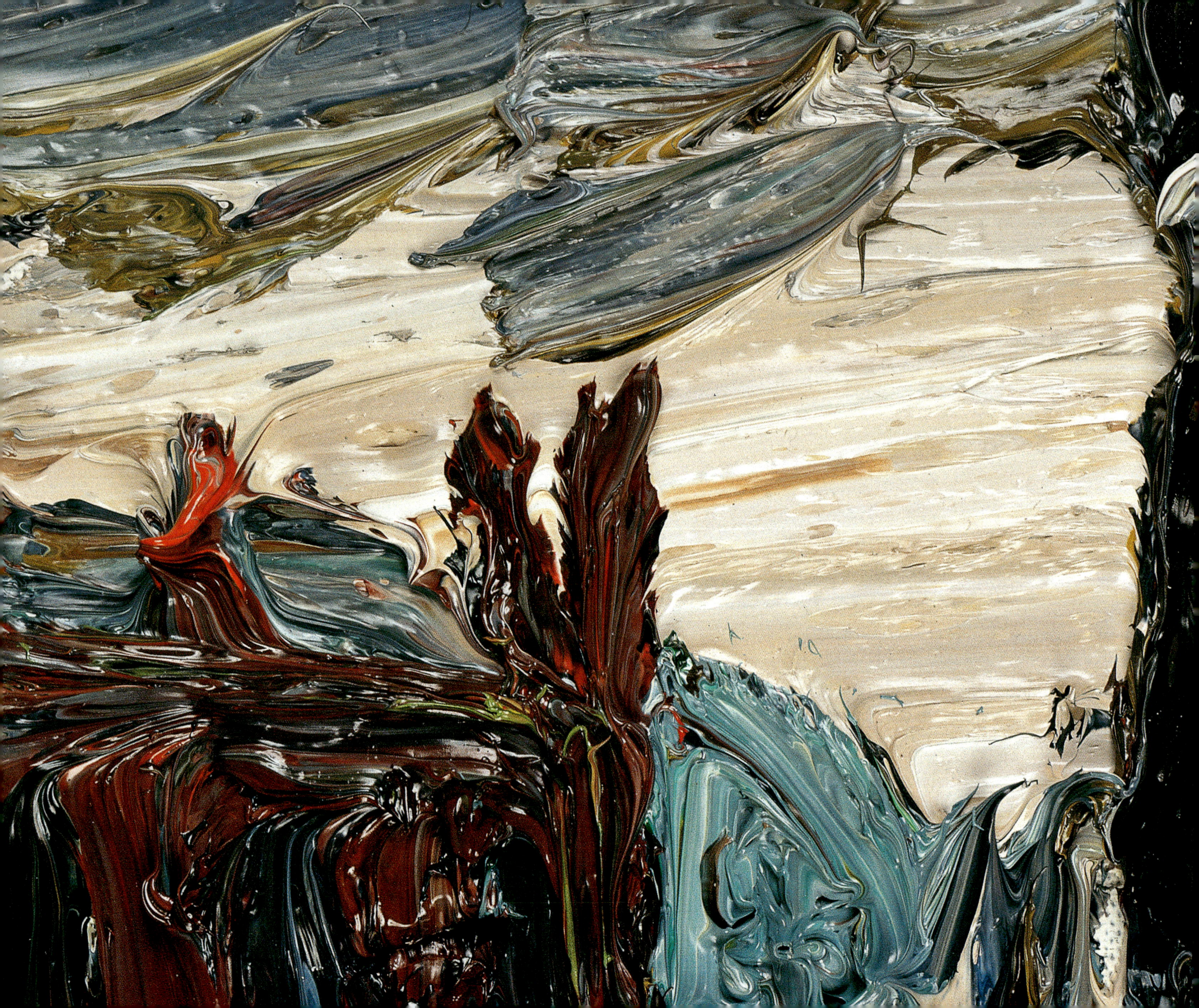

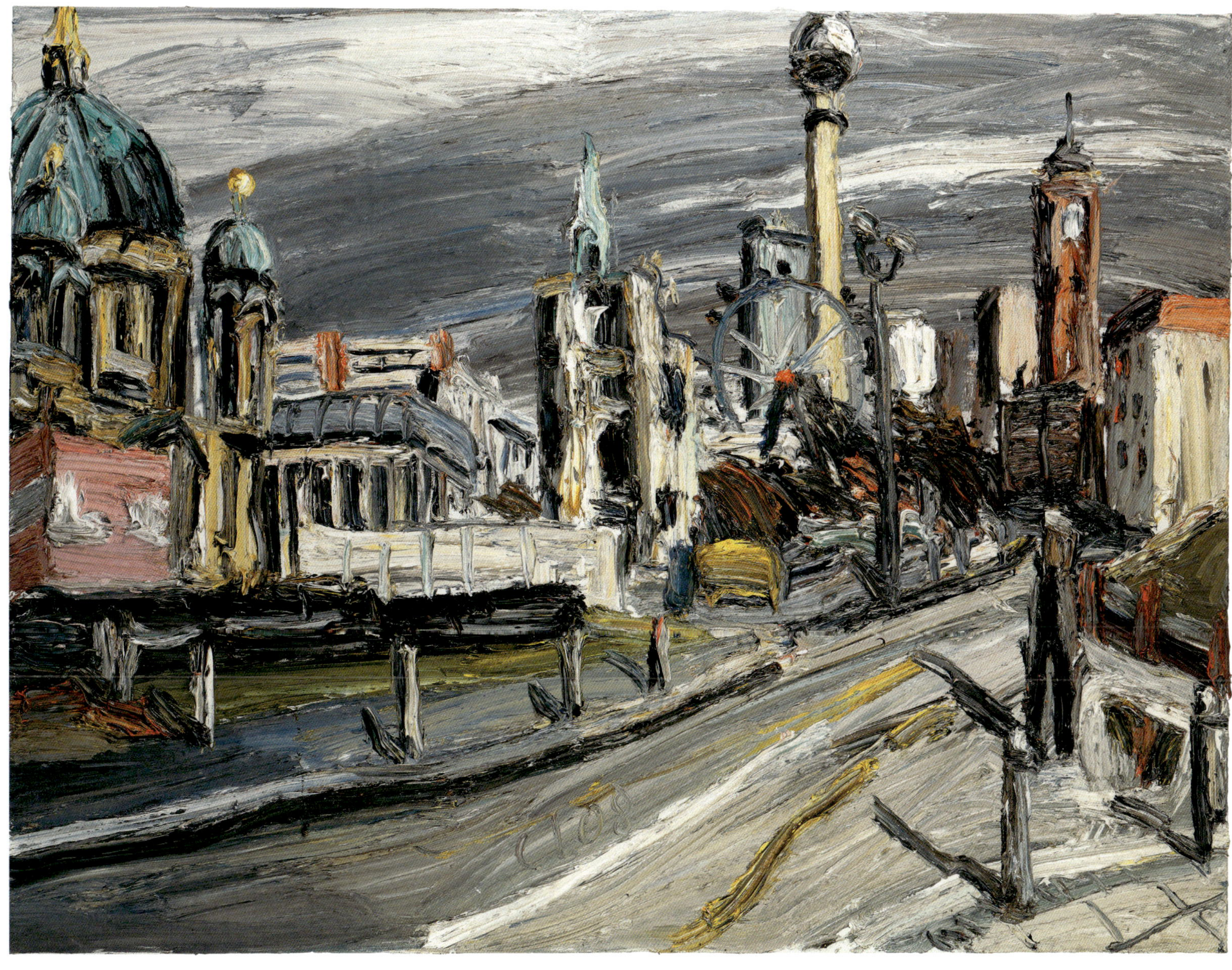

Berliner Skyline, 2008 / Berlin Skyline, 2008
Öl auf Leinwand / Oil on canvas, 180 x 240 cm
Sammlung Würth / Würth Collection

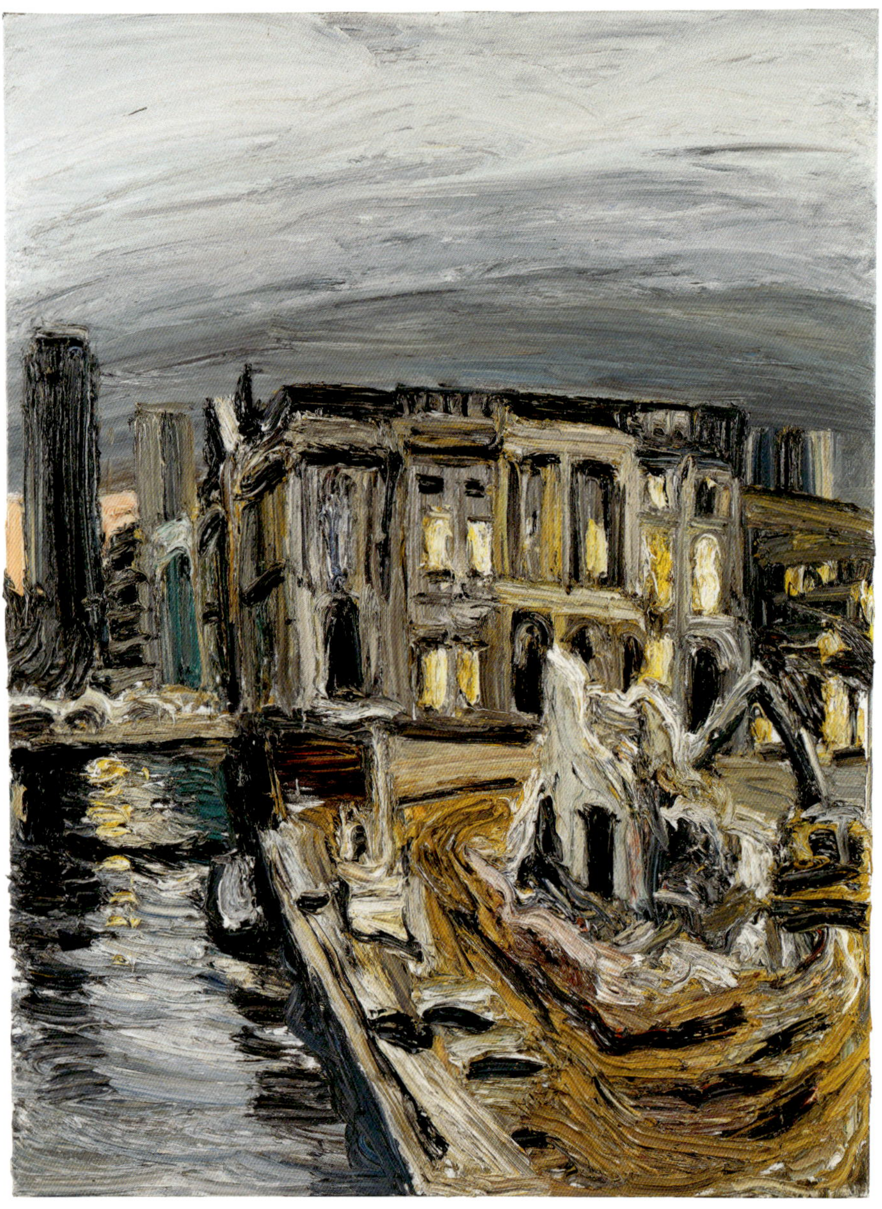
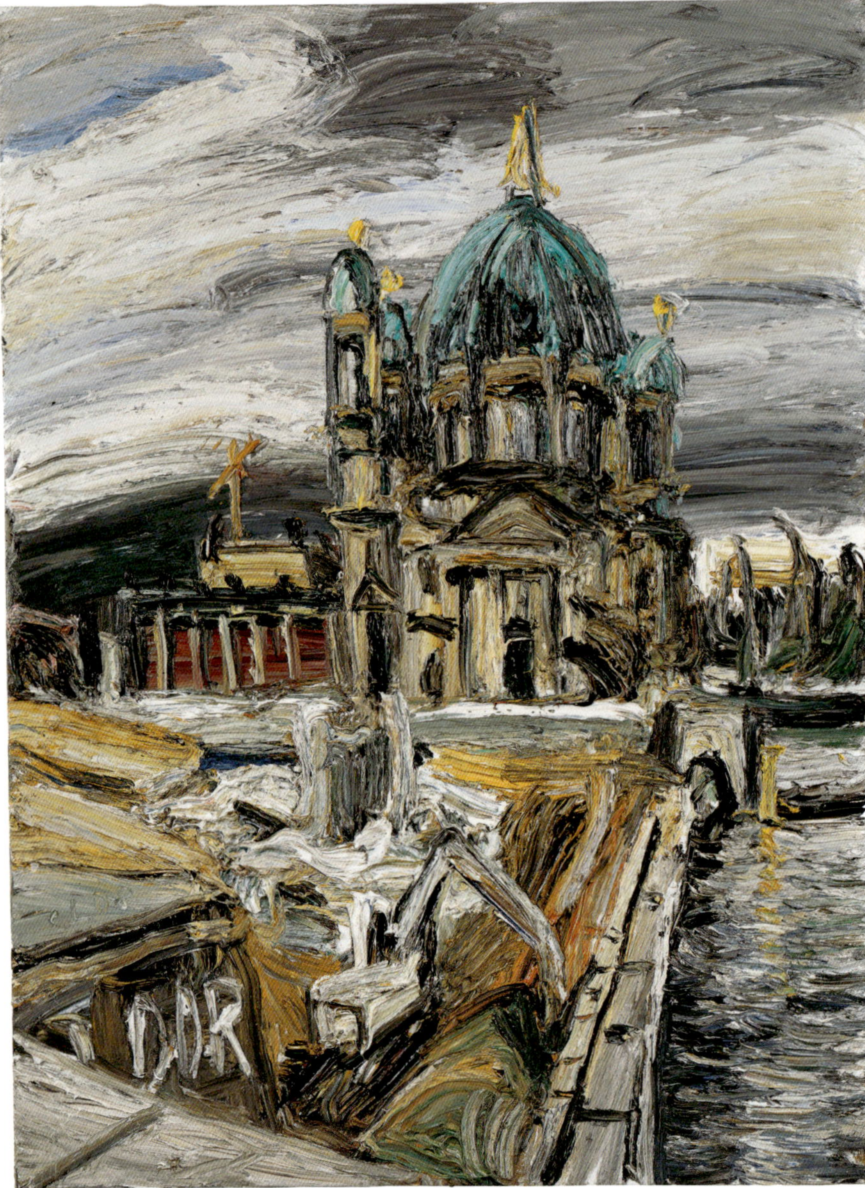

Abend-Trio, 2008 / Evening Trio, 2008
Öl auf Leinwand / Oil on canvas, *jeweils* / each 180 x 240 cm

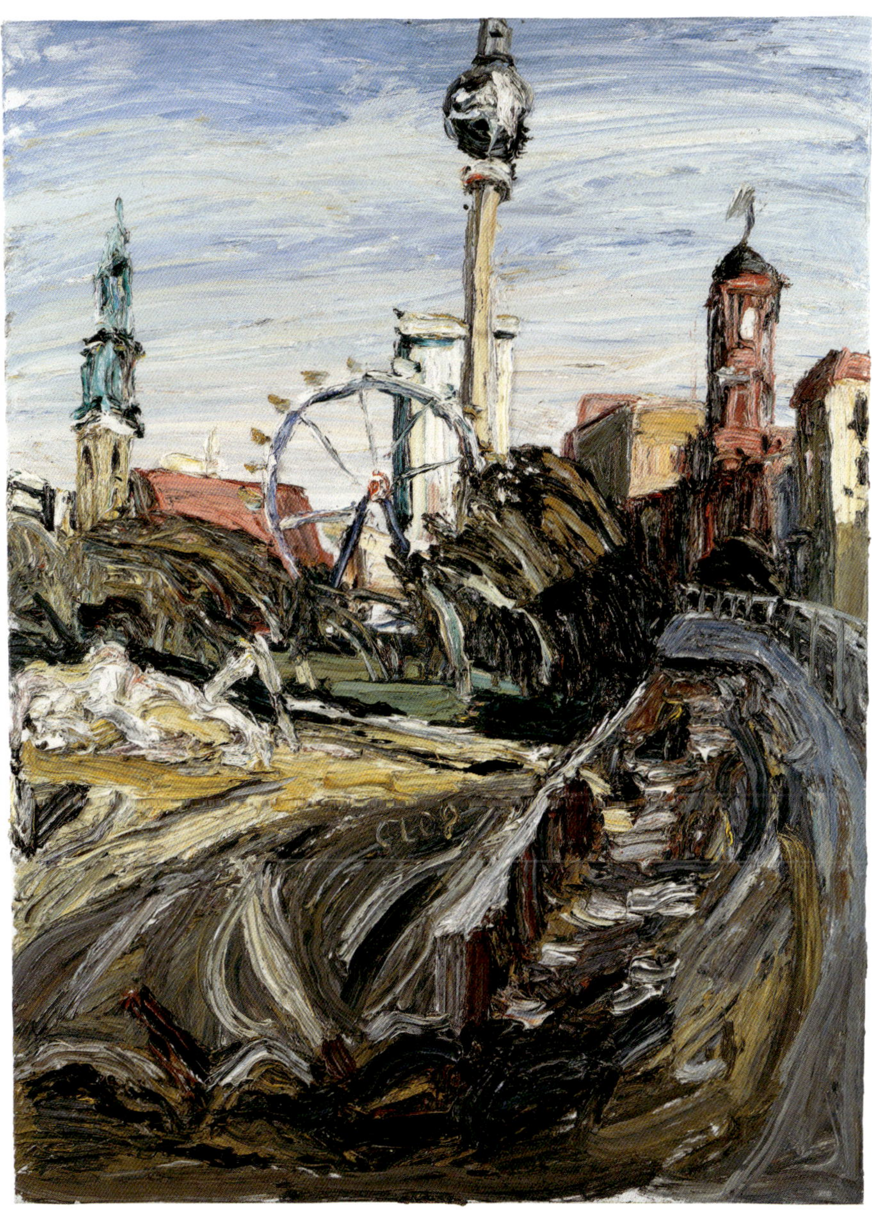

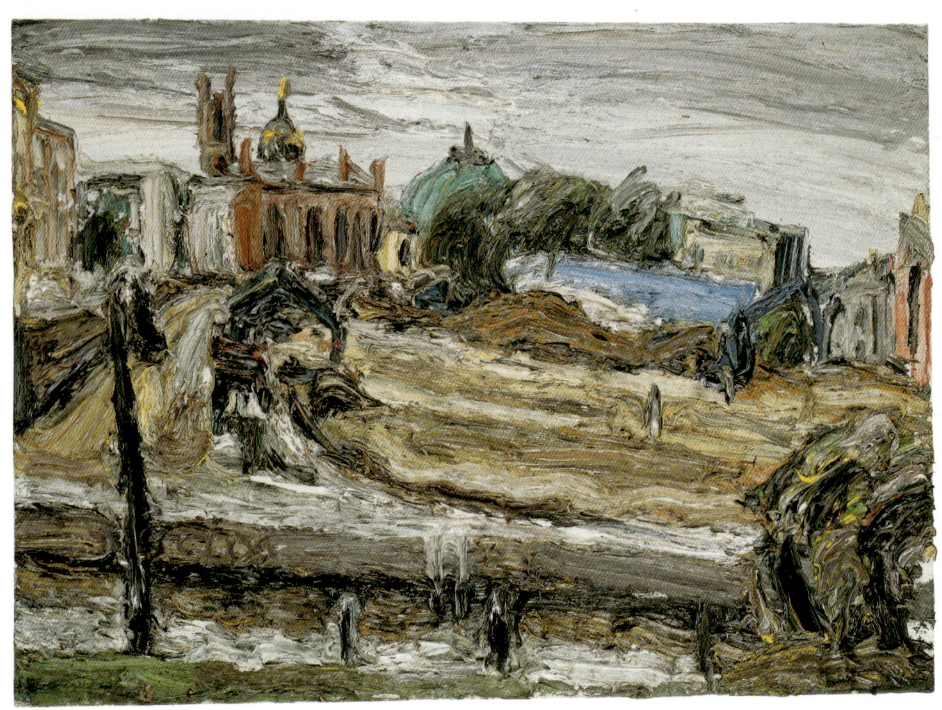

Der Tag danach, 2008 / The Day After, 2008
Öl auf Leinwand / Oil on canvas, 100 x 140 cm

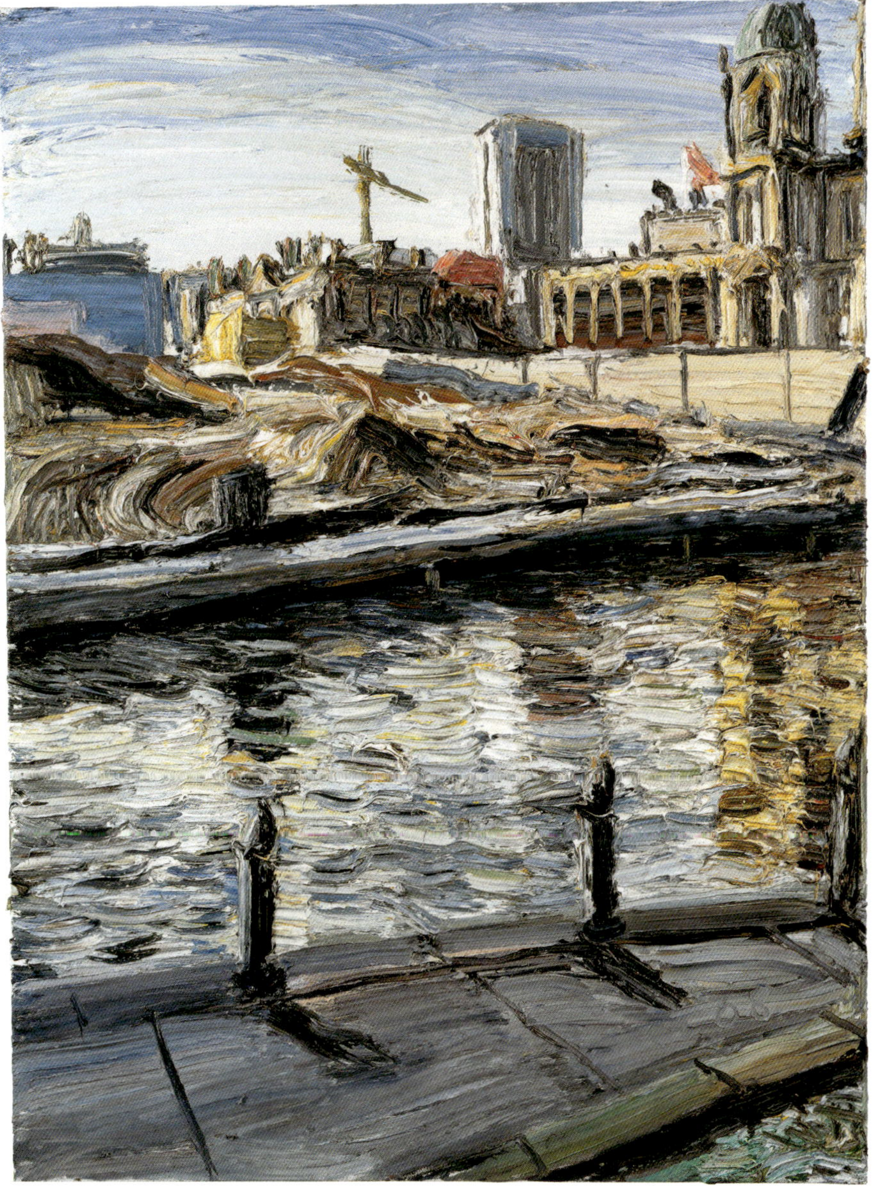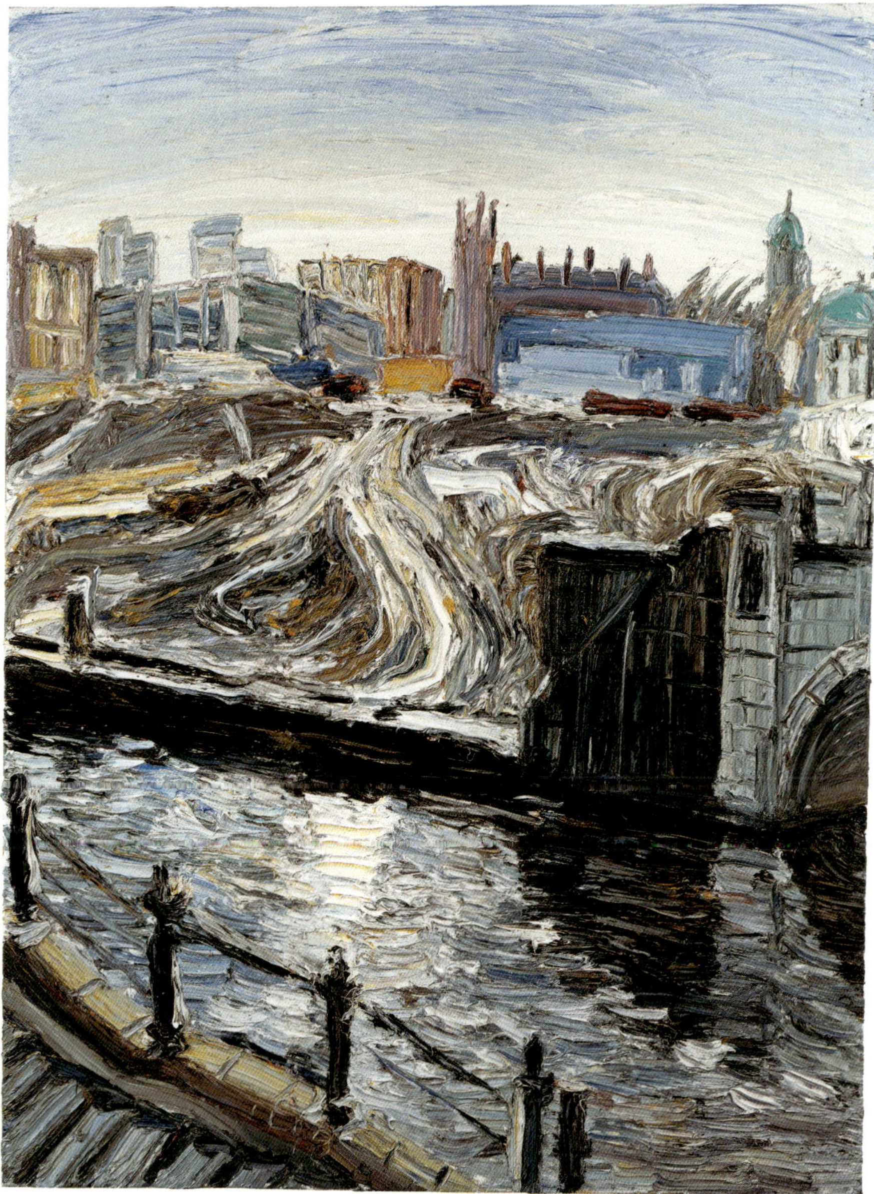

Ground Zero Diptychon, 2008 / *Ground Zero Diptych, 2008*
Öl auf Leinwand / Oil on canvas, **jeweils** / each 240 x 180 cm

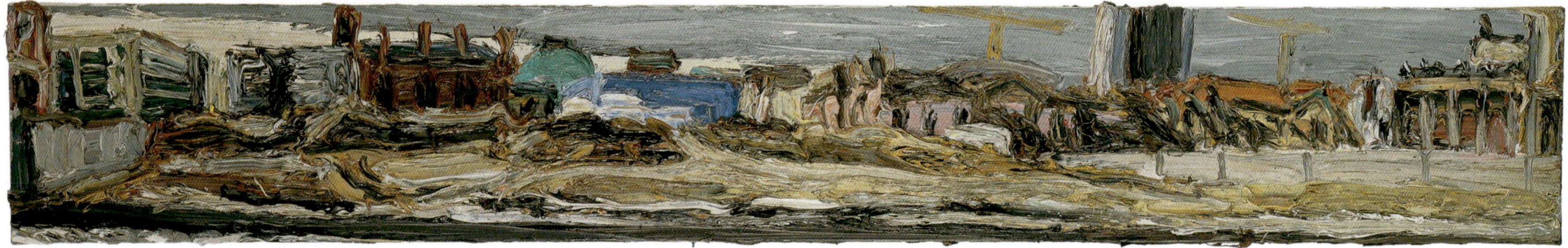

Schlossplatz-Panorama, 2008 / Schlossplatz Panorama, 2008
Öl auf Leinwand / Oil on canvas, 30 x 200 cm
Privatbesitz / Private collection

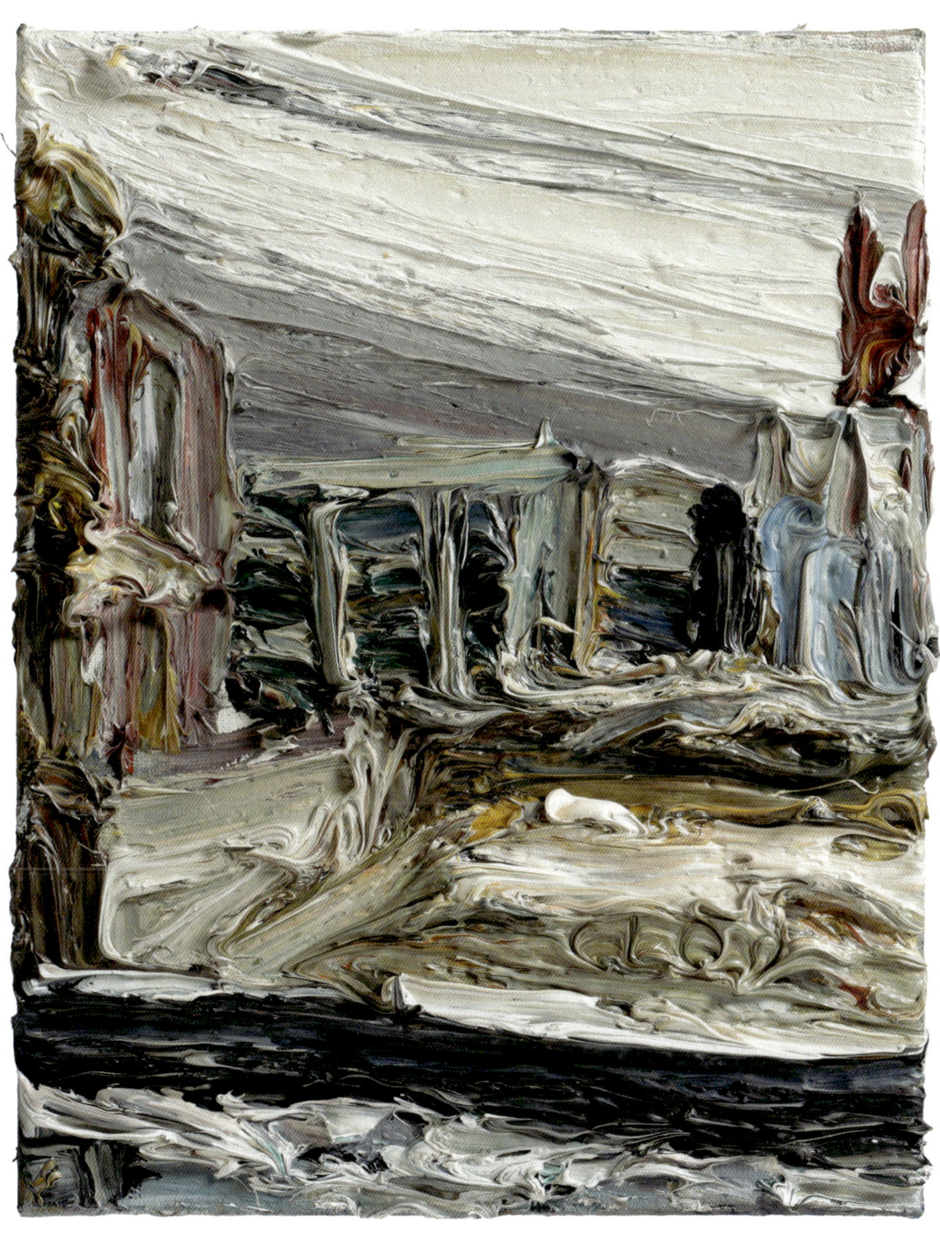

Schlossplatz im Wandel, 2009 / Schlossplatz in Transition, 2009
Öl auf Leinwand / Oil on canvas, 30 x 24 cm

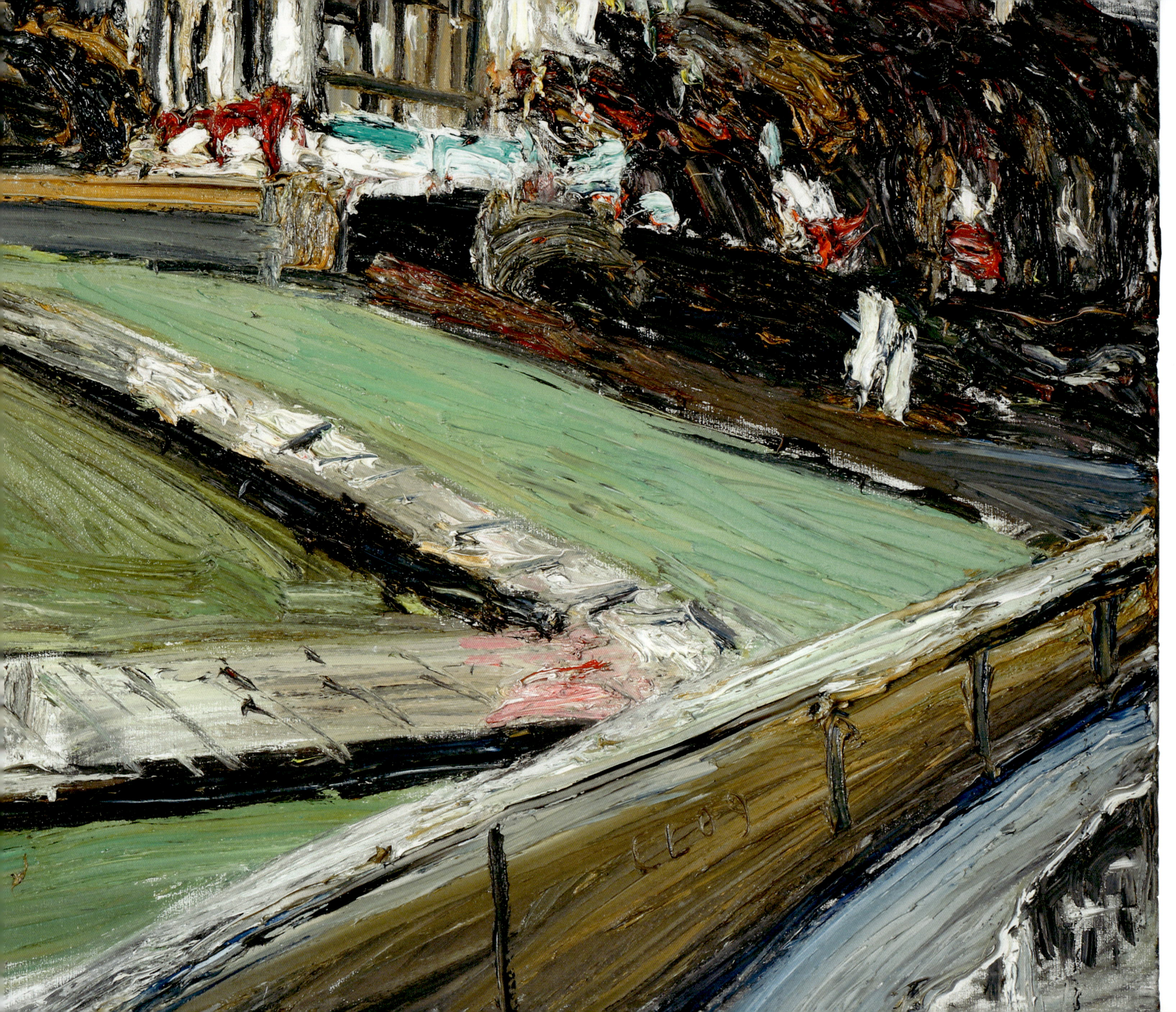

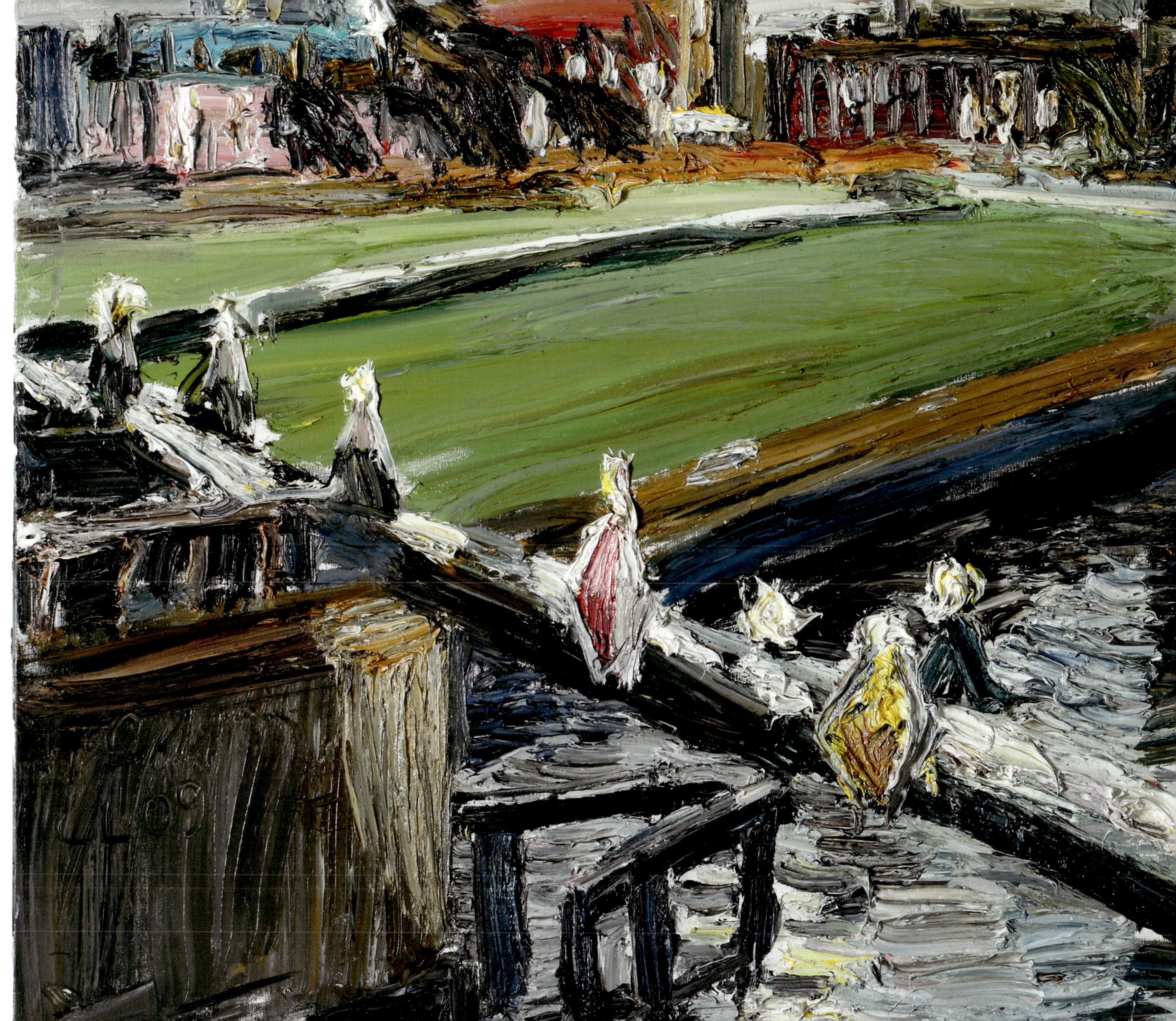

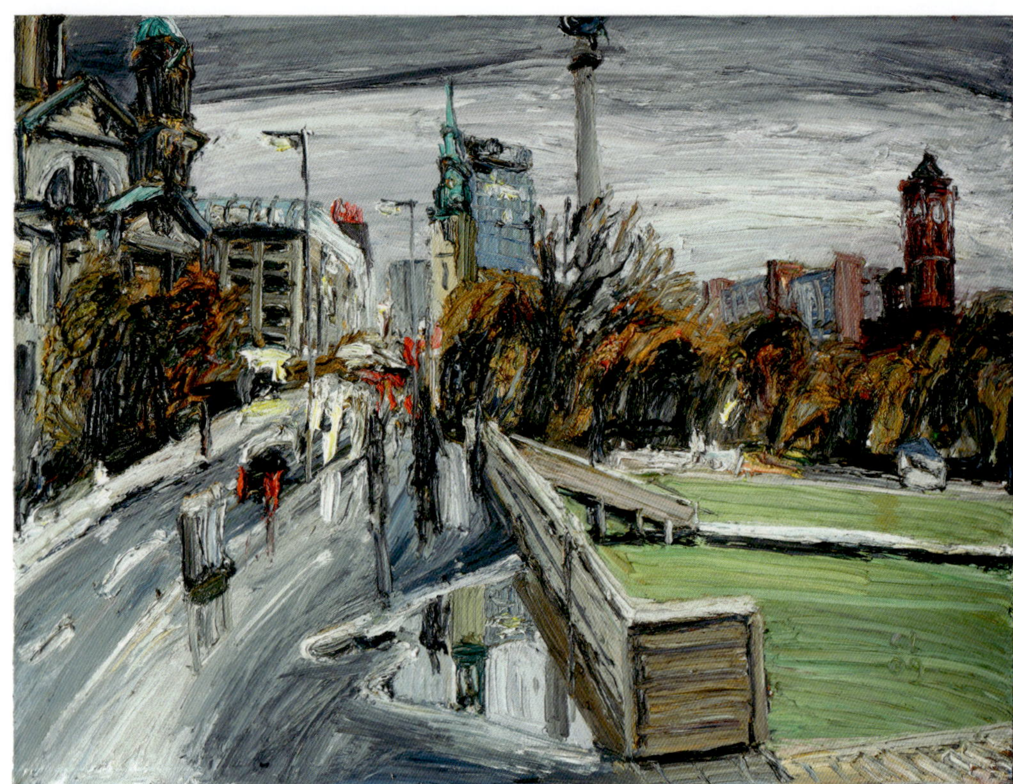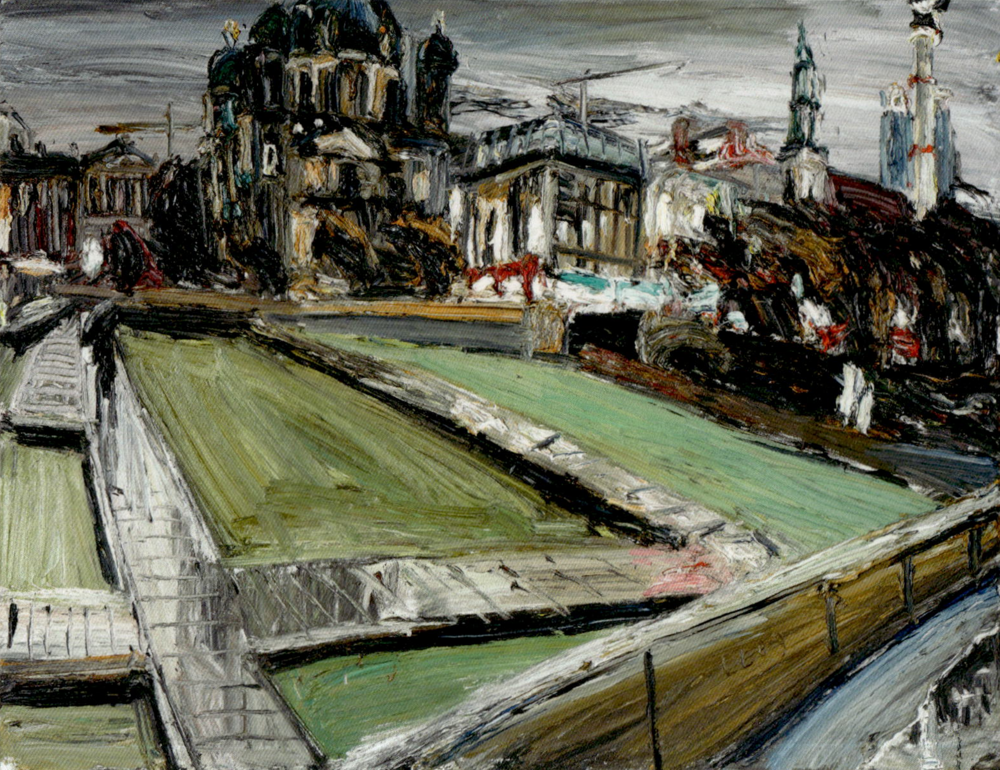

Schlossplatz am Abend, 2009 / Schlossplatz in the Evening, 2009
Öl auf Leinwand / Oil on canvas, **jeweils** / each 180 x 240 cm
Privatbesitz / Private collection

Seiten 58/59: Detail / pp. 58/59: detail

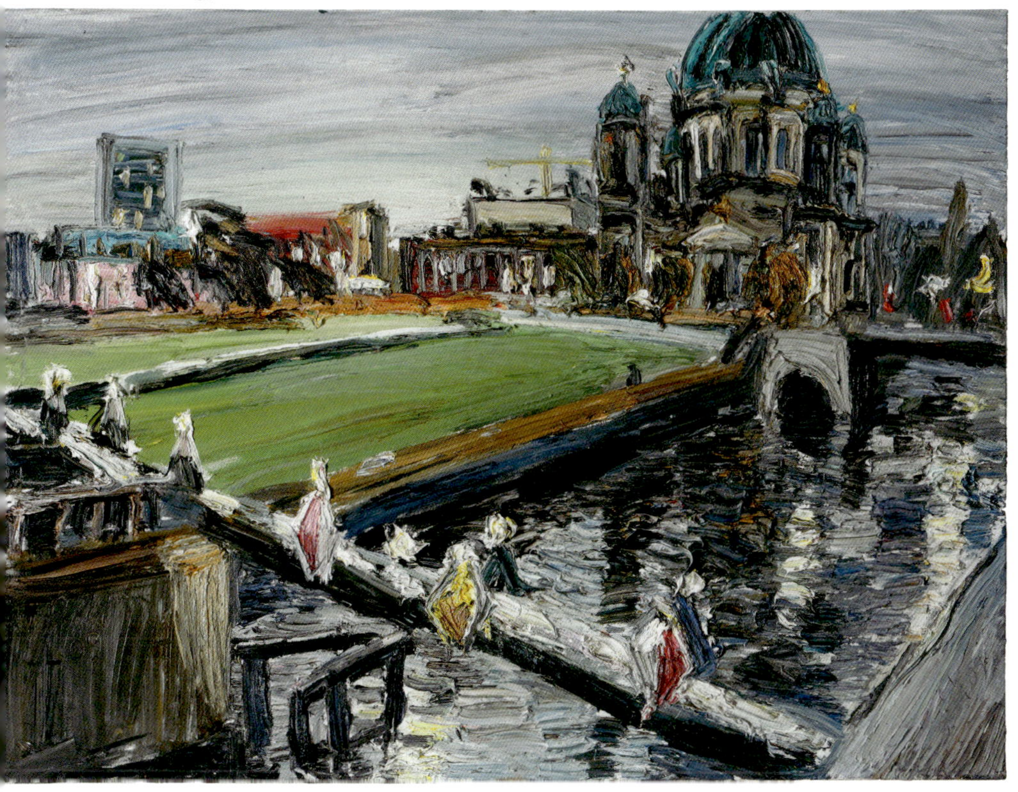 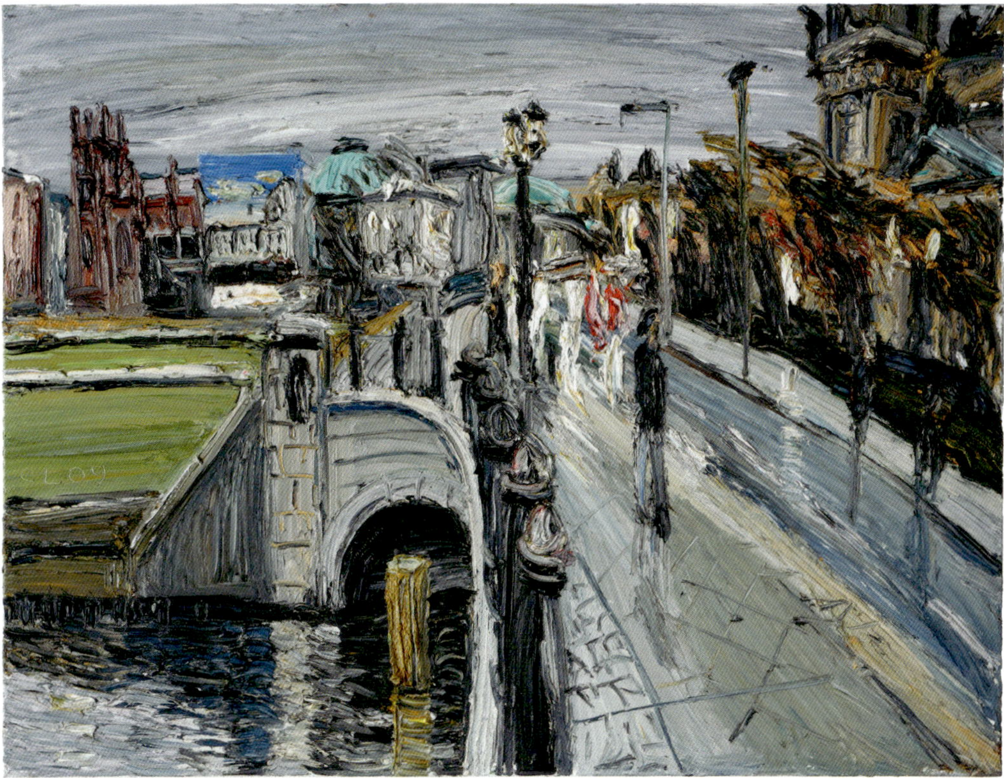

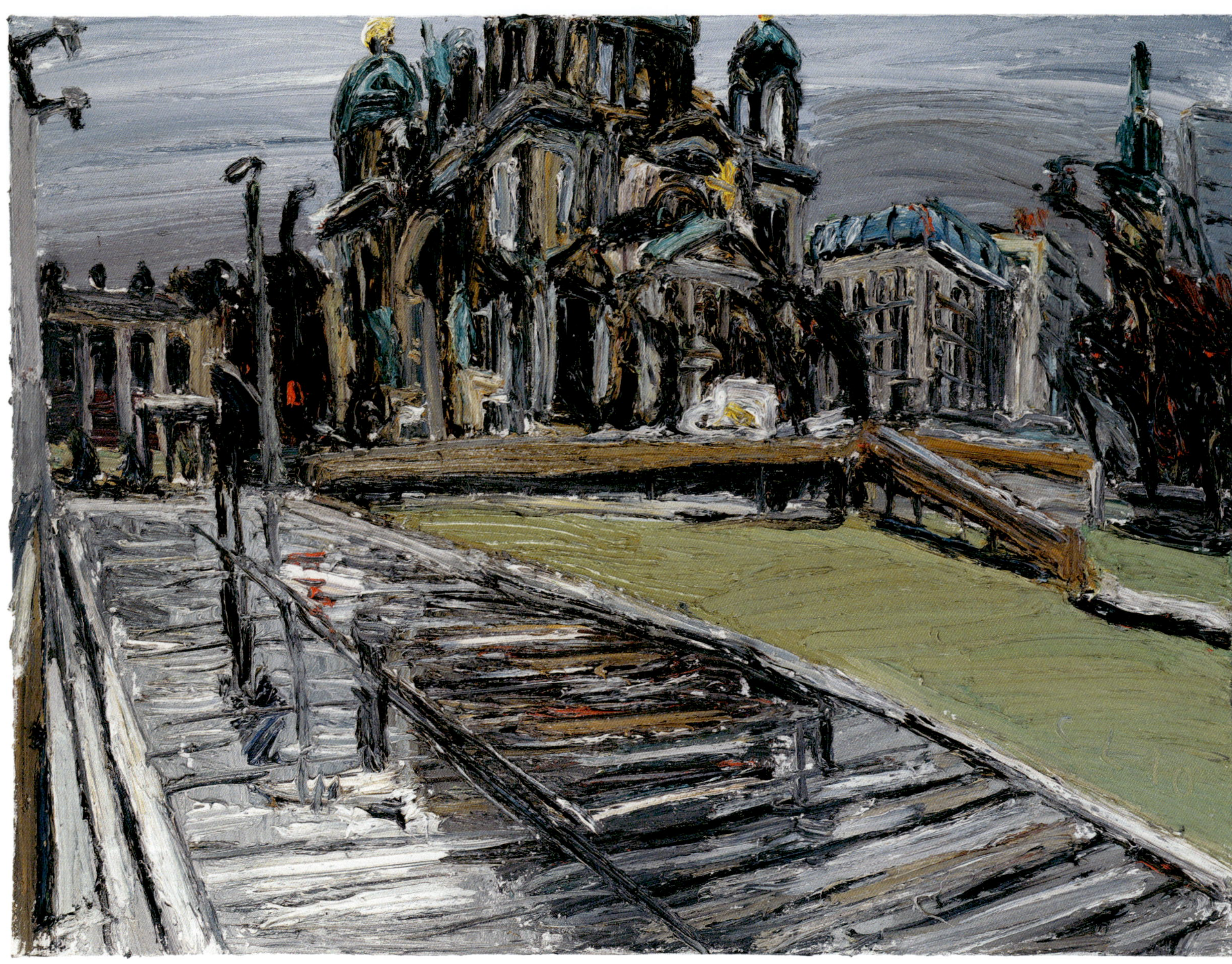

Spiegelnder Dom, 2010 / Reflecting Cathedral, 2010
Öl auf Leinwand / Oil on canvas, 180 x 240 cm
Sammlung Würth / Würth Collection

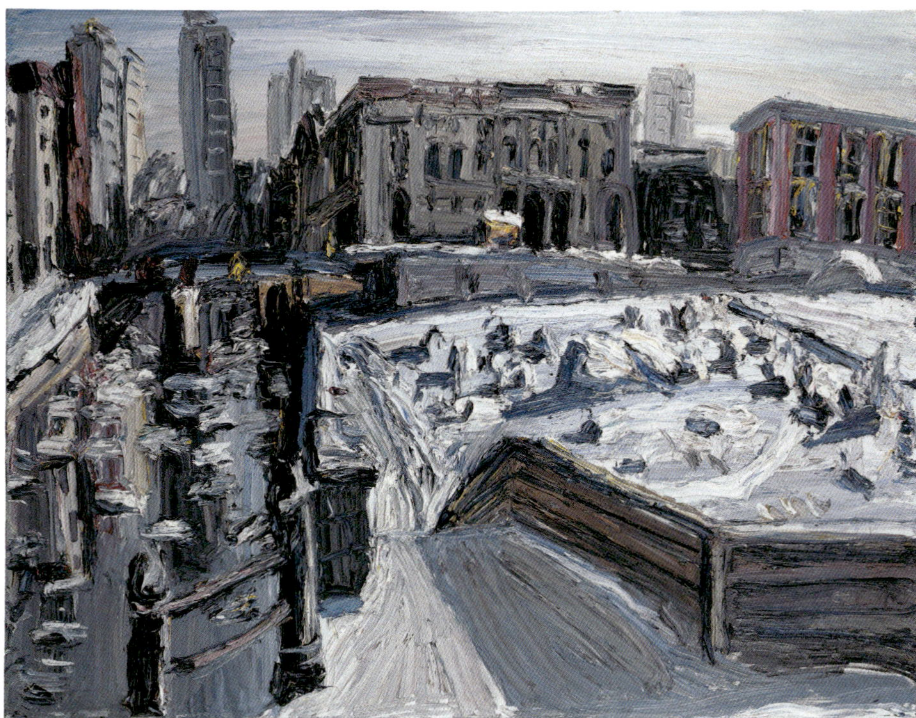

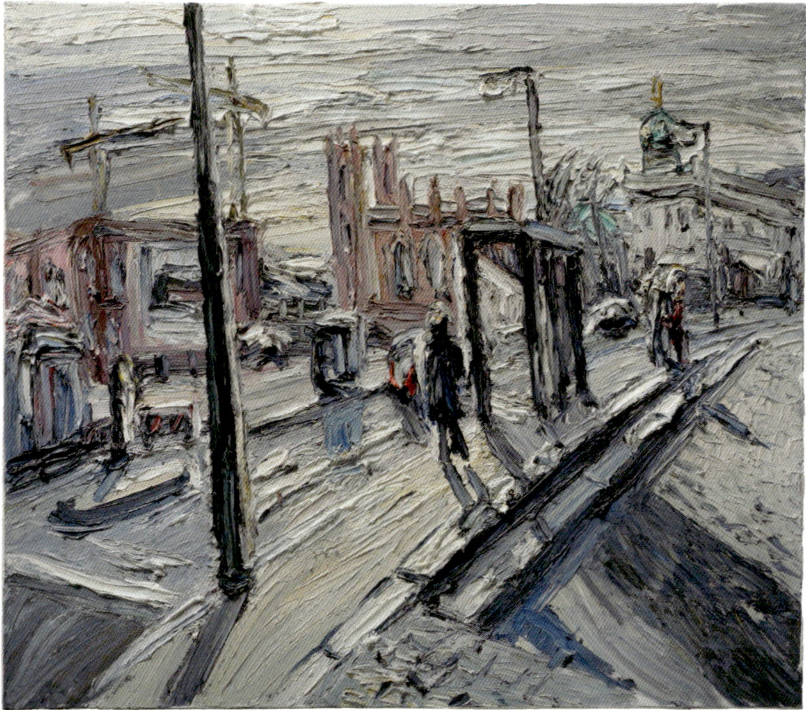

Schlossplatz im Winterlicht, 2010 / Schlossplatz in Winter Light, 2010
Öl auf Leinwand / Oil on canvas, 180 x 240 cm
Sammlung Würth / Würth Collection

Winterlicht Berlin-Mitte, 2010 / Winter Light, Berlin-Mitte, 2010
Öl auf Leinwand / Oil on canvas, 120 x 140 cm
Privatbesitz / Private collection

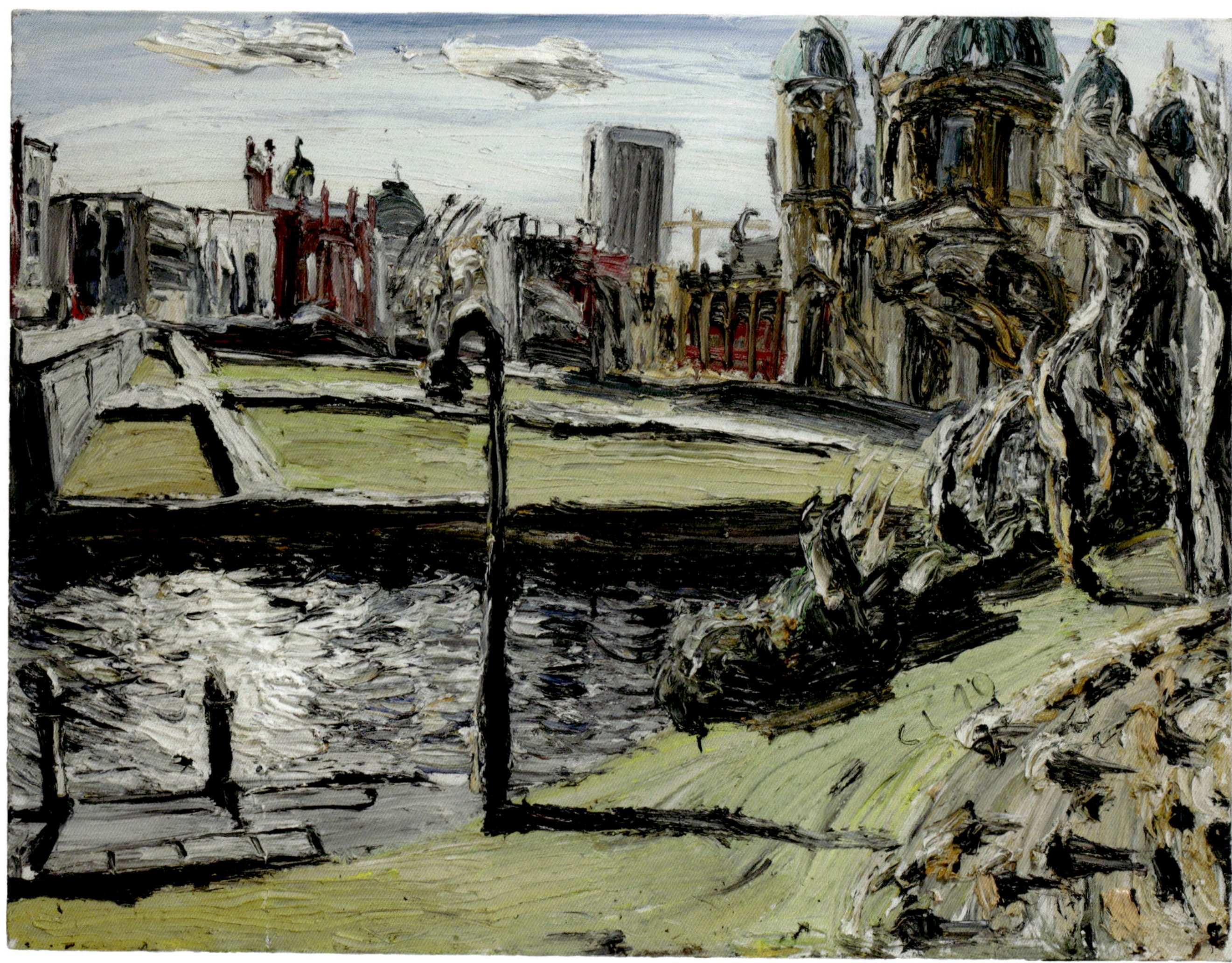

Frühjahrslicht am Schlossplatz, 2010 / Schlossplatz in Springtime Light, 2010
Öl auf Leinwand / Oil on canvas, 180 x 240 cm
Sammlung Würth / Würth Collection

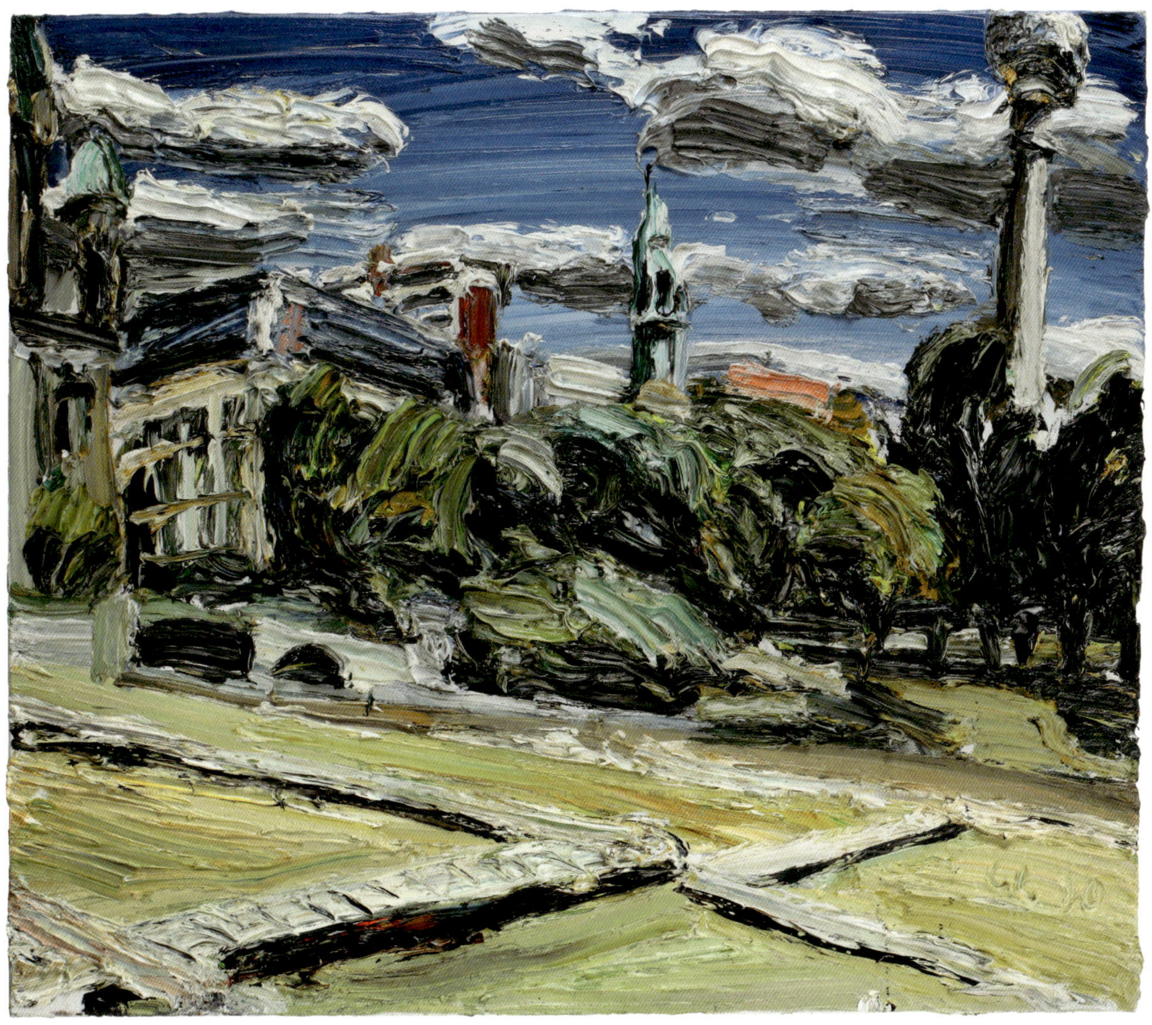

Berlin-Mitte, 2010 / Berlin-Mitte, 2010
Öl auf Leinwand / Oil on canvas, 120 x 140 cm
Privatbesitz / Private collection

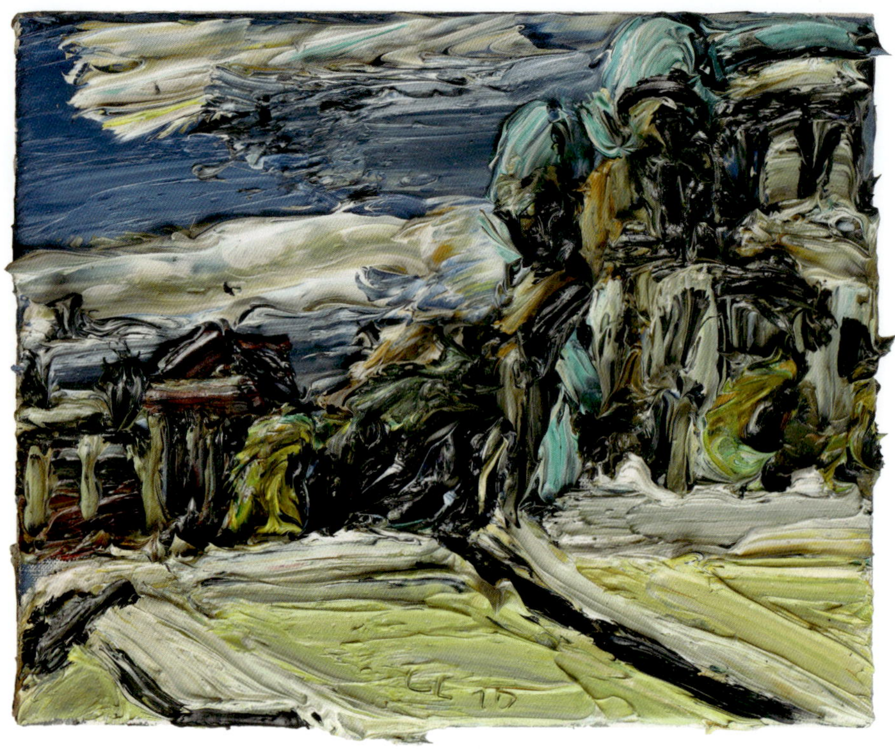

Schlossplatz-Duett, 2010 / Schlossplatz Duet, 2010
Öl auf Leinwand / Oil on canvas, **jeweils** / each 24 x 30 cm
Privatbesitz / Private collection

Seite 68: Detail / p. 68: detail

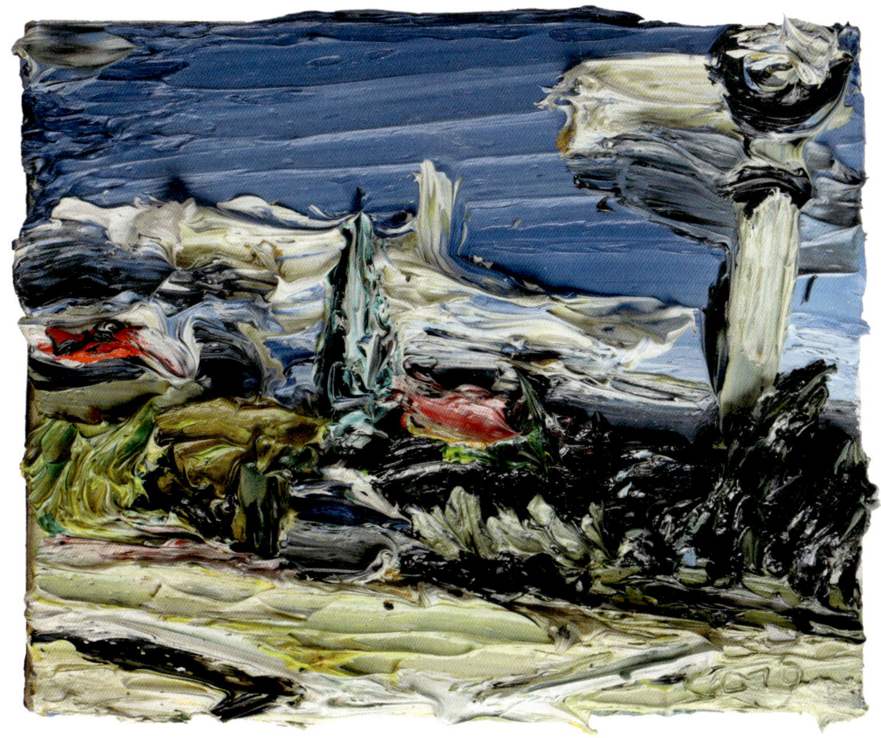

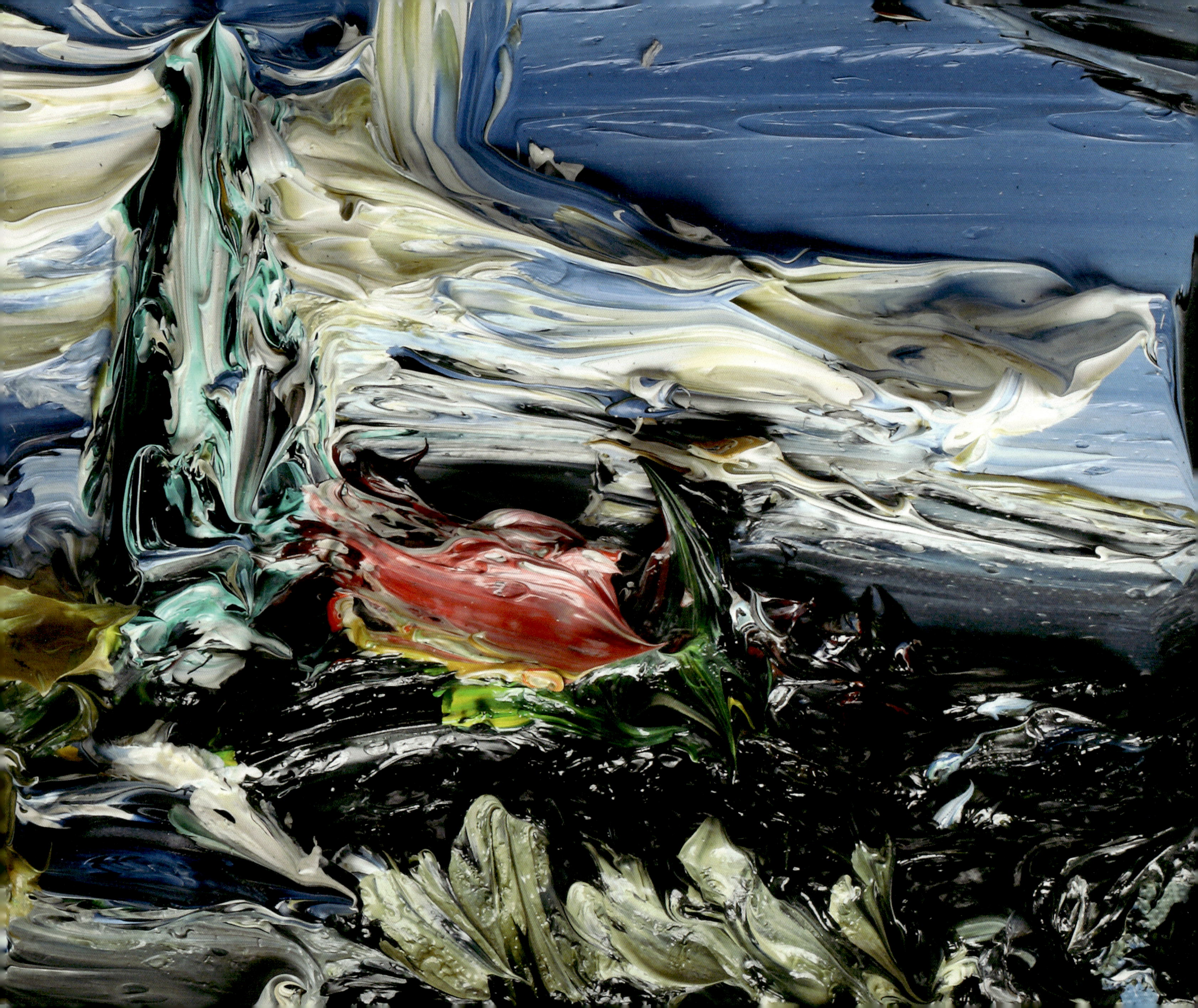

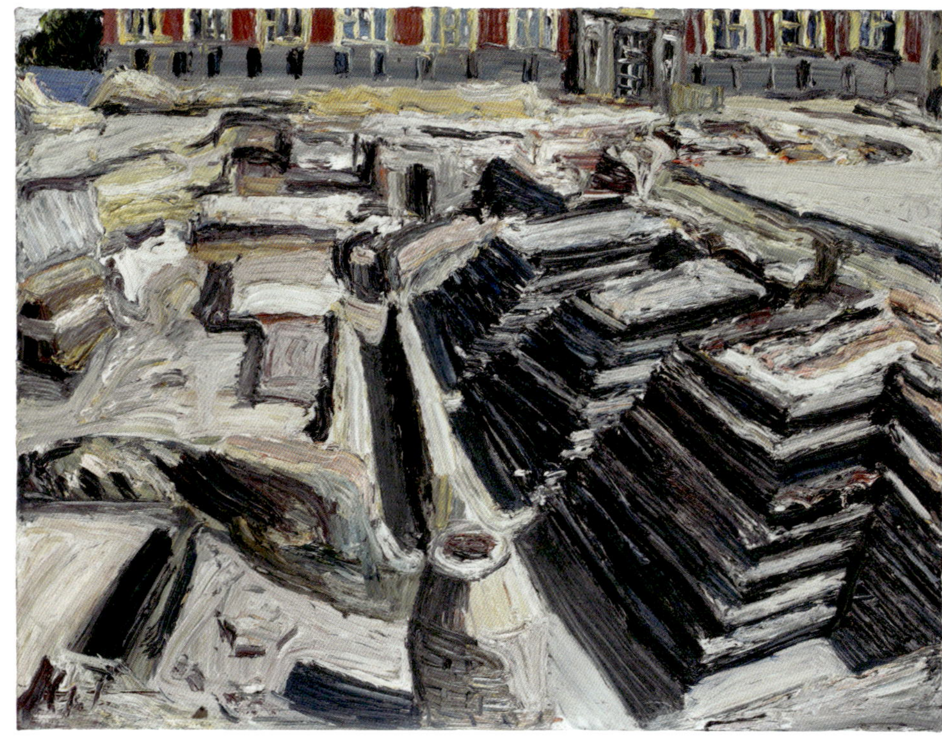

Kellergewölbe I, 2010 / Cellar Vault I, 2010
Öl auf Leinwand / Oil on canvas, 180 x 240 cm
Sammlung Würth / Würth Collection

Seiten 90/91: Detail / pp. 90/91: detail

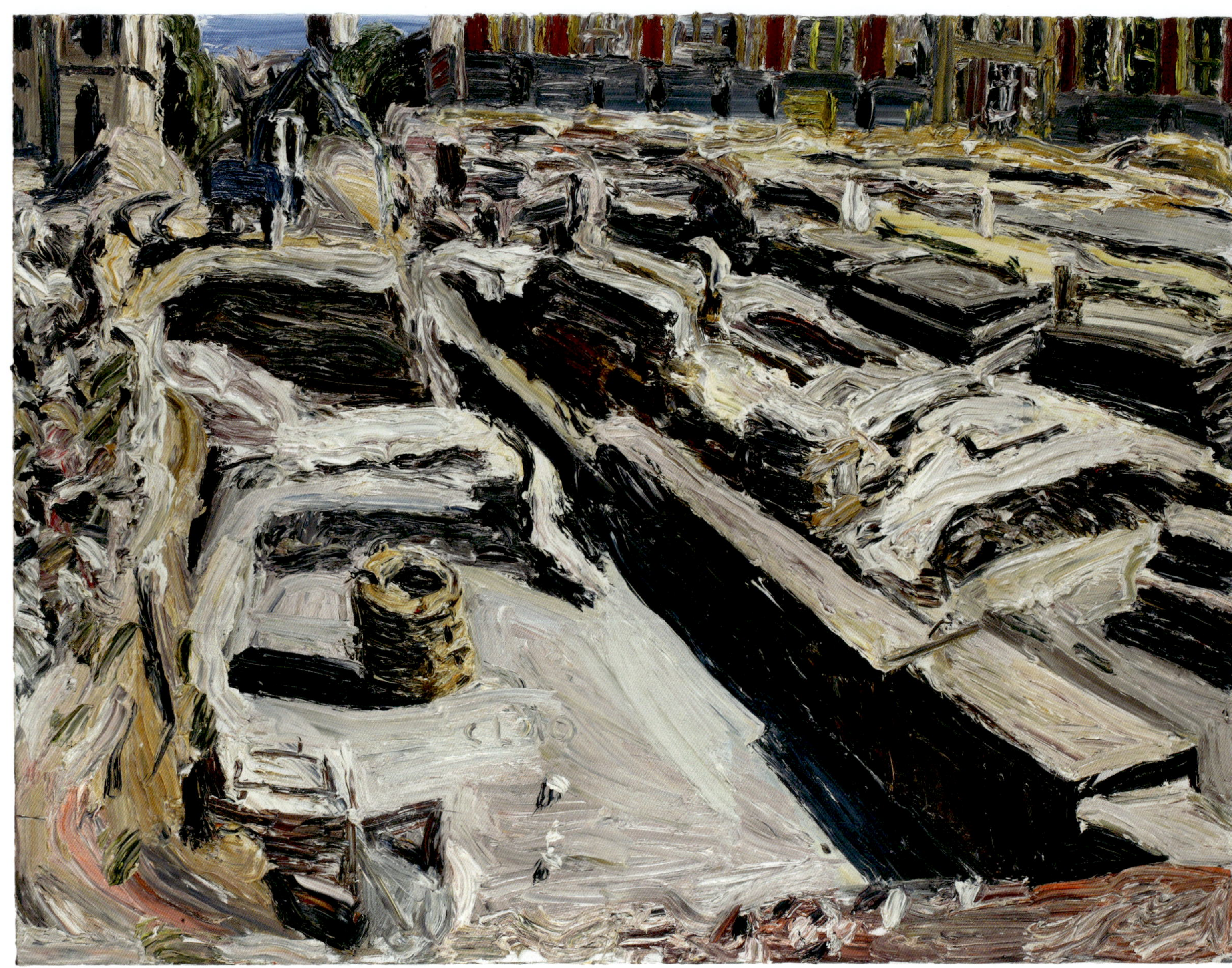

Kellergewölbe II, 2010 / Cellar Vault II, 2010
Öl auf Leinwand / Oil on canvas, 180 x 240 cm
Sammlung Würth / Würth Collection

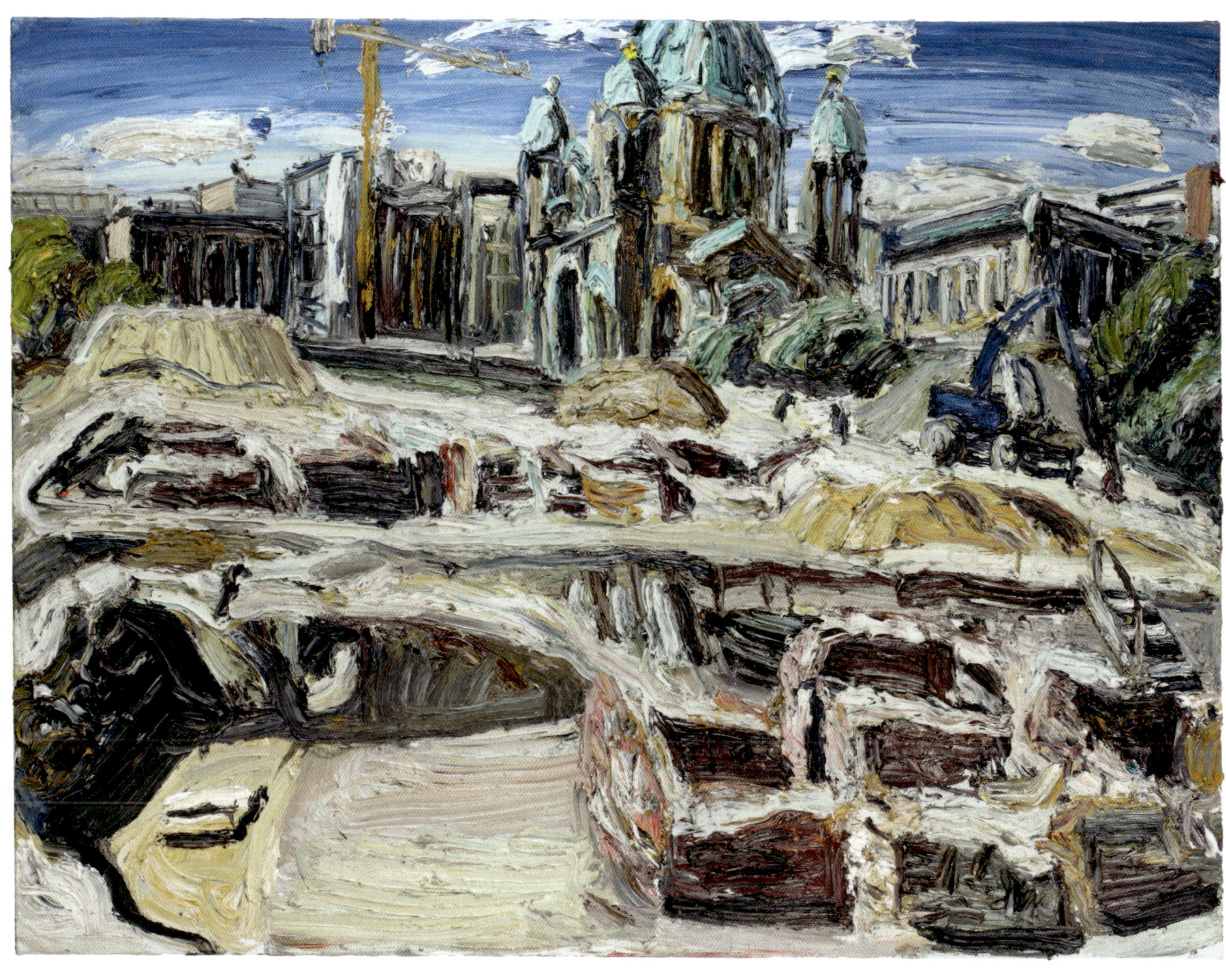

Kellergewölbe und Dom, 2010 / Cellar Vault and Cathedral, 2010

Öl auf Leinwand / Oil on canvas, 180 x 240 cm

Privatbesitz / Private collection

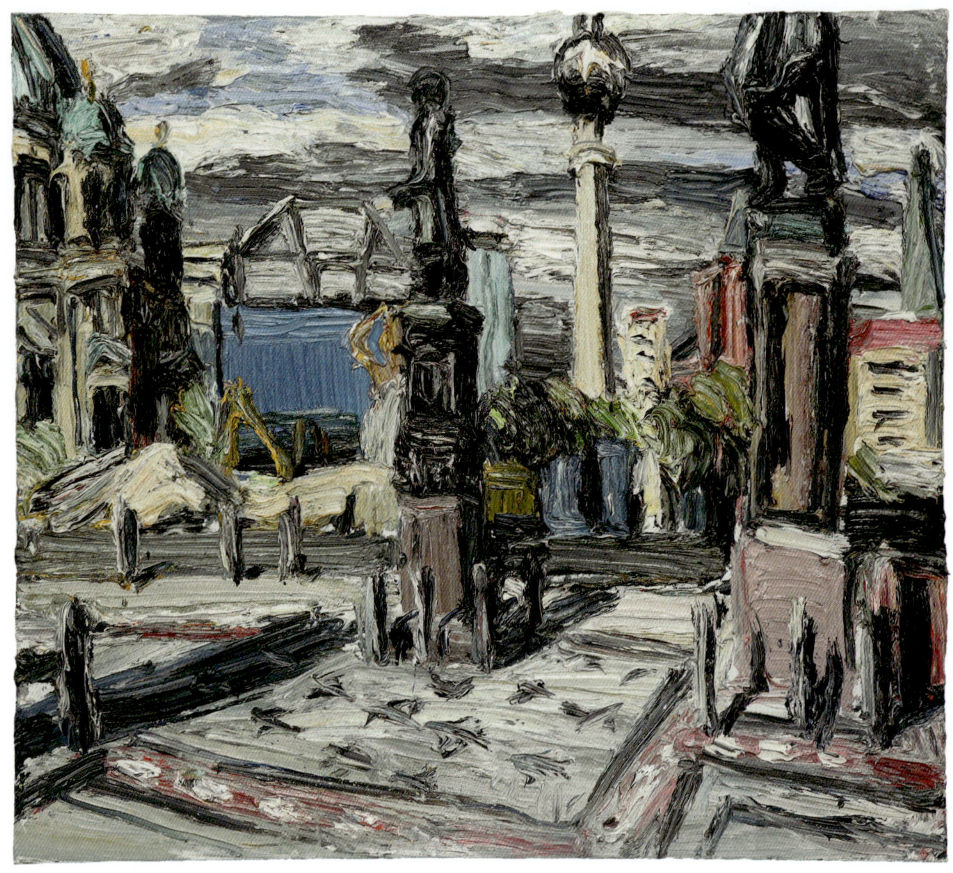

Schinkelplatz, 2011 / Schinkelplatz, 2011
Öl auf Leinwand / Oil on canvas, 150 x 170 cm
Sammlung Würth / Würth Collection

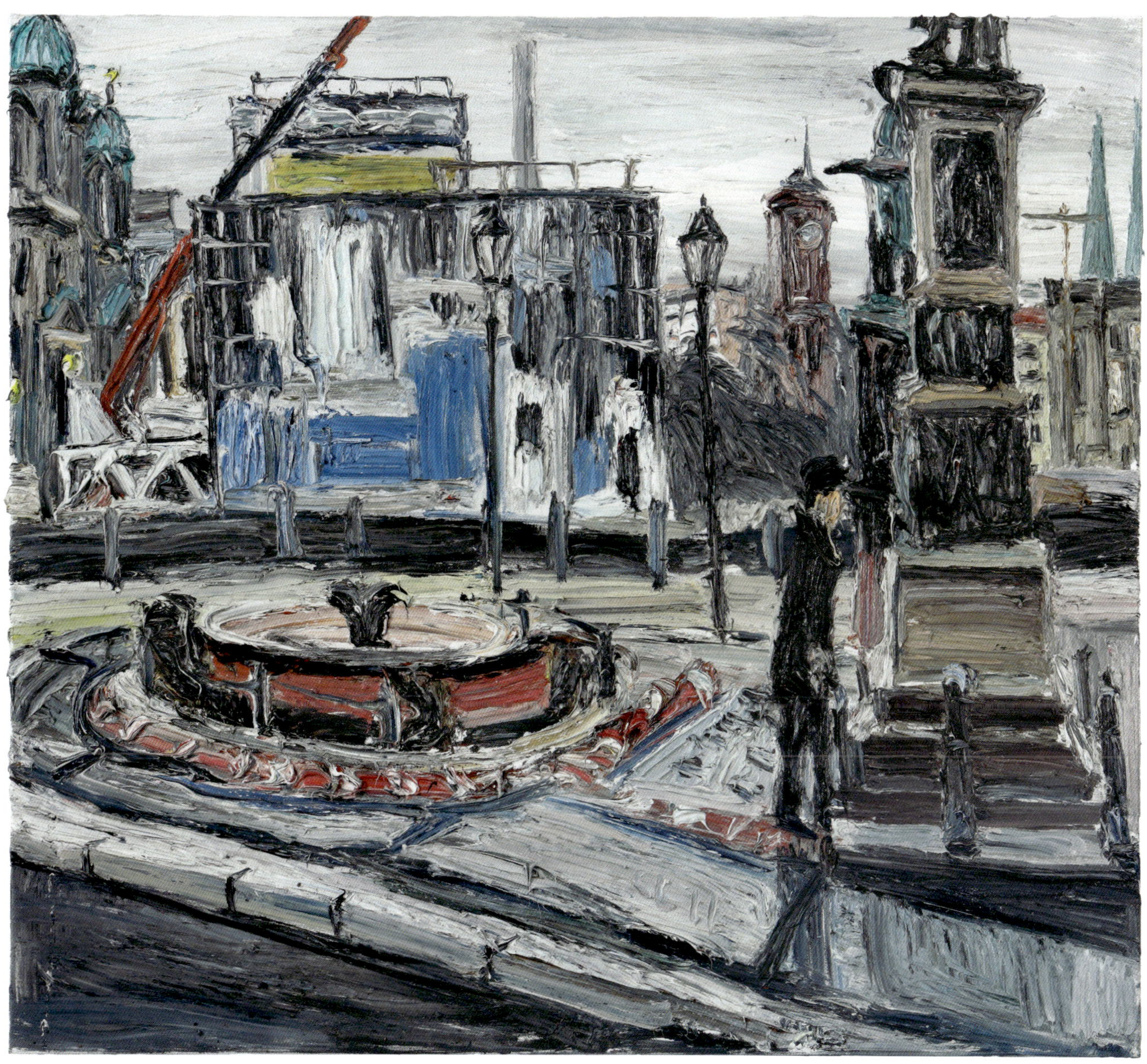

Schinkelplatz, 2011 / Schinkelplatz, 2011
Öl auf Leinwand / Oil on canvas, 160 x 180 cm

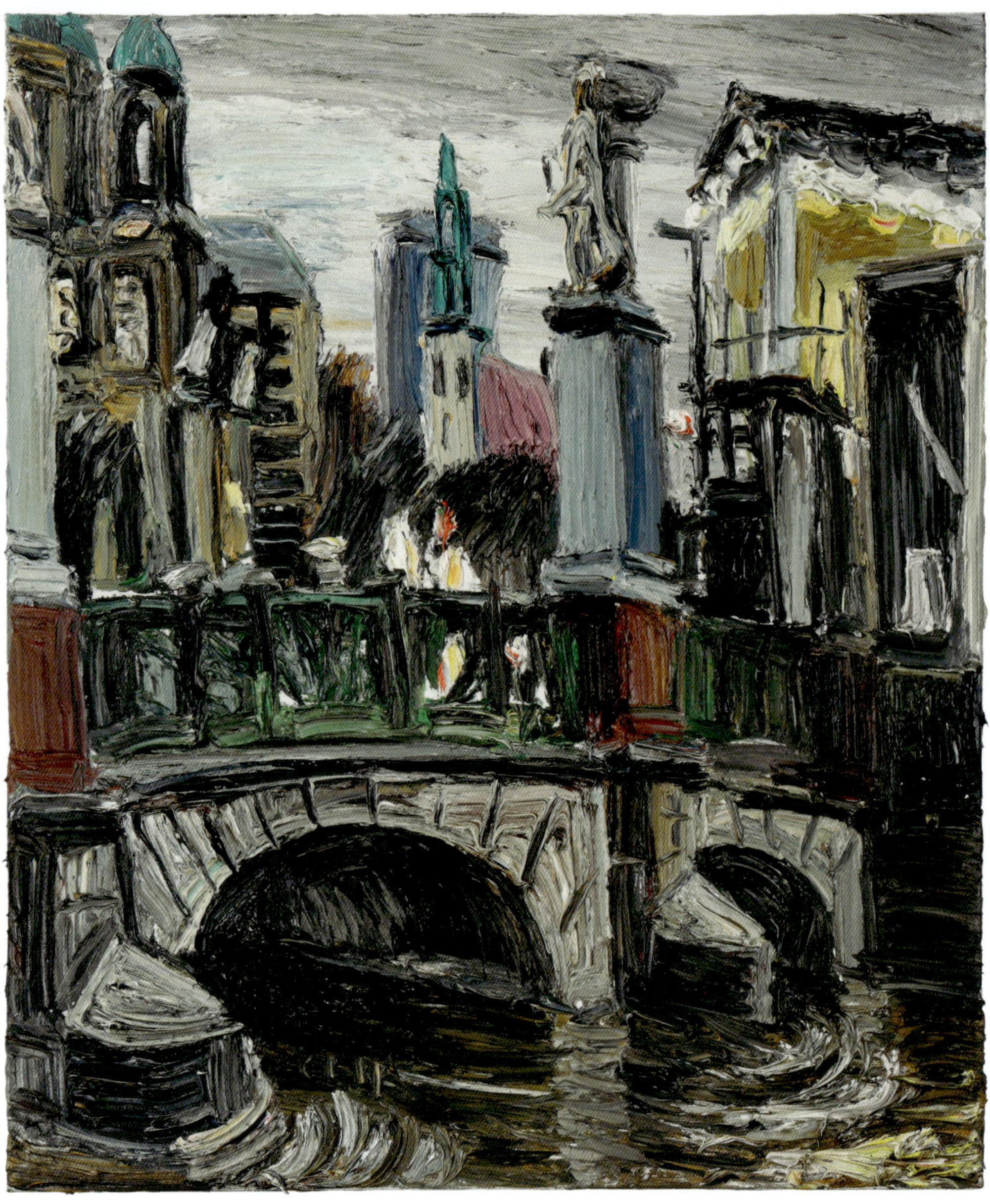

Schlossbrücke am Abend, 2011 / Schlossbrücke in the Evening, 2011
Öl auf Leinwand / Oil on canvas, 140 x 120 cm

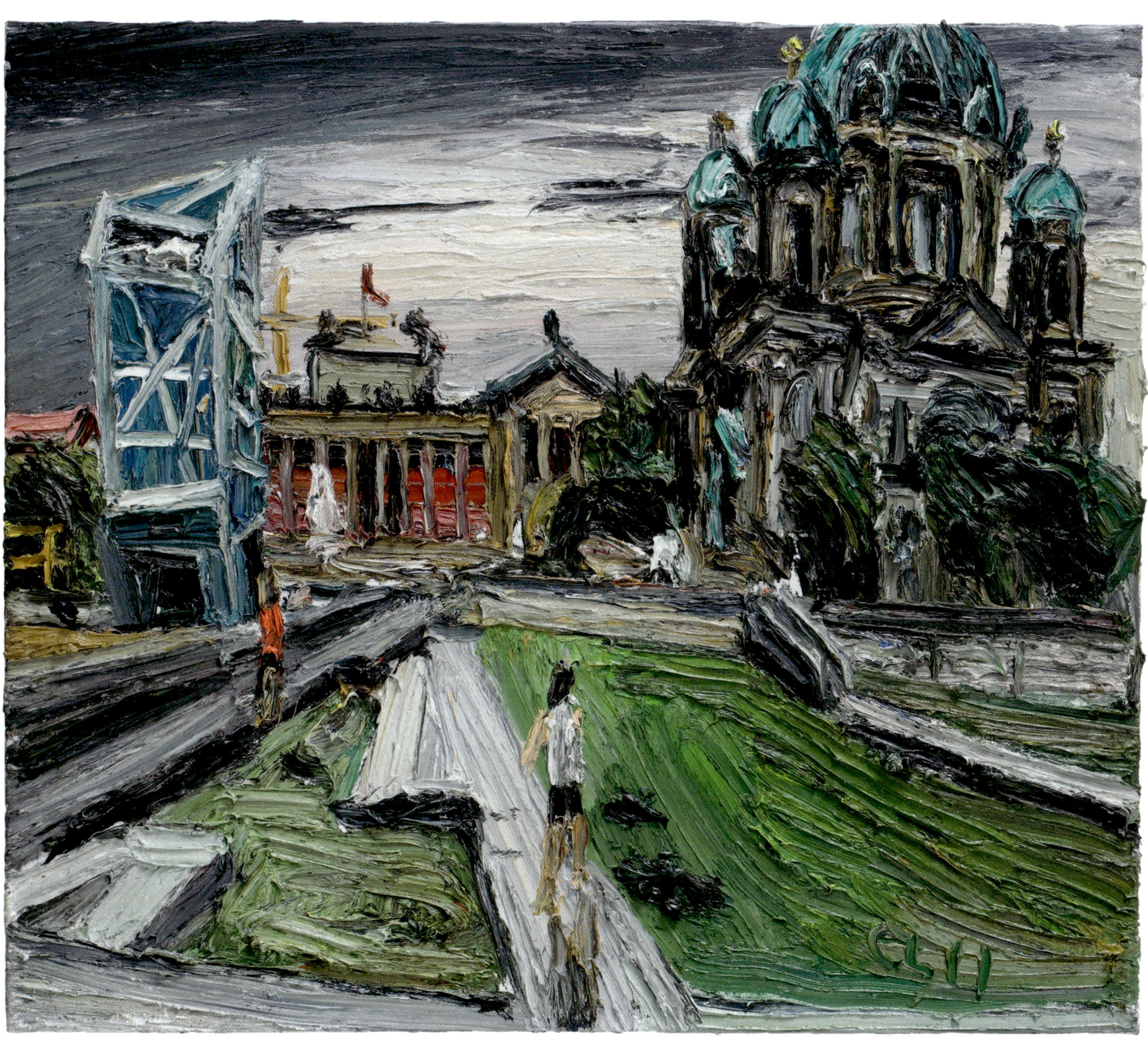

Gewitterlicht am Schlossplatz, 2011 / Schlossplatz in the Light of a Storm, 2011
Öl auf Leinwand / Oil on canvas, 120 x 140 cm
Privatbesitz / Private collection

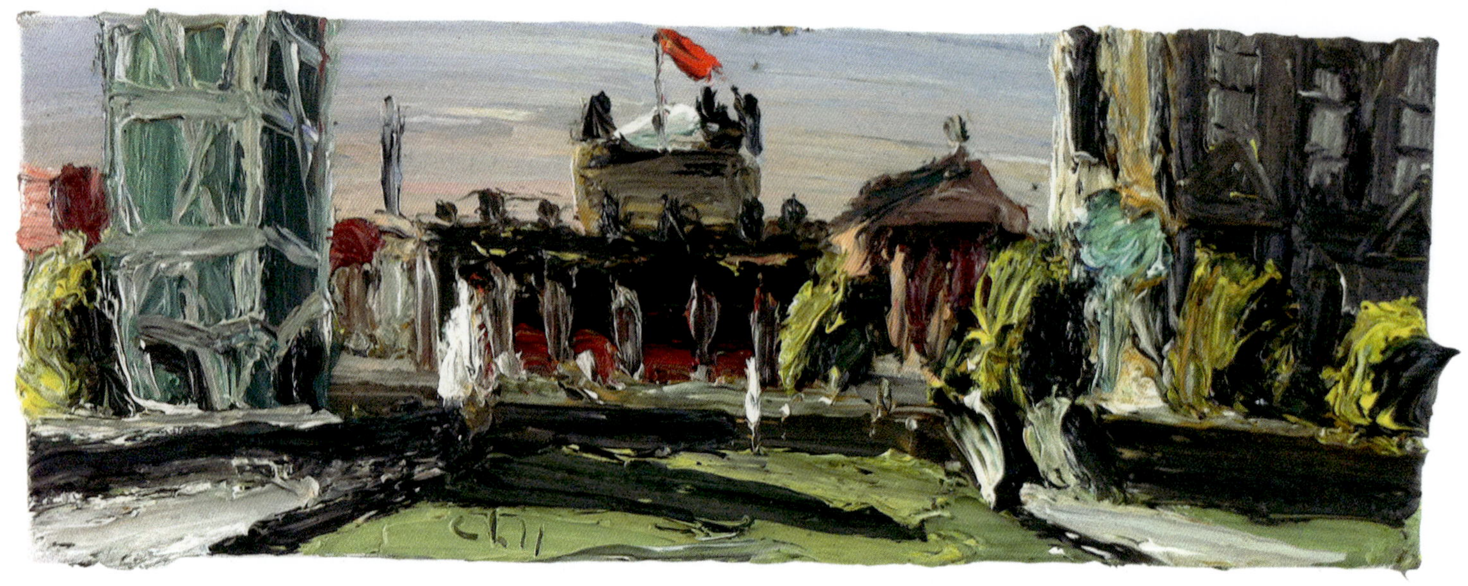

Schlossplatz am Abend, 2011 / Schlossplatz in the Evening, 2011
Öl auf Leinwand / Oil on canvas, 20 x 60 cm
Privatbesitz / Private collection

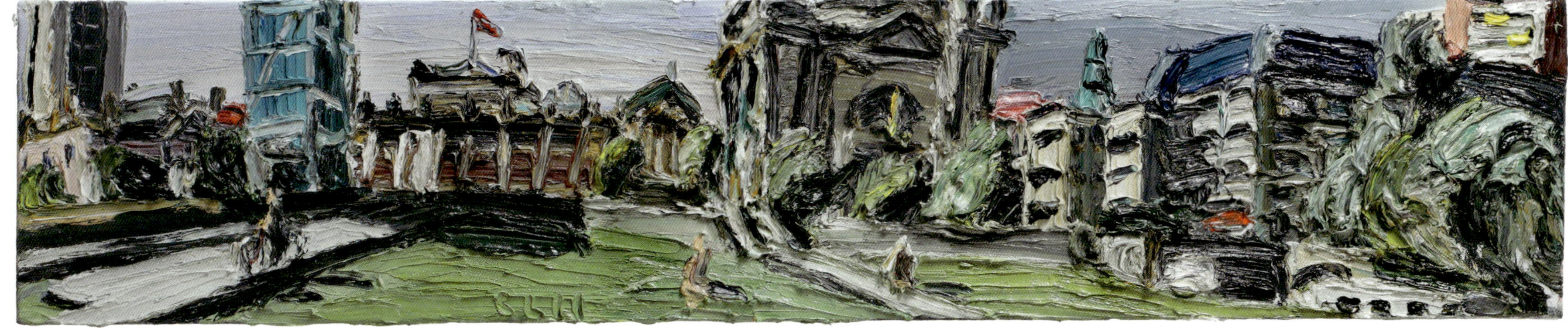

Schlossplatz-Panorama, 2011 / Schlossplatz Panorama, 2011
Öl auf Leinwand / Oil on canvas, 40 x 200 cm
Privatbesitz / Private collection

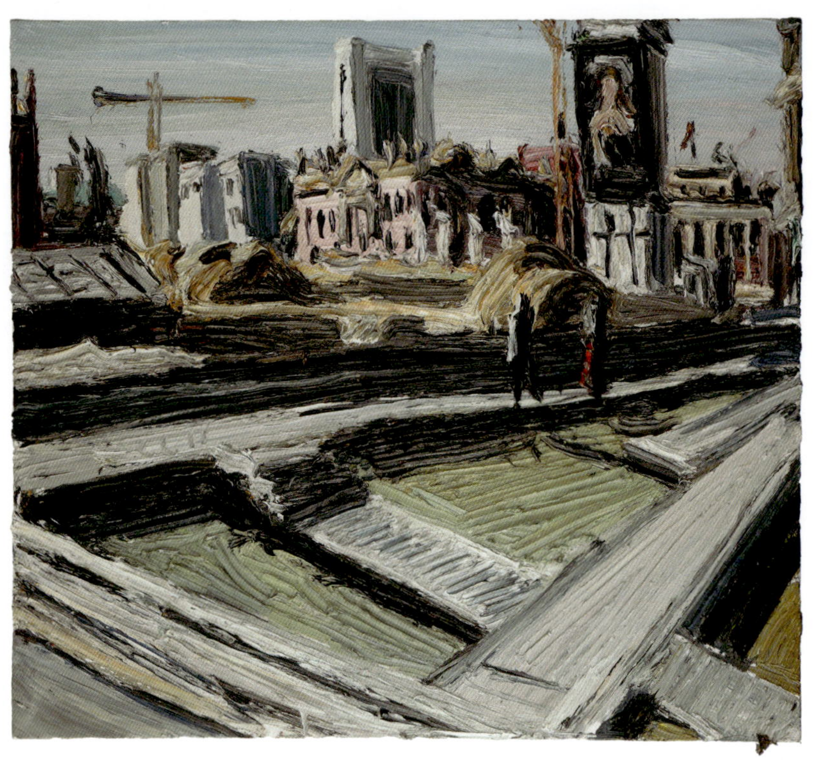

Schlossplatz im Wandel, 2011 / Schlossplatz in Transition, 2011
Öl auf Leinwand / Oil on canvas, 150 x 170 cm
Sammlung Würth / Würth Collection

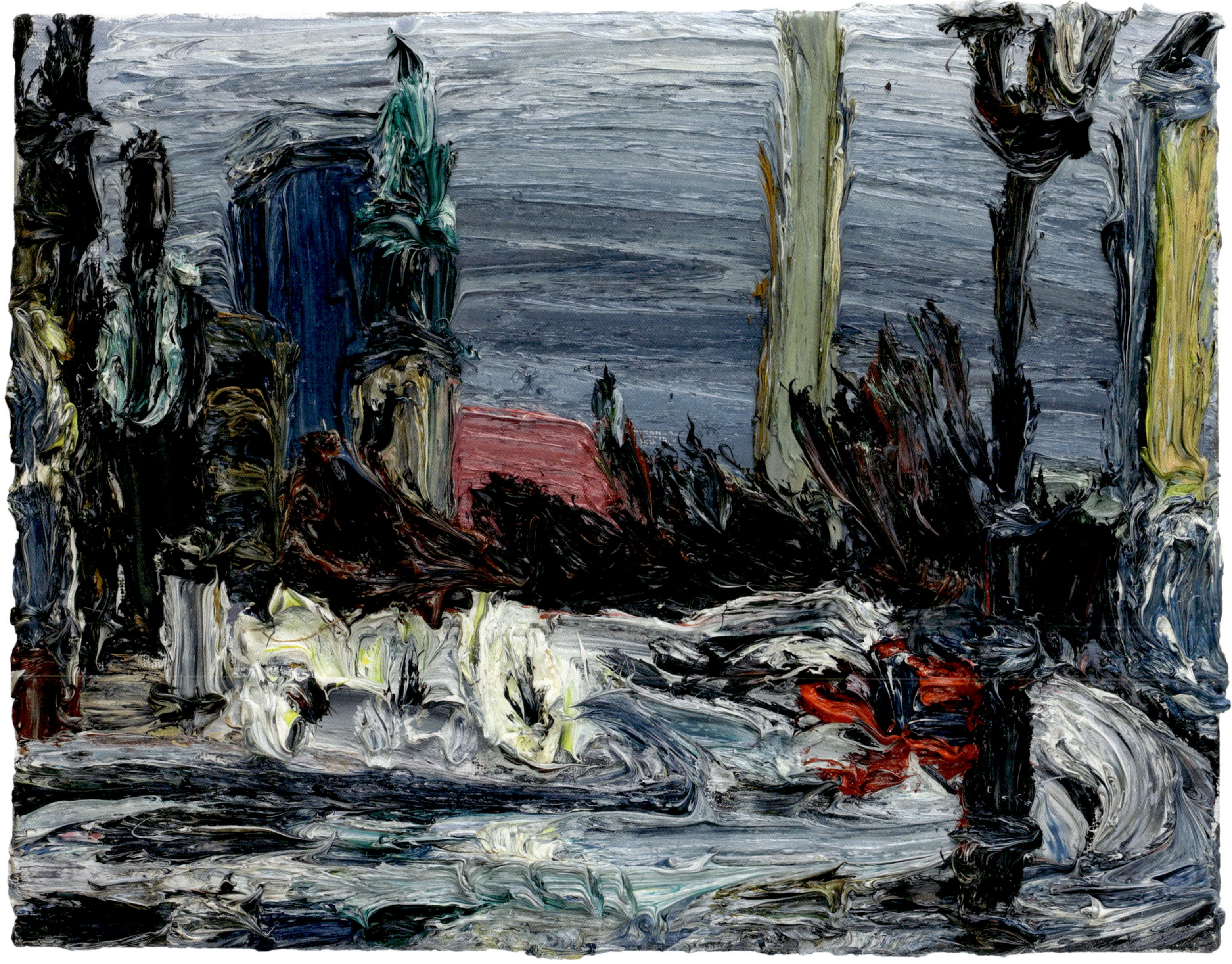

November, 2011 / November, 2011
Öl auf Leinwand / Oil on canvas, 30 x 40 cm
Privatbesitz / Private collection

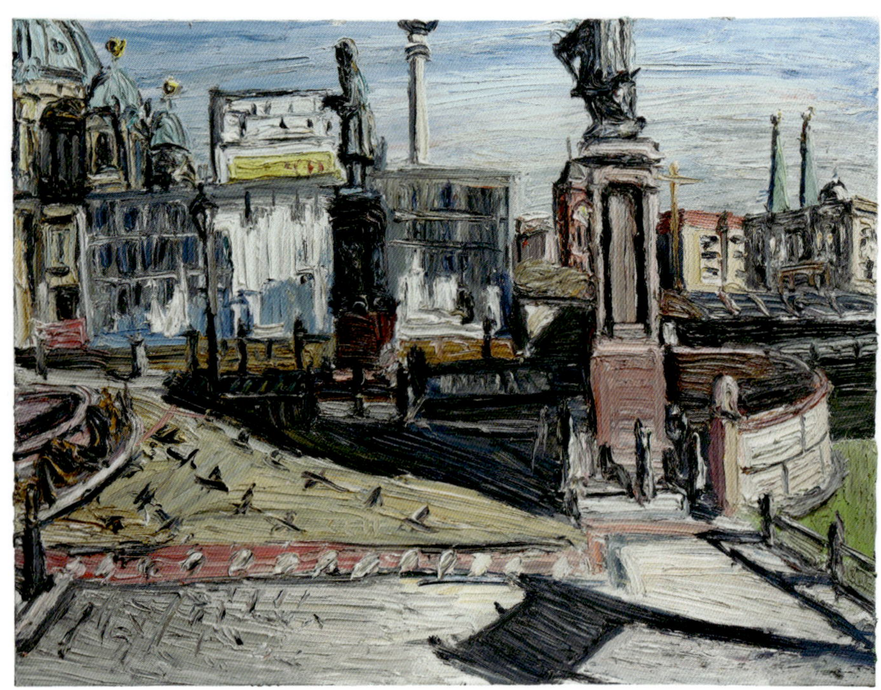 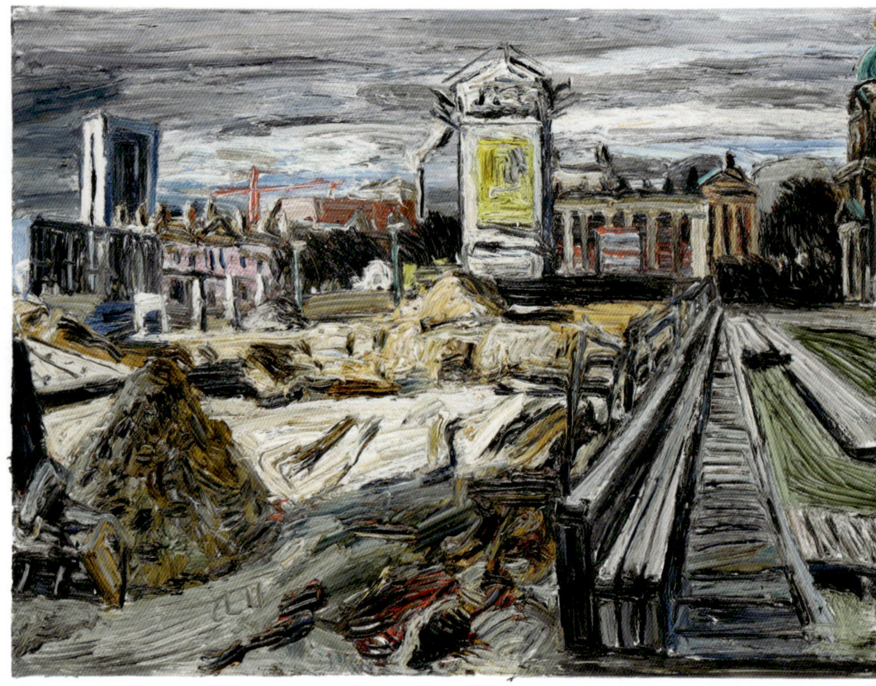

Schlossplatz-Trio, 2011 / Schlossplatz Trio, 2011
Öl auf Leinwand / Oil on canvas, jeweils / each 180 x 240 cm
Sammlung Würth / Würth Collection

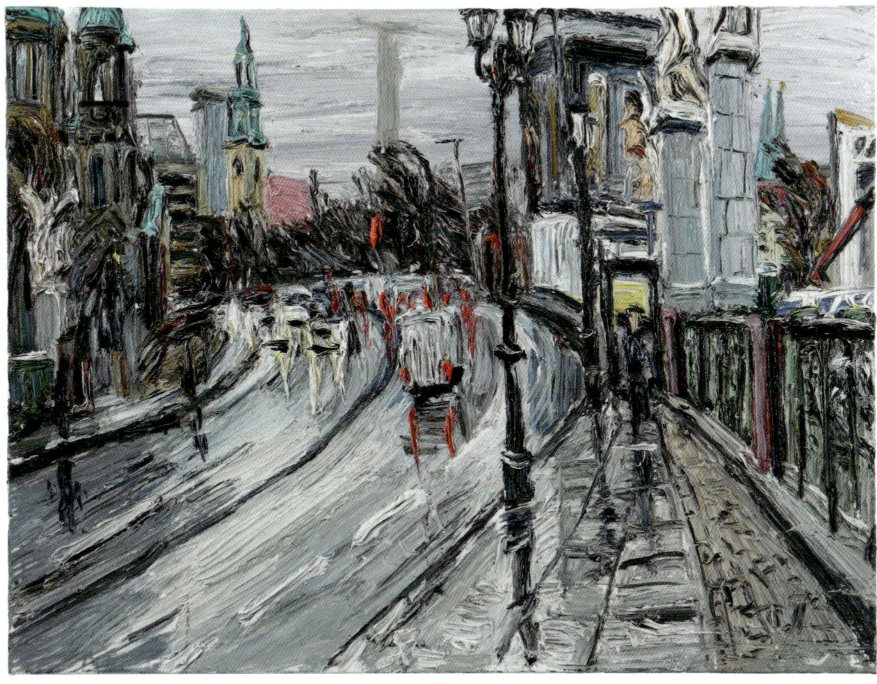

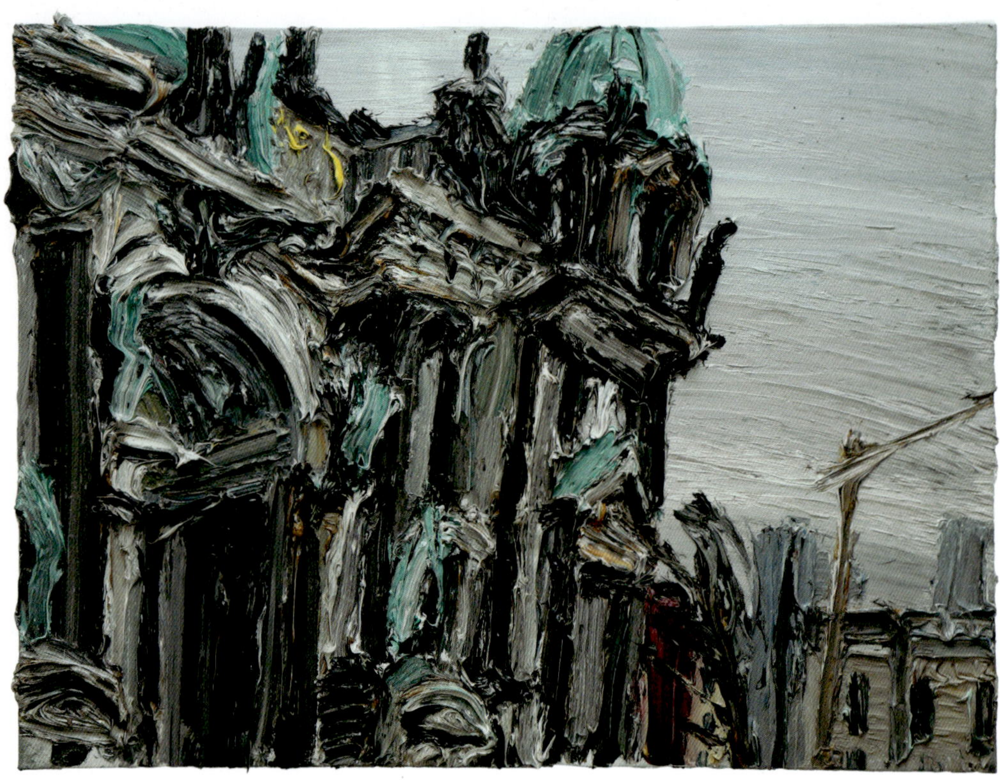

Berliner Dom, 2012 und Detail / Berlin Cathedral, 2012 and detail
Öl auf Leinwand / Oil on canvas, 60 x 80 cm
Privatbesitz / Private collection

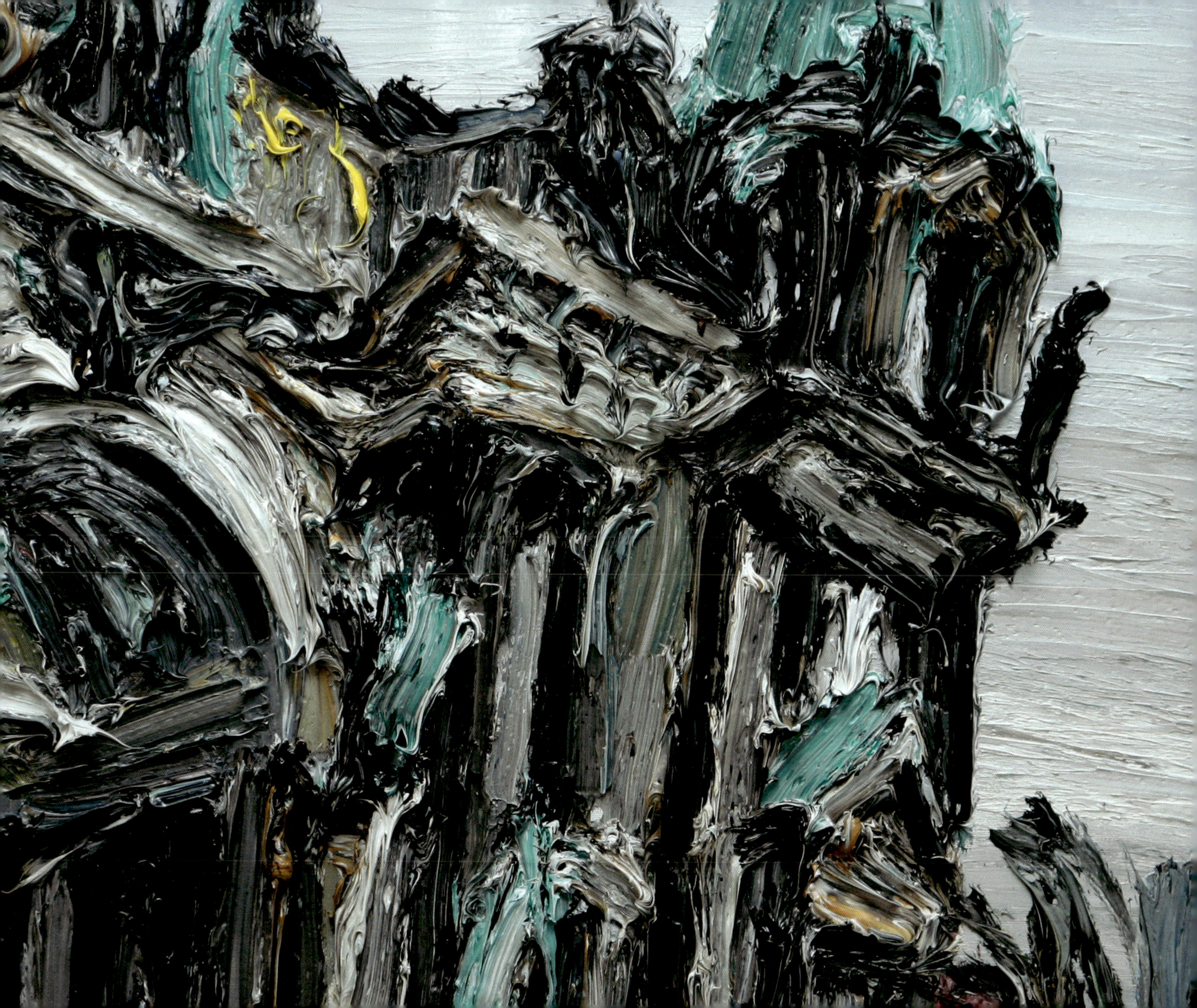

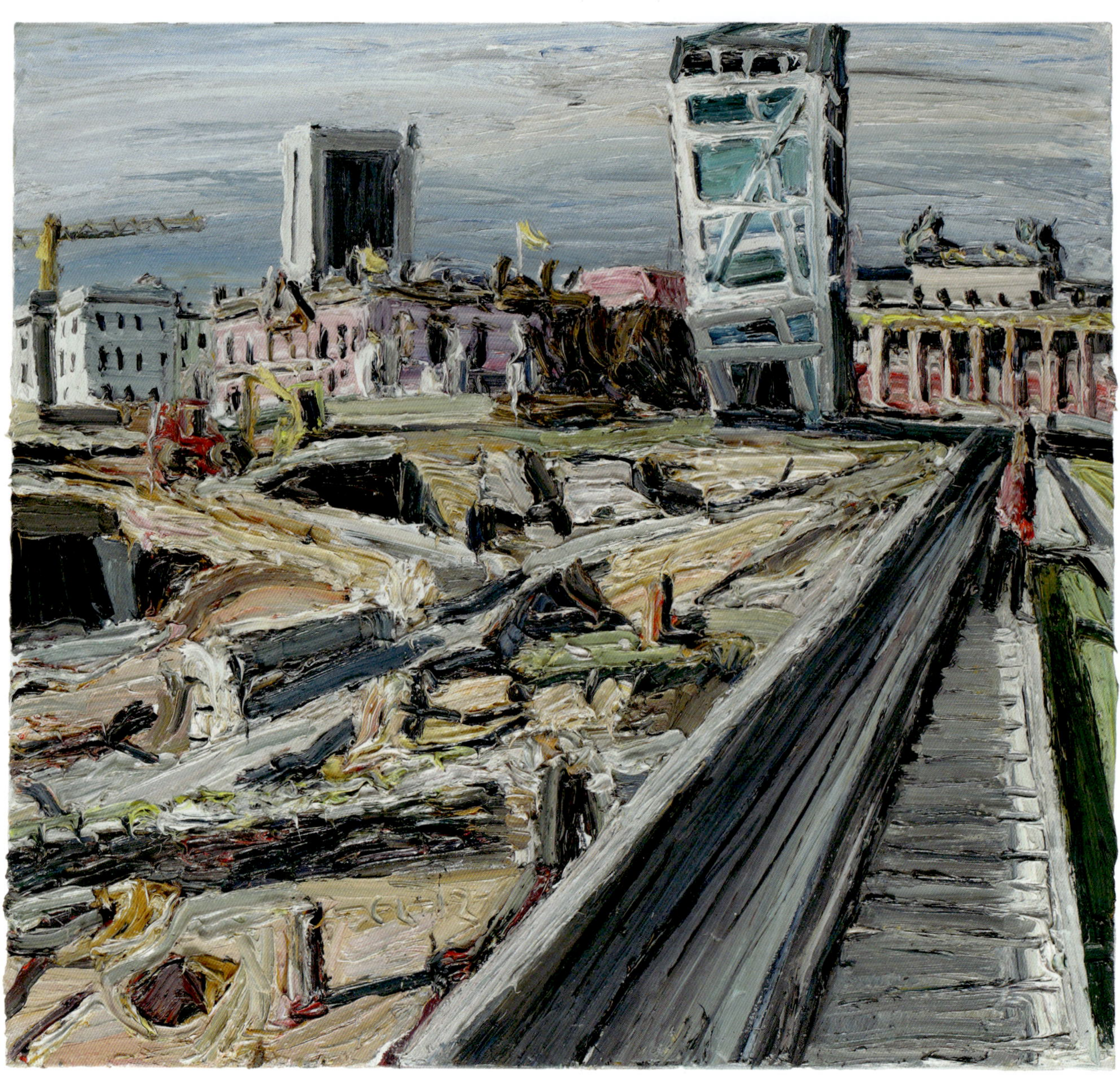

Humboldt-Box, 2012 / Humboldt Box, 2012
Öl auf Leinwand / Oil on canvas, 150 x 160 cm

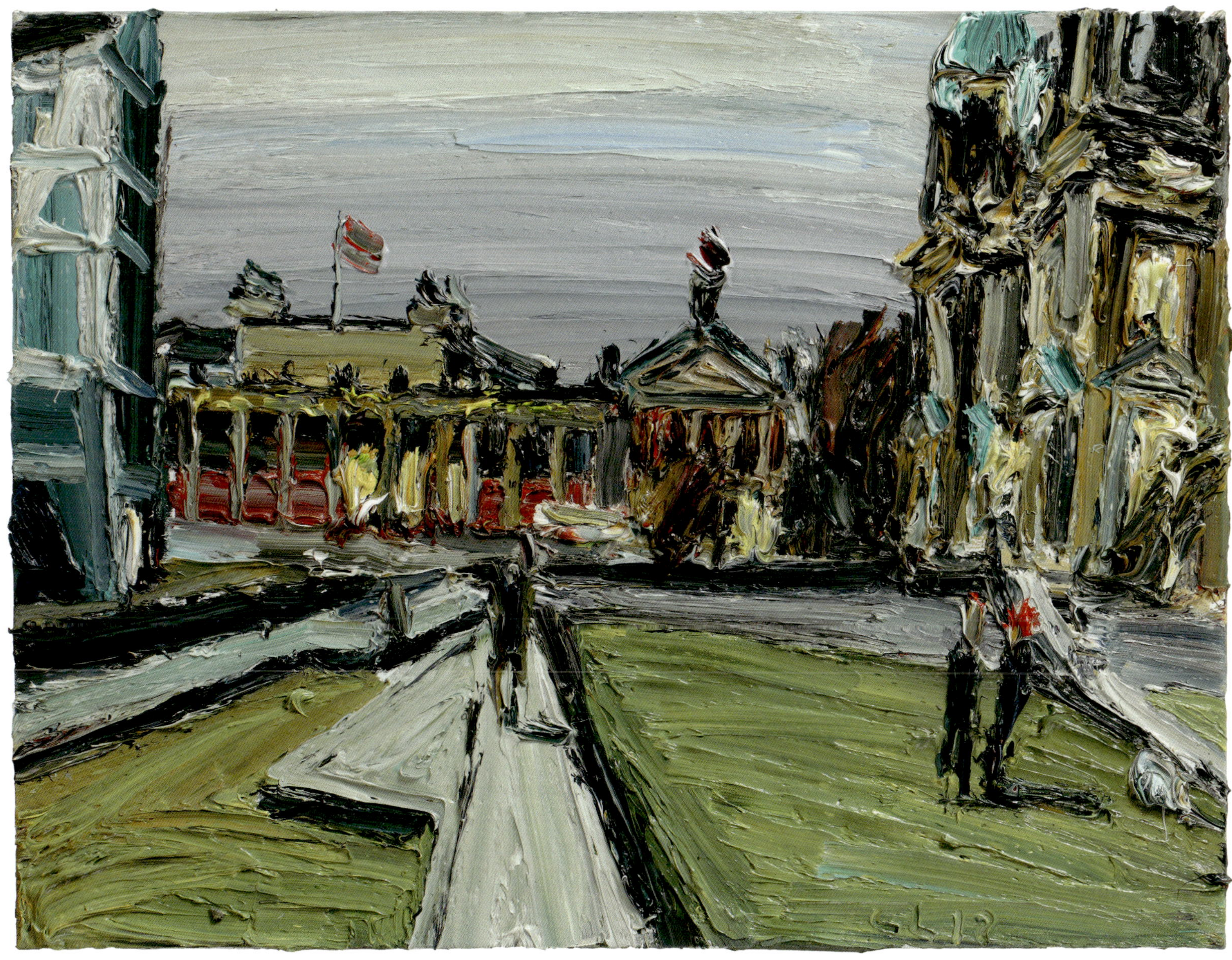

Schlossplatz, 2012 / Schlossplatz, 2012
Öl auf Leinwand / Oil on canvas, 60 x 80 cm
Privatbesitz / Private collection

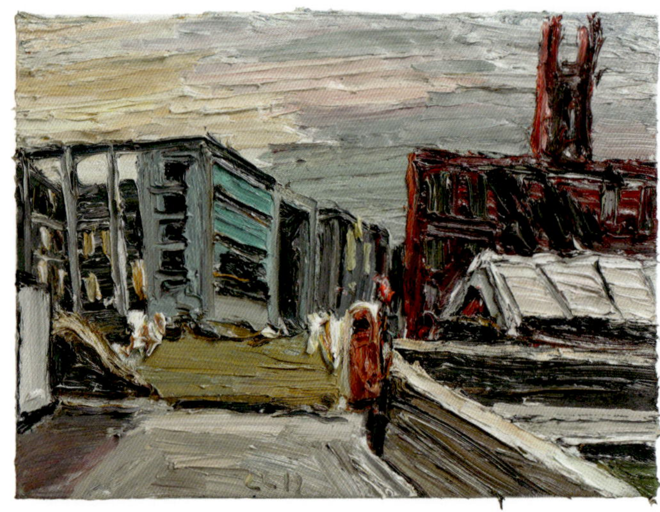

Abendlicht am Schlossplatz, 2012 / Evening Light on the Schlossplatz, 2012
Öl auf Leinwand / Oil on canvas, 40 x 60 cm
Privatbesitz / Private collection

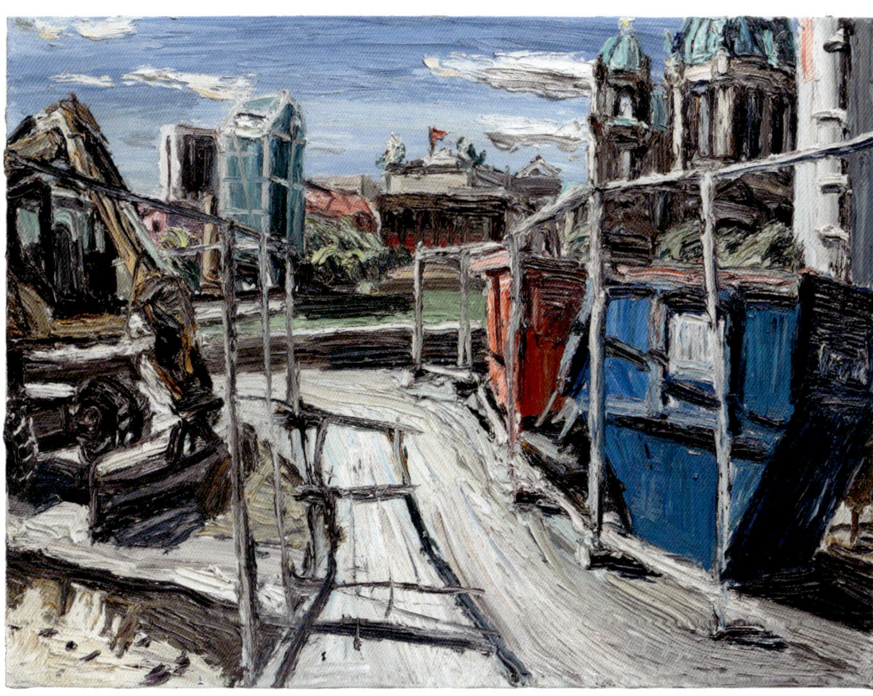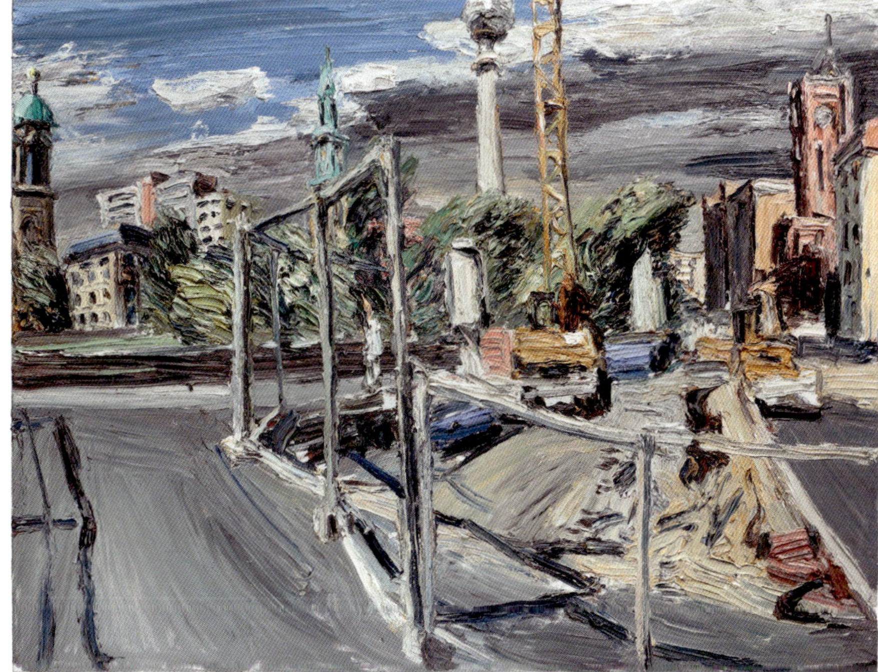

Schlossplatz-Duett, 2012 / Schlossplatz Duet, 2012
Öl auf Leinwand / Oil on canvas, jeweils / each 180 x 240 cm
Sammlung Würth / Würth Collection

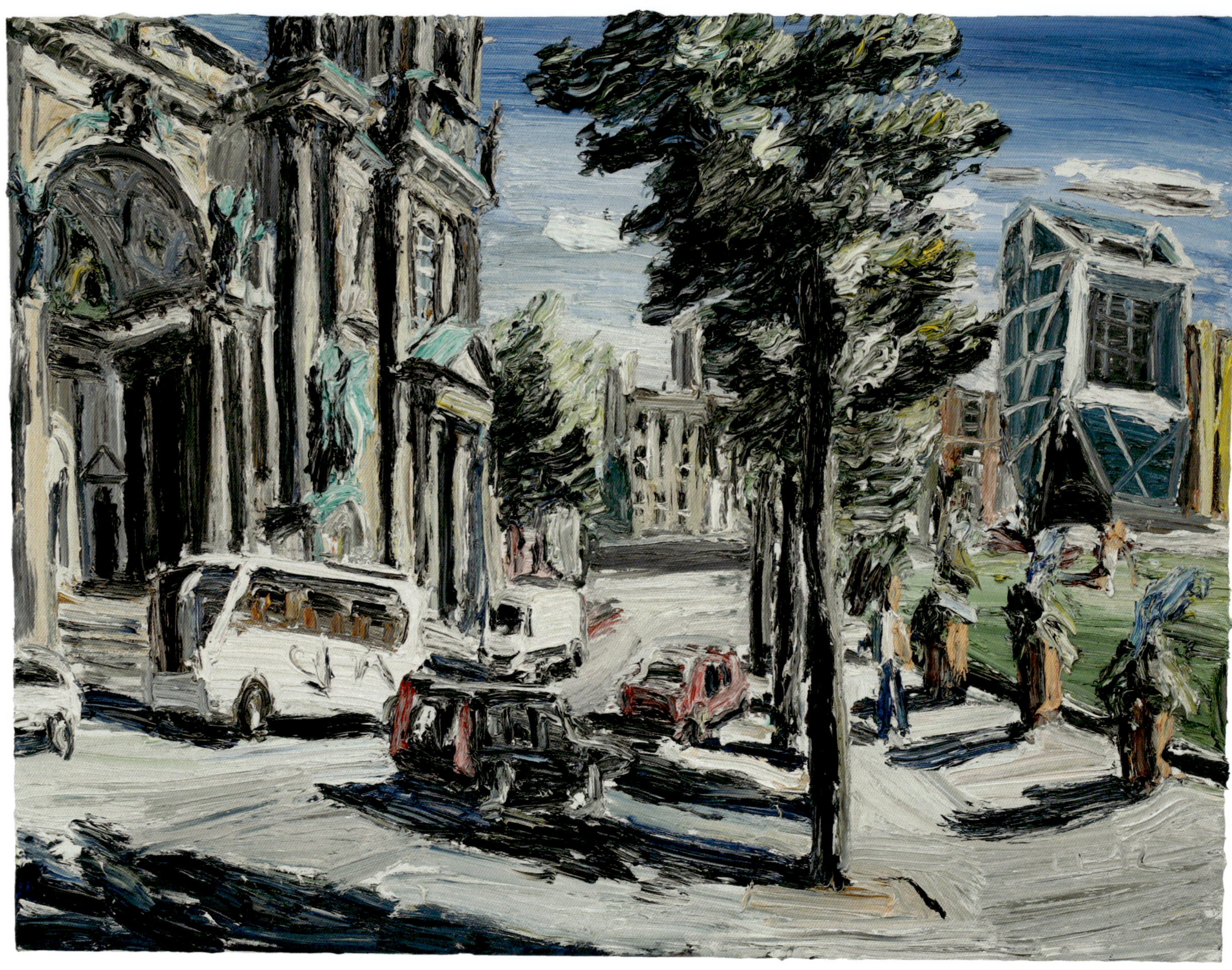

Sommertag am Berliner Dom, 2012 / Summer Day at the Berlin Cathedral, 2012
Öl auf Leinwand / Oil on canvas, 180 x 240 cm
Sammlung Würth / Würth Collection

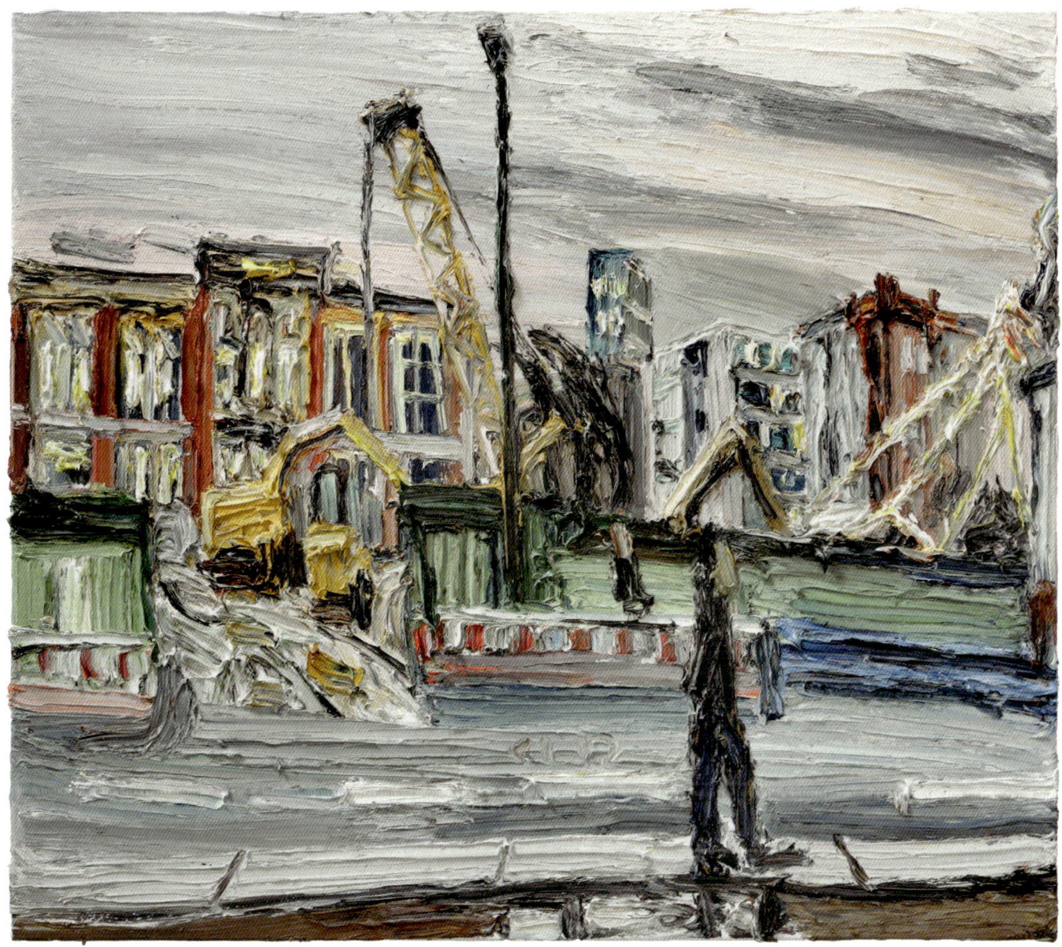

Staatsratsgebäude am Abend, 2012 / State Council Building in the Evening, 2012
Öl auf Leinwand / Oil on canvas, 120 x 140 cm

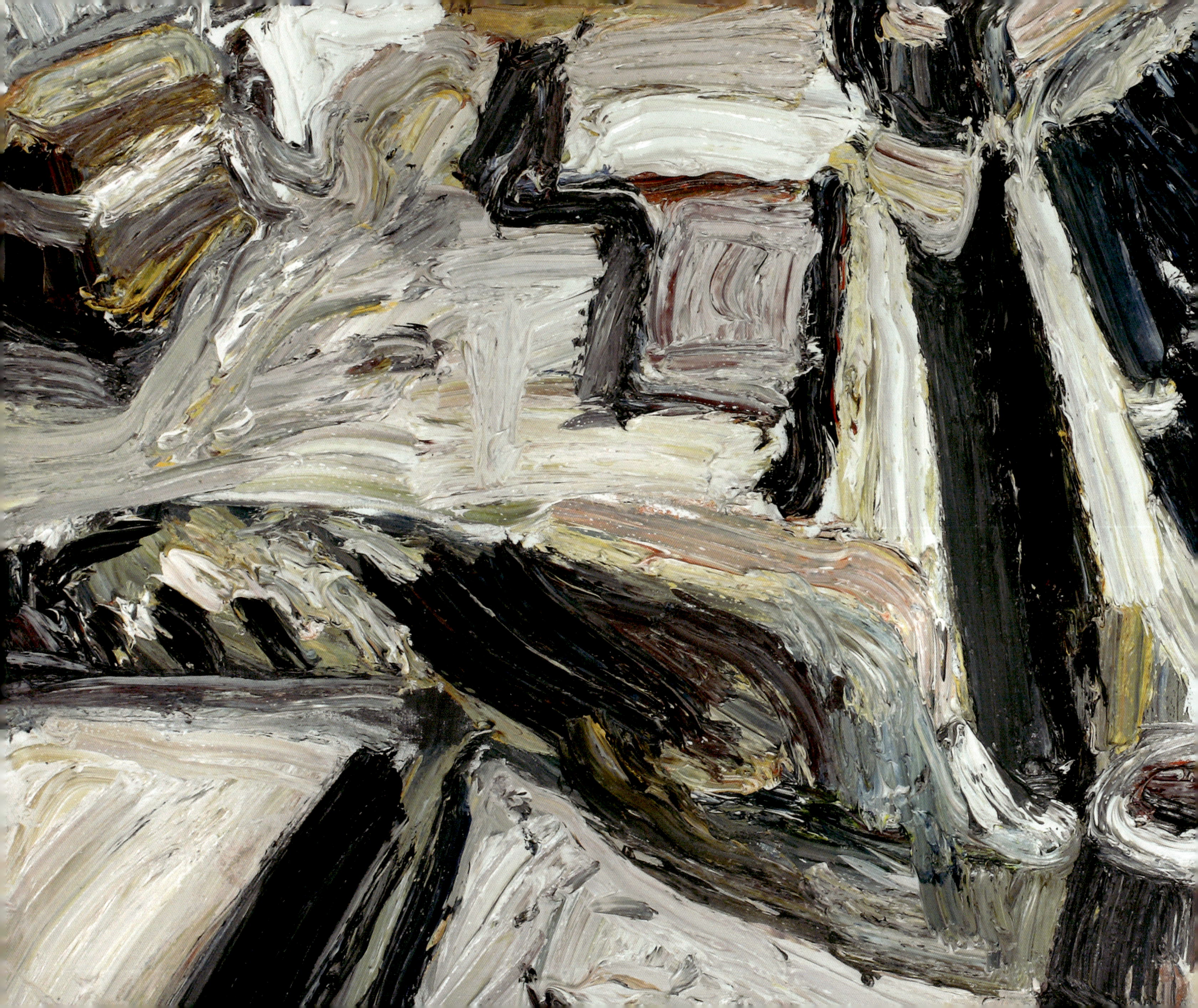

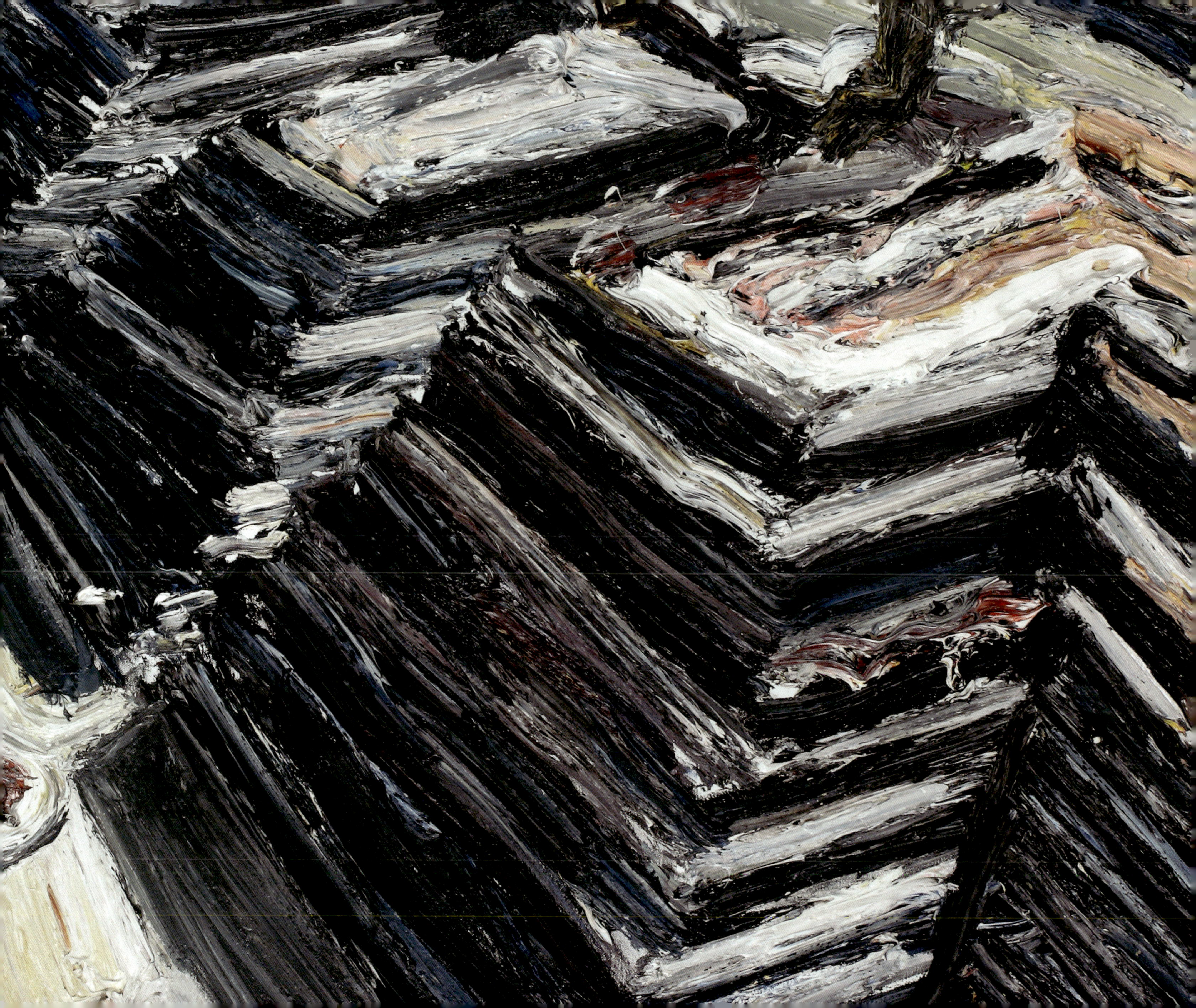

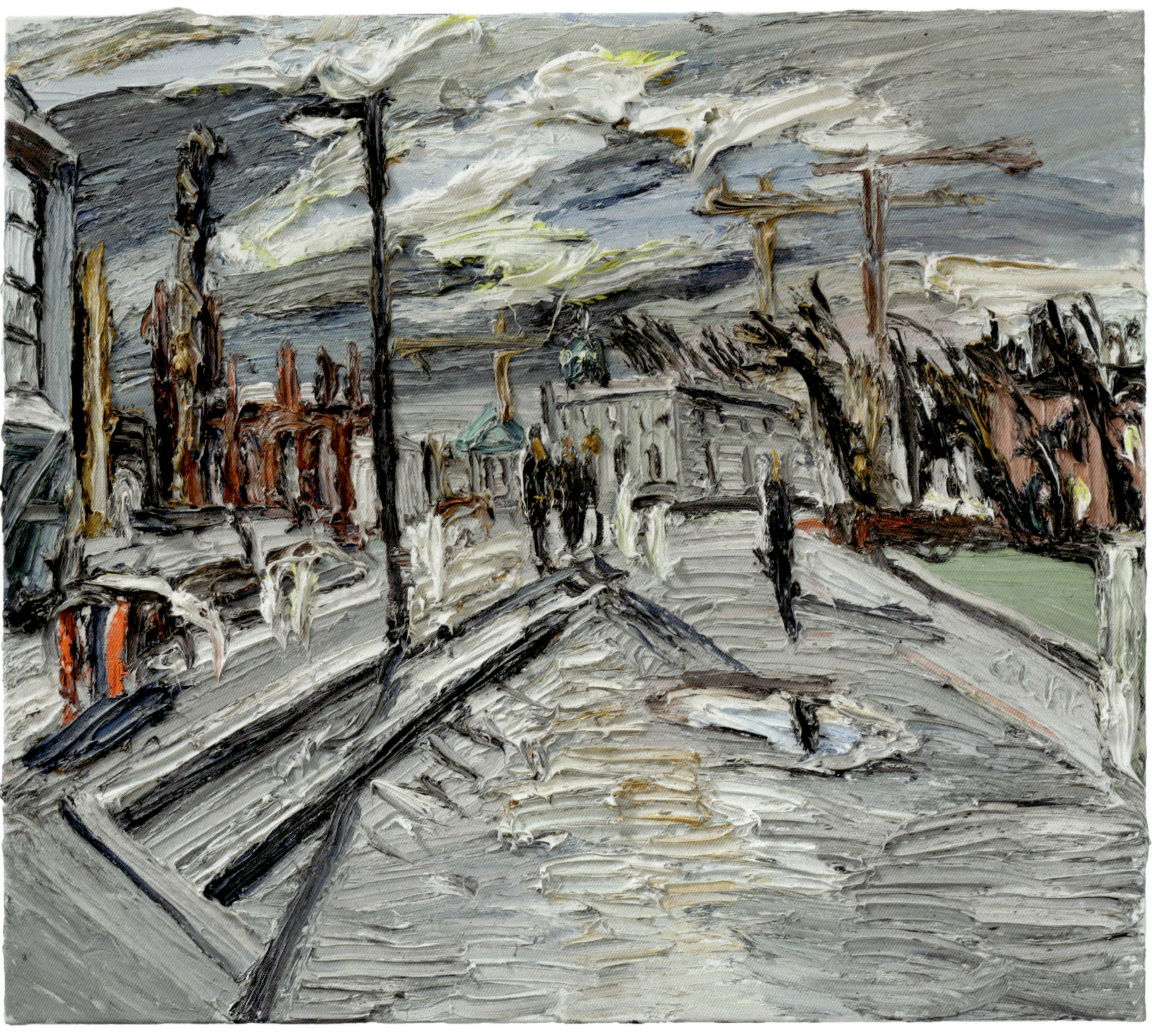

Lustgarten am Abend, 2012 / Lustgarten in the Evening, 2012
Öl auf Leinwand / Oil on canvas, 120 x 140 cm
Privatbesitz / Private collection

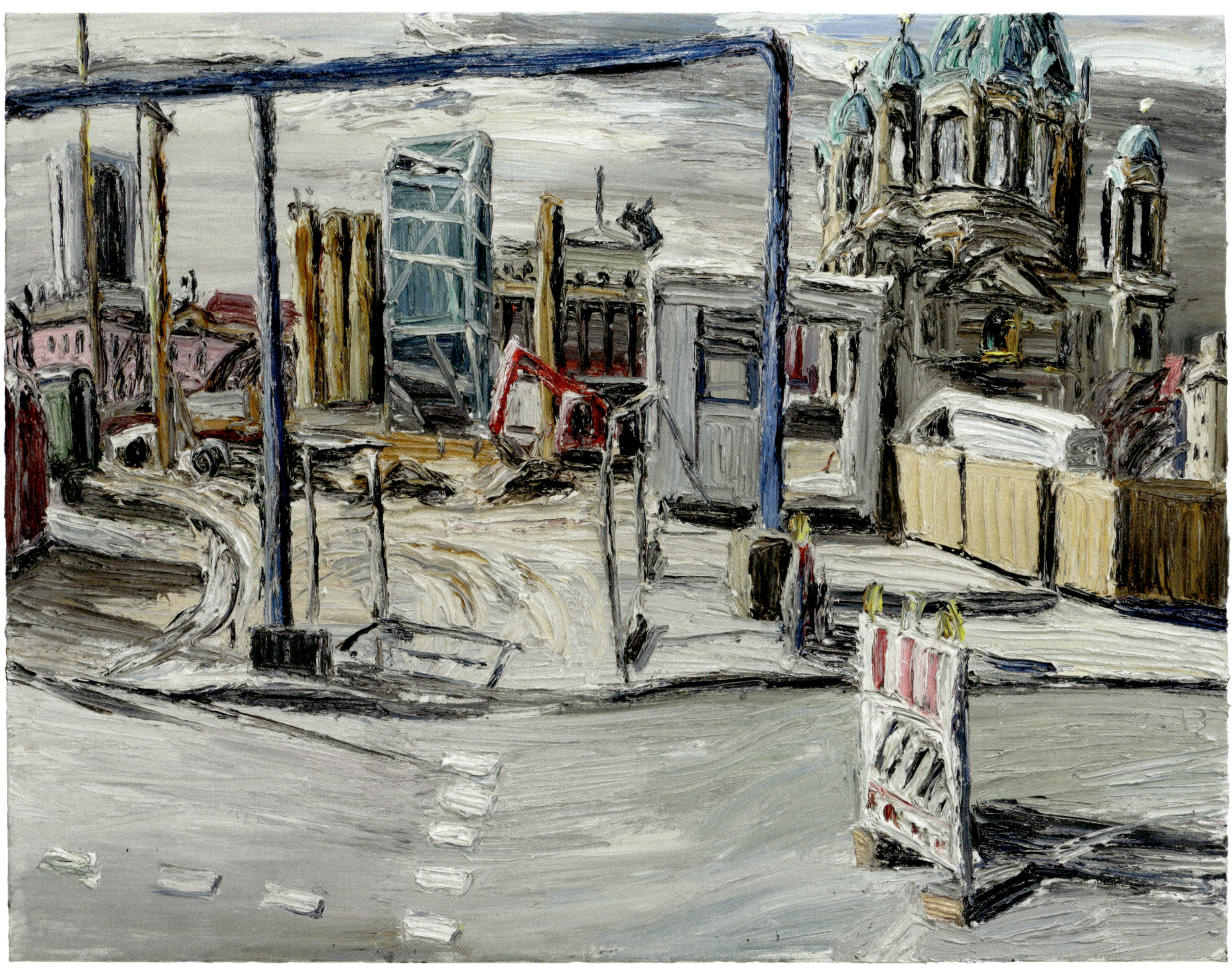

Schlossplatz, 2013 / Schlossplatz, 2013
Öl auf Leinwand / Oil on canvas, 180 x 240 cm
Privatbesitz / Private collection

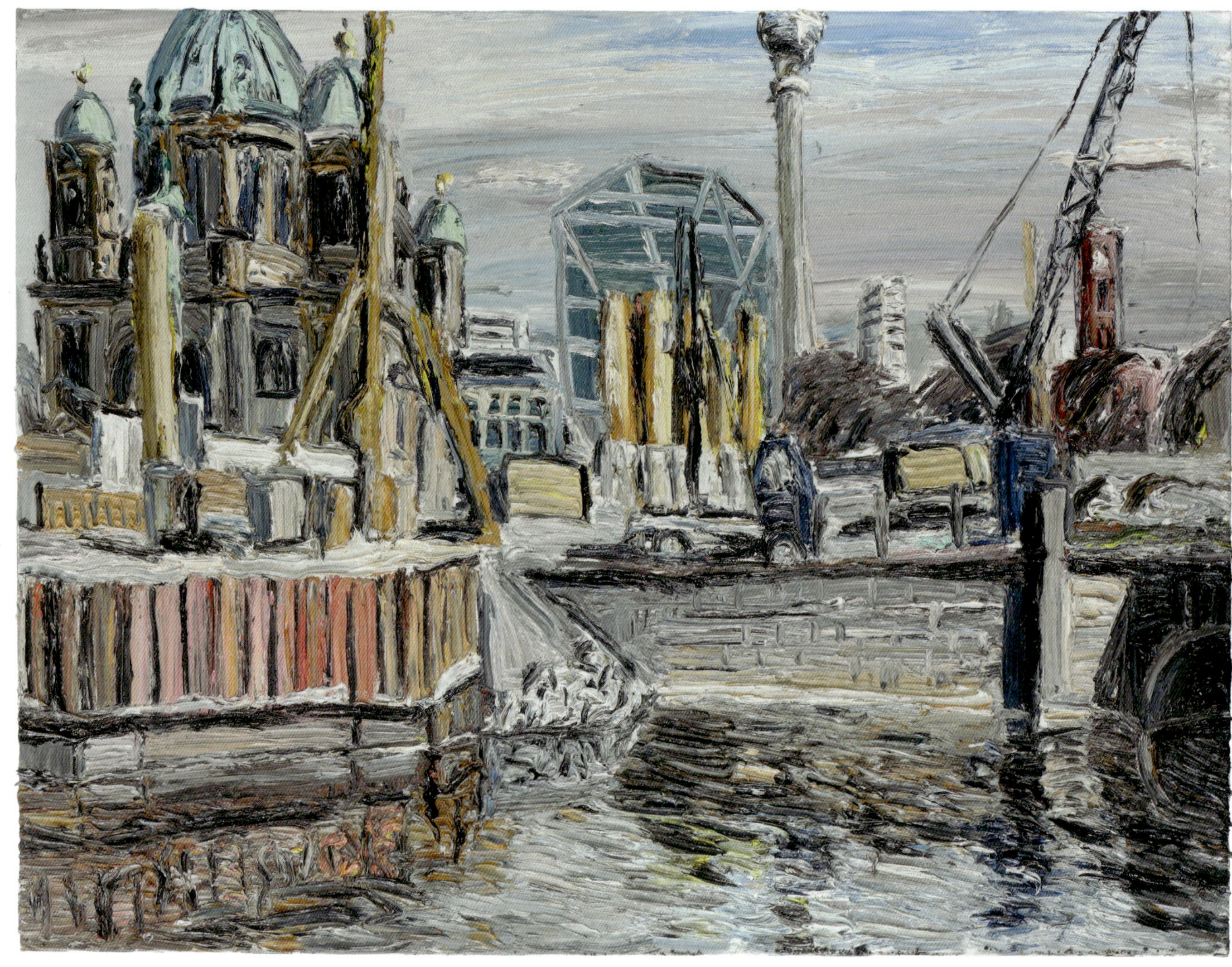

Spiegelnder Schlossplatz, 2013 / Reflecting Schlossplatz, 2013

Öl auf Leinwand / Oil on canvas, 180 x 240 cm

Privatbesitz / Private collection

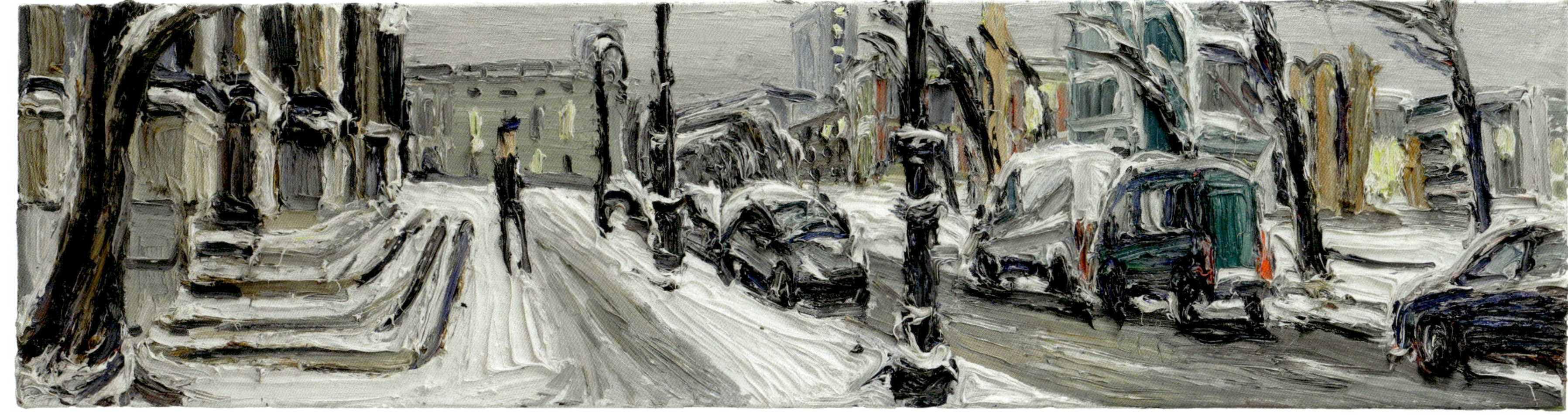

Wintertag am Berliner Dom, 2013 / Winter Day at the Berlin Cathedral, 2013

Öl auf Leinwand / Oil on canvas, 50 x 200 cm

Privatbesitz / Private collection

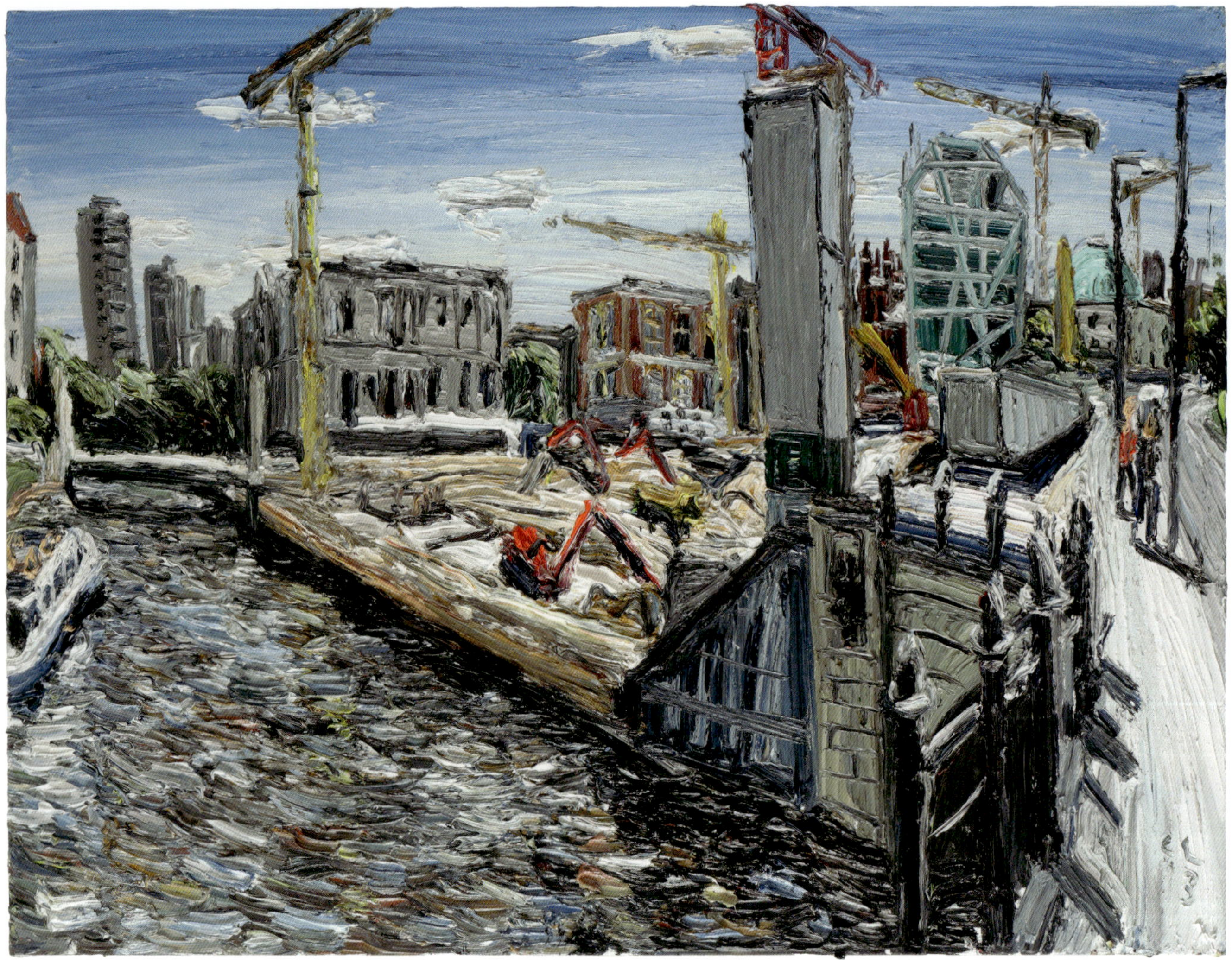

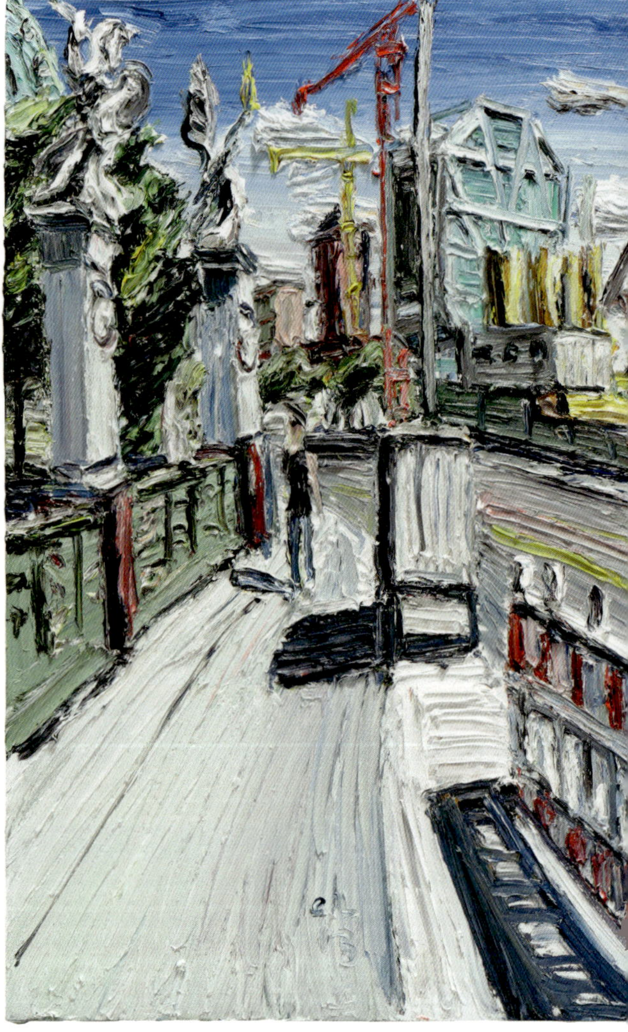

Grundsteinlegung Triptychon, 2013 / Laying of the Foundation Stone Triptych, 2013
Öl auf Leinwand / Oil on canvas, jeweils / each 180 x 240 cm
Sammlung Würth / Würth Collection

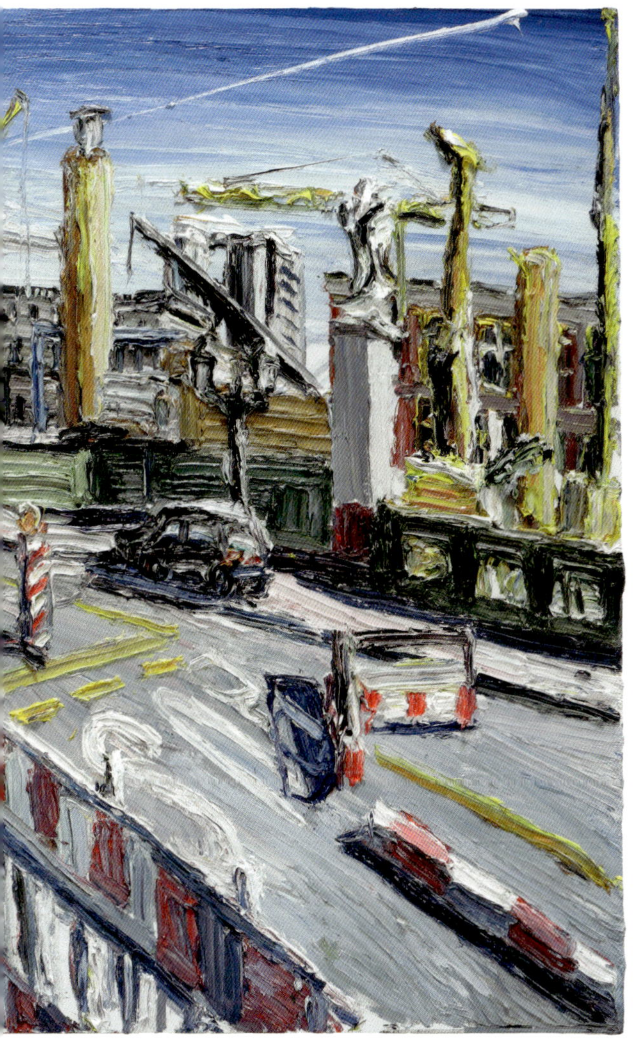

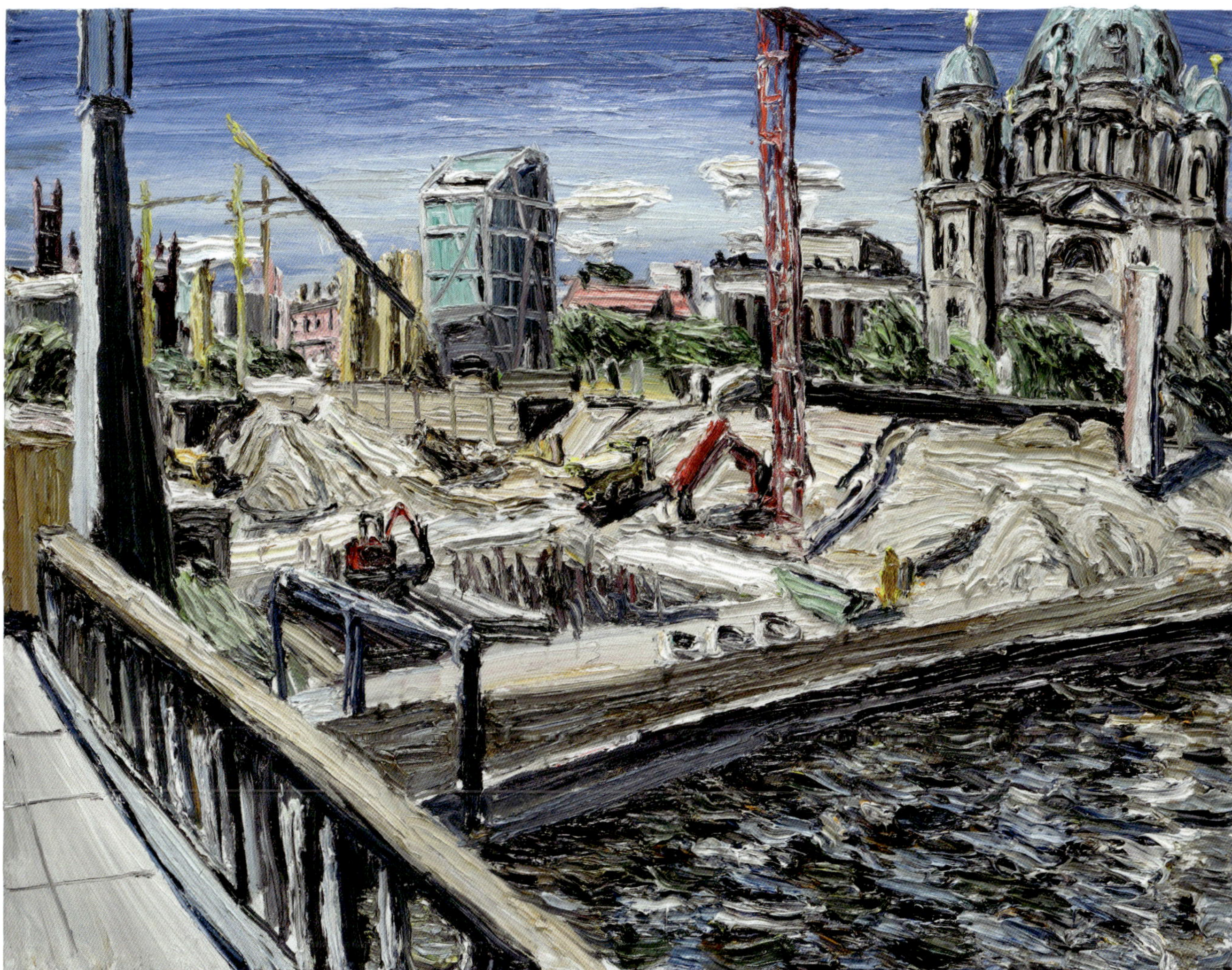

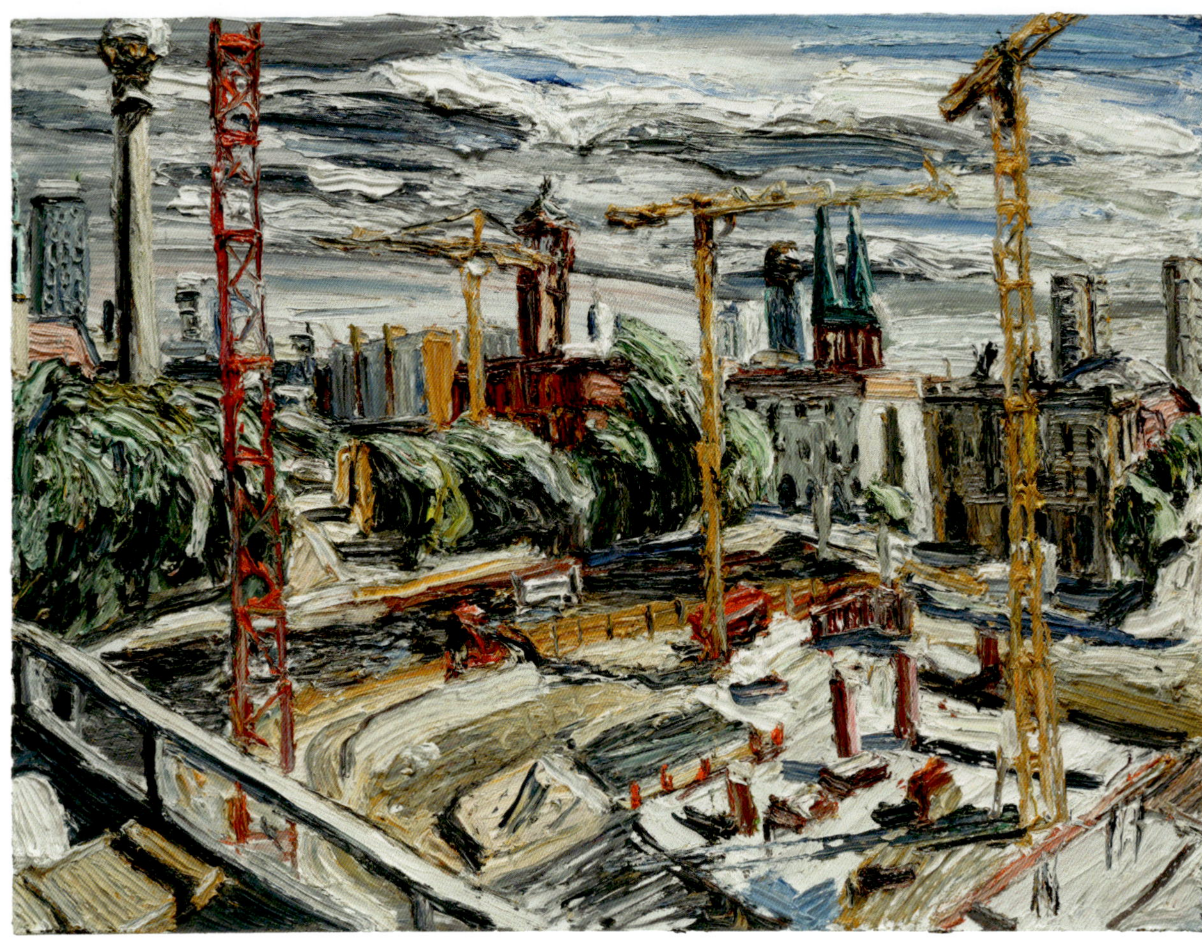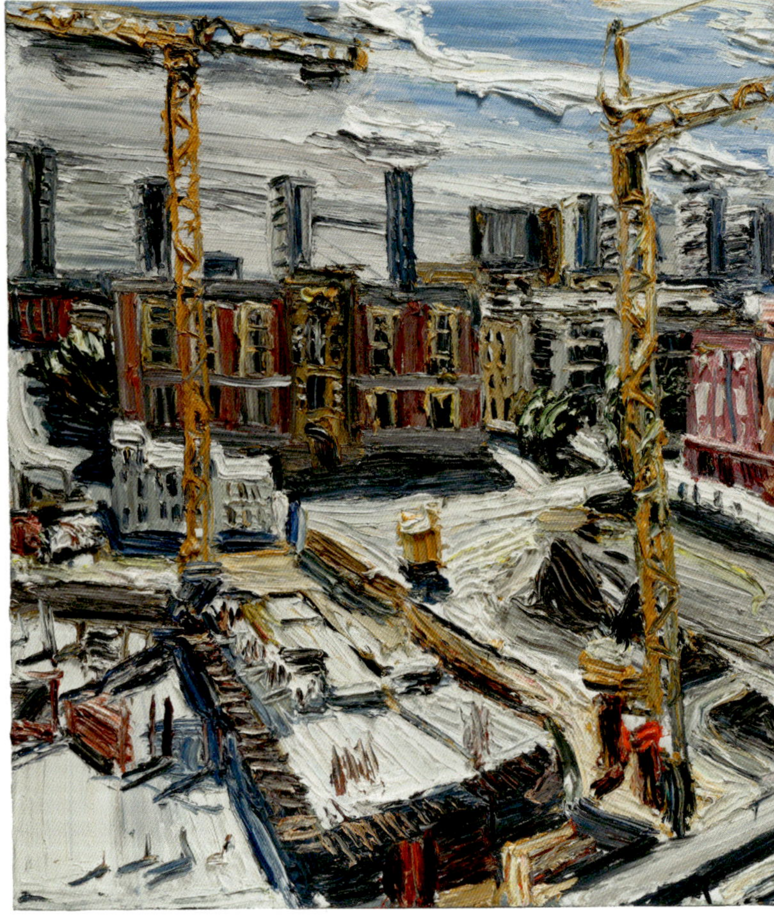

Berlin-Panorama I, 2013 / Berlin Panorama I, 2013
Öl auf Leinwand / Oil on canvas, jeweils / each 180 x 240 cm

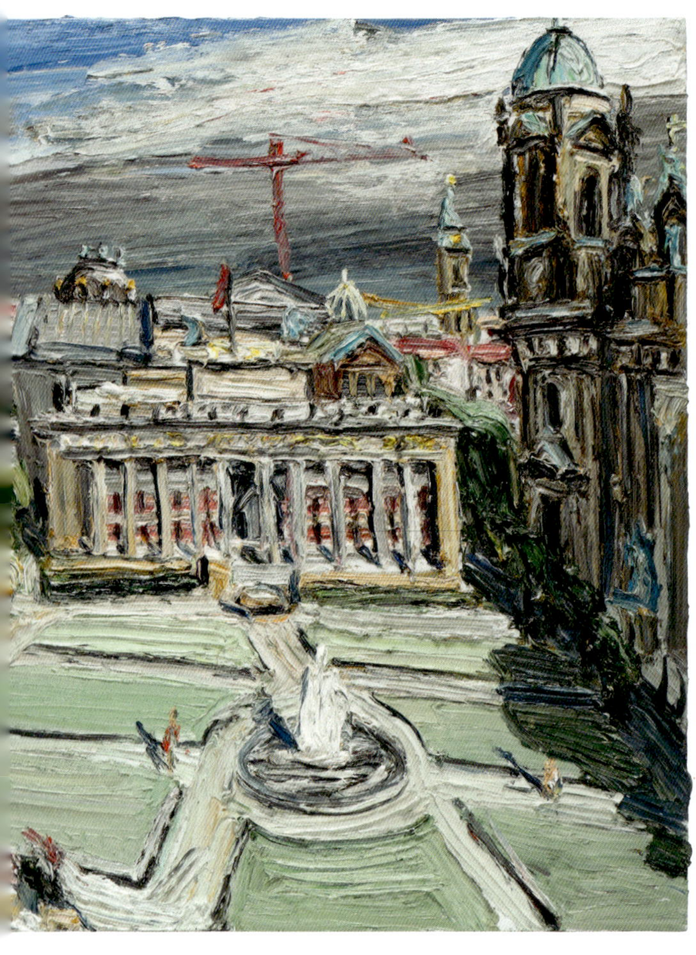
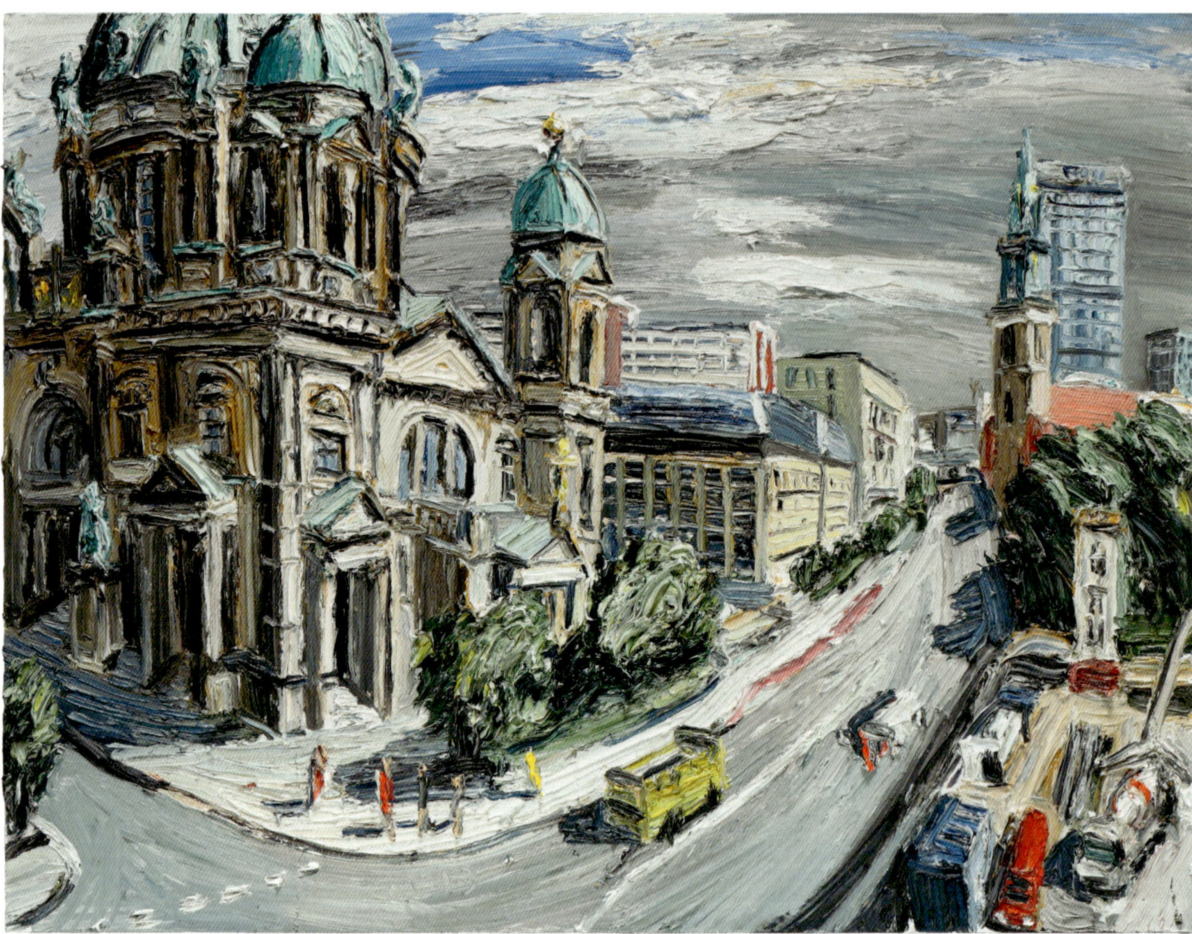

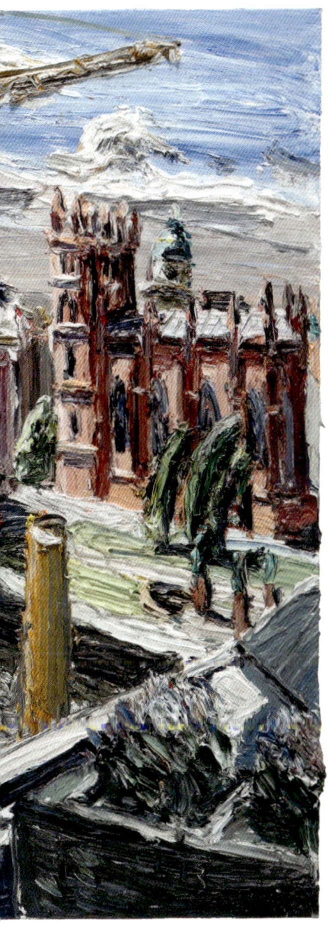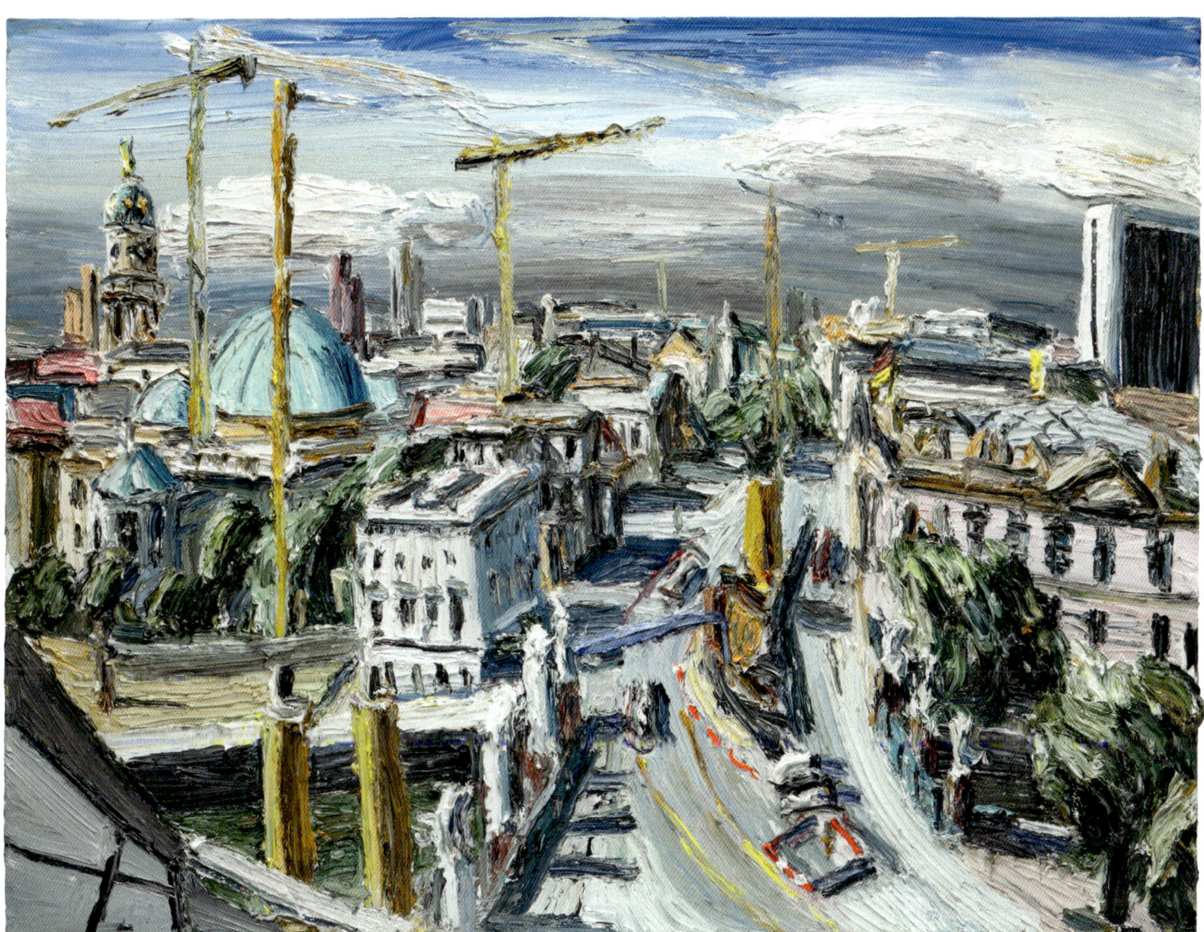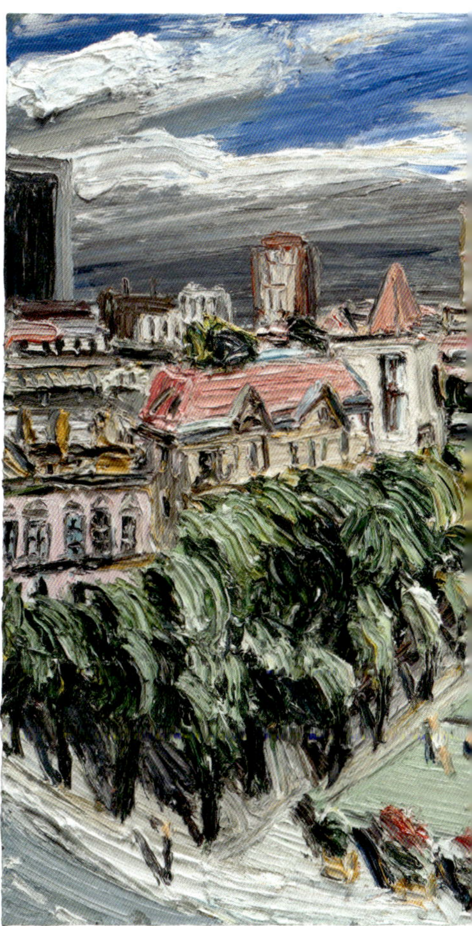

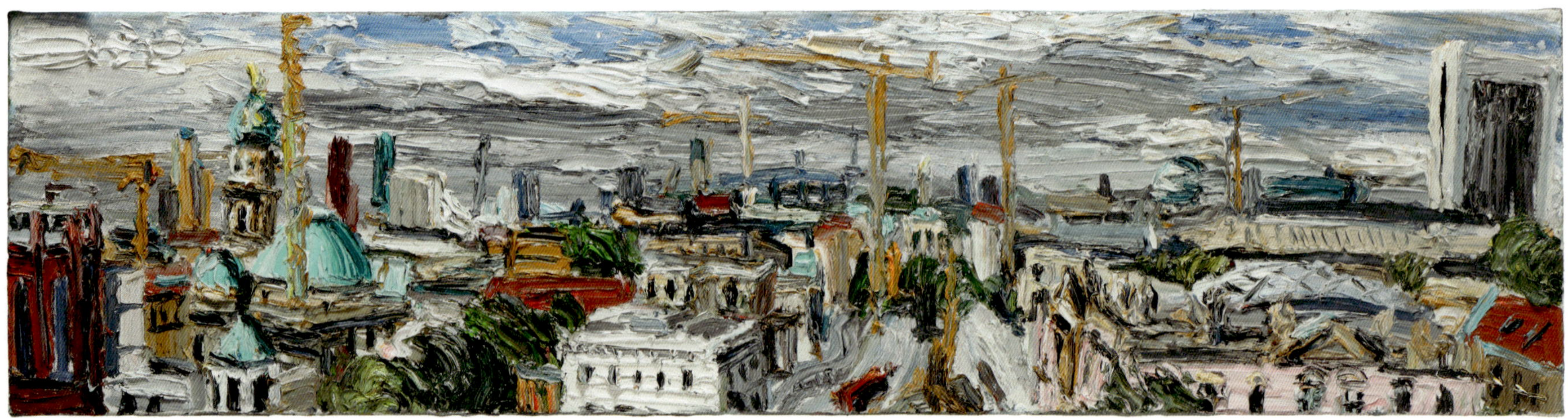

Berlin-Panorama II, 2013 / Berlin Panorama II, 2013
Öl auf Leinwand / Oil on canvas, jeweils / each 50 x 200 cm
Sammlung Würth / Würth Collection

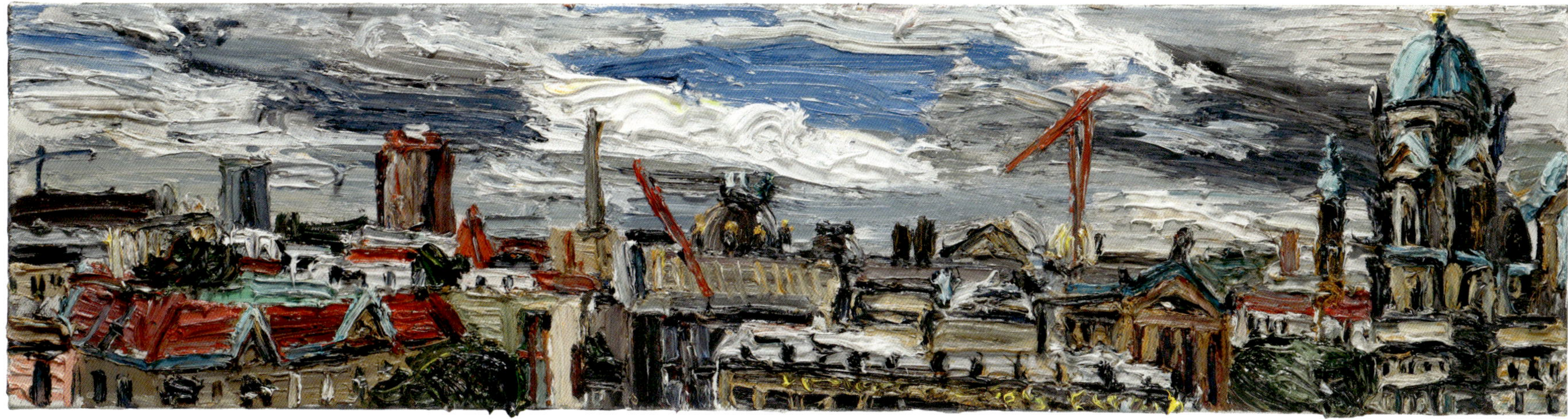

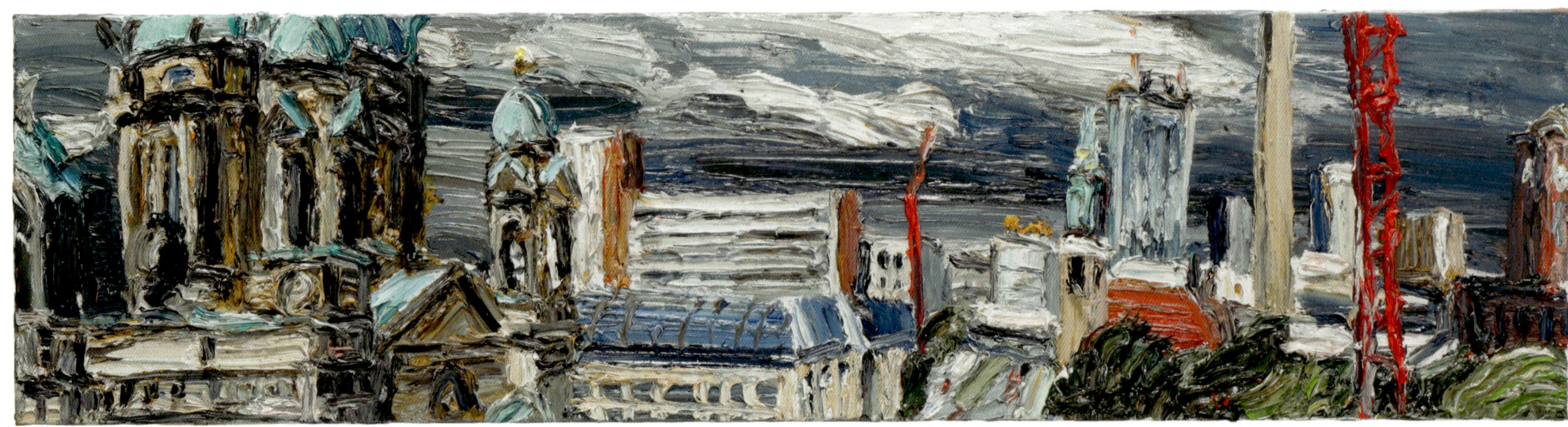

Berlin-Panorama II, 2013 / Berlin Panorama II, 2013
Öl auf Leinwand / Oil on canvas, jeweils / each 50 x 200 cm
Sammlung Würth / Würth Collection

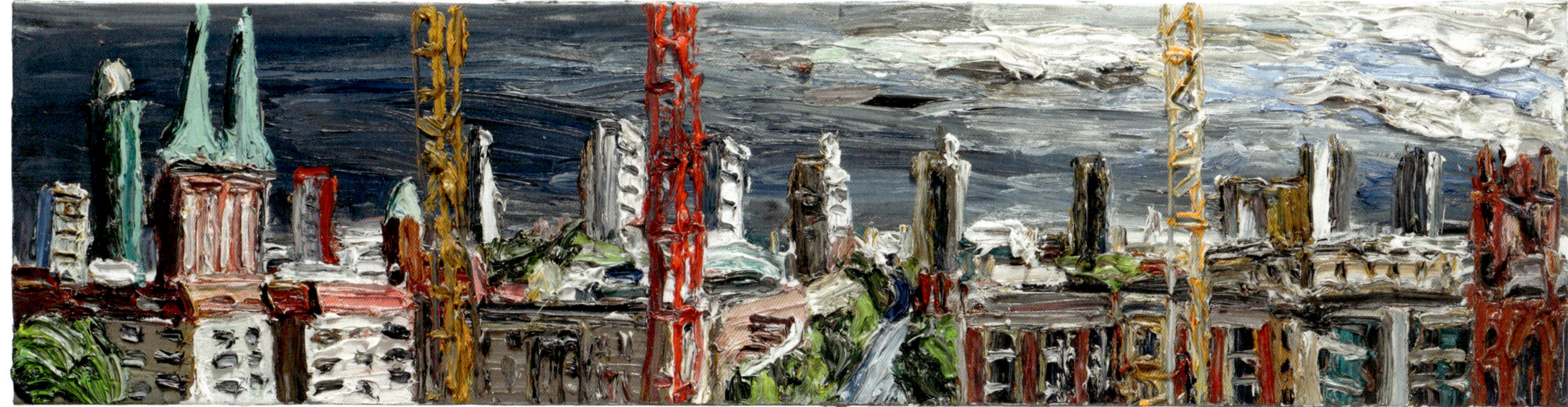

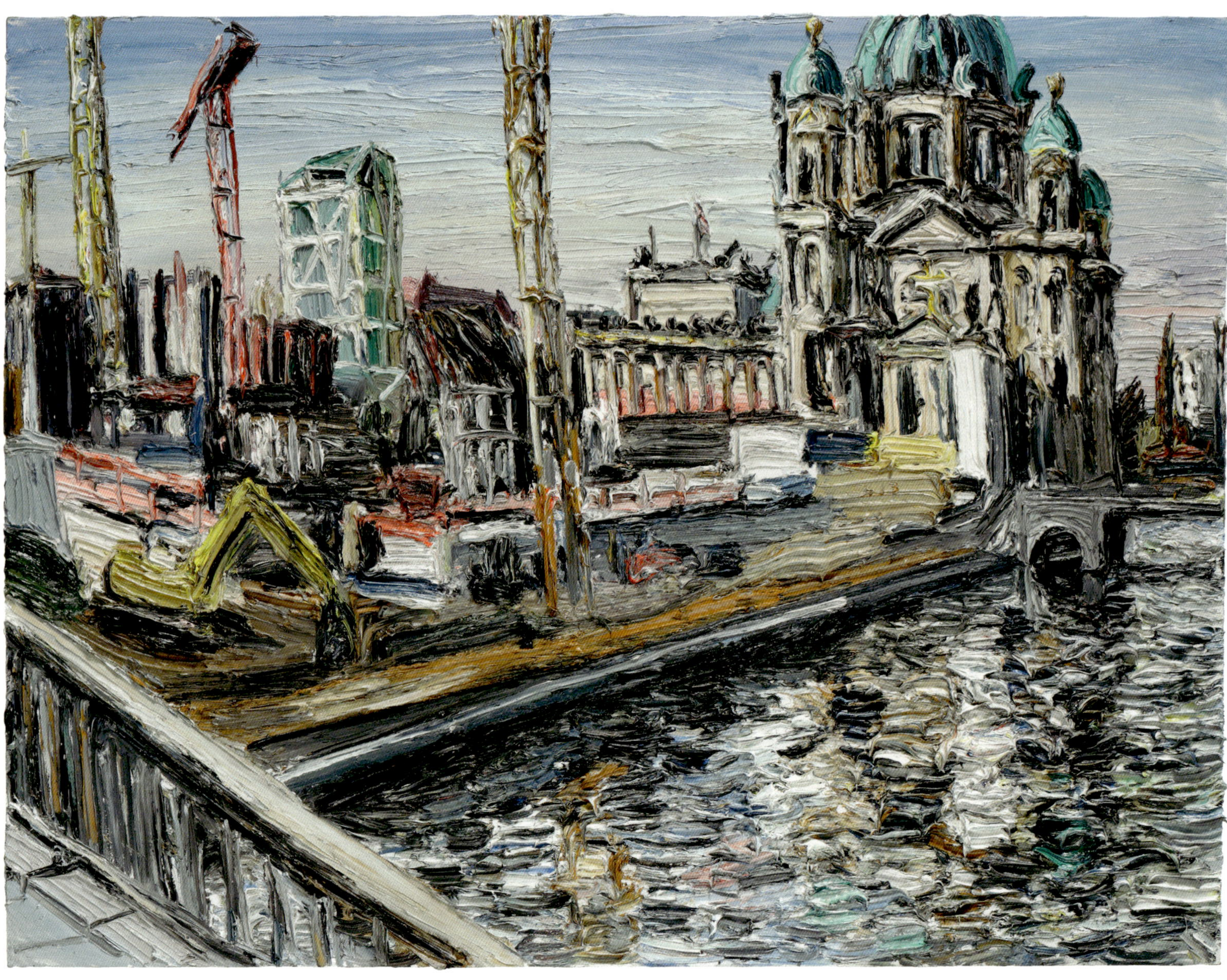

Schlossplatz im Wandel I, 2013 / Schlossplatz in Transition I, 2013
Öl auf Leinwand / Oil on canvas, 180 x 240 cm
Privatbesitz / Private collection

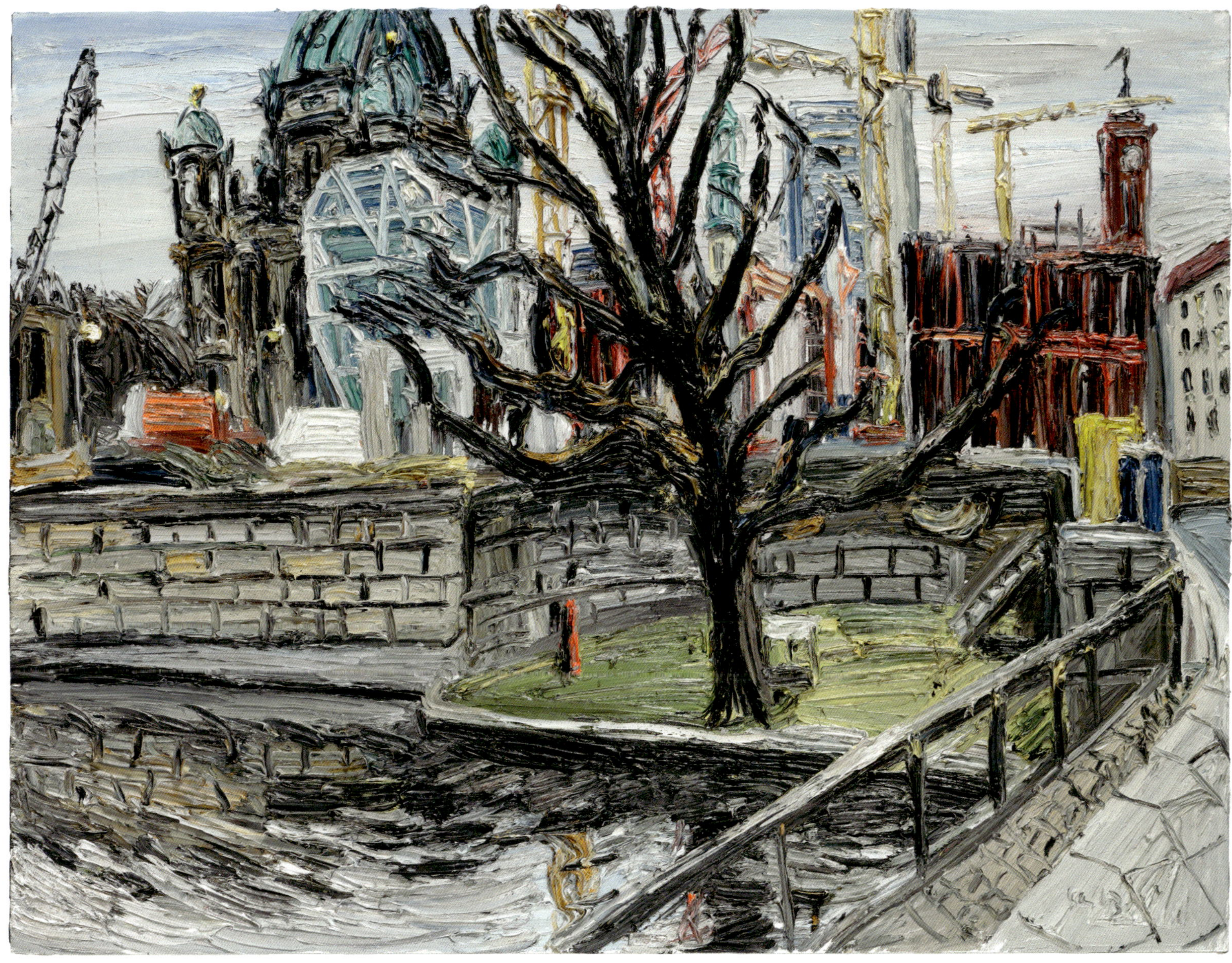

Schlossplatz im Wandel II, 2013 / Schlossplatz in Transition II, 2013
Öl auf Leinwand / Oil on canvas, 180 x 240 cm

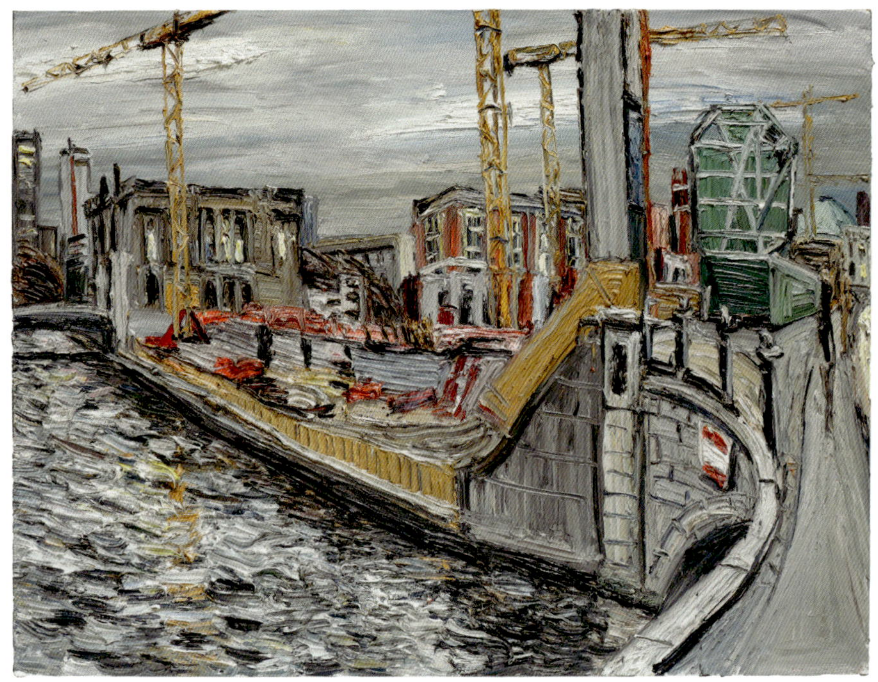

Schlossplatz im Dezember 2013 / Schlossplatz in December 2013
Öl auf Leinwand / Oil on canvas, 180 x 240 cm

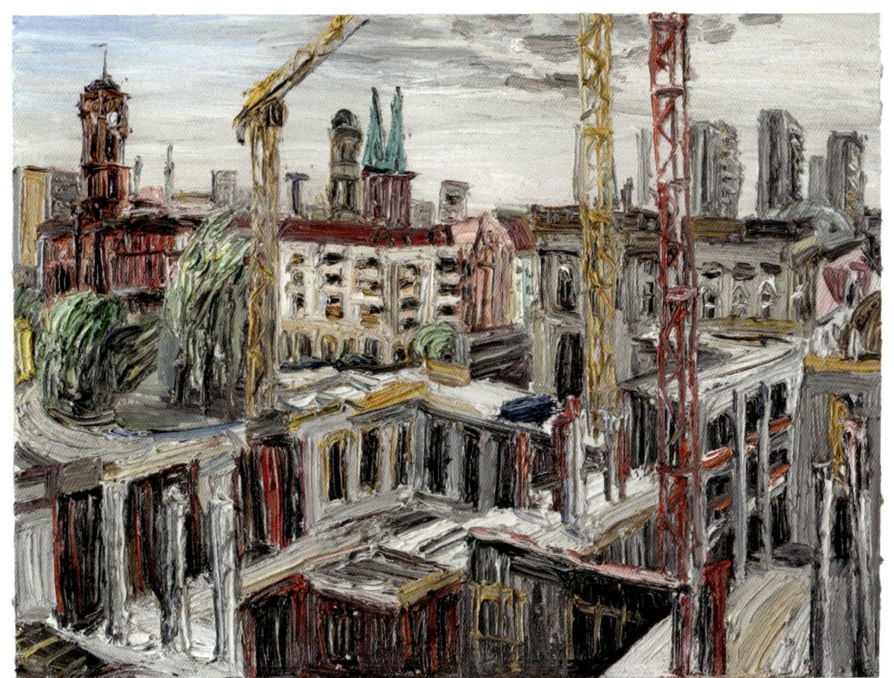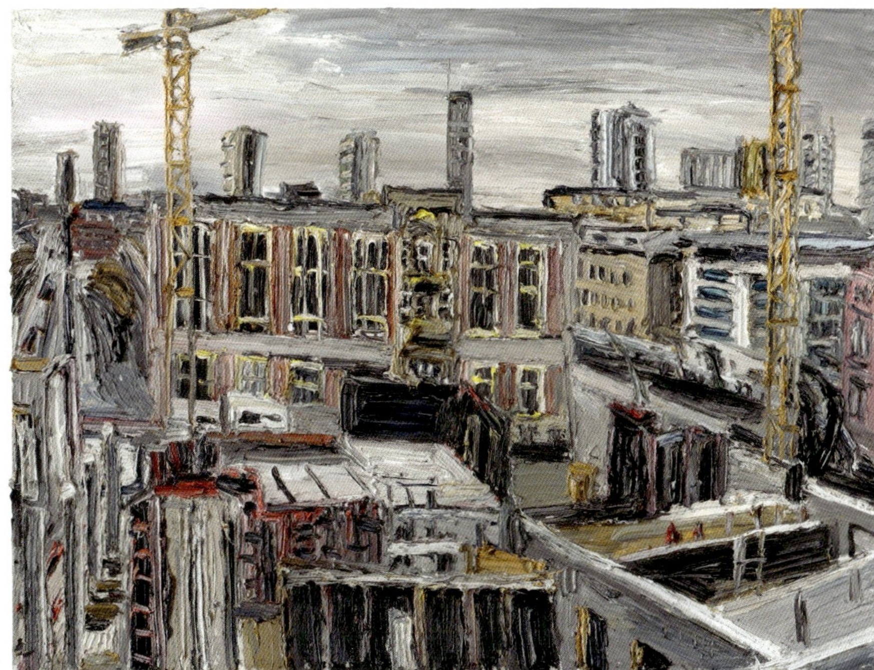

Schlossplatz im April 2014 / Schlossplatz in April 2014

Öl auf Leinwand / Oil on canvas, jeweils / each 180 x 240 cm

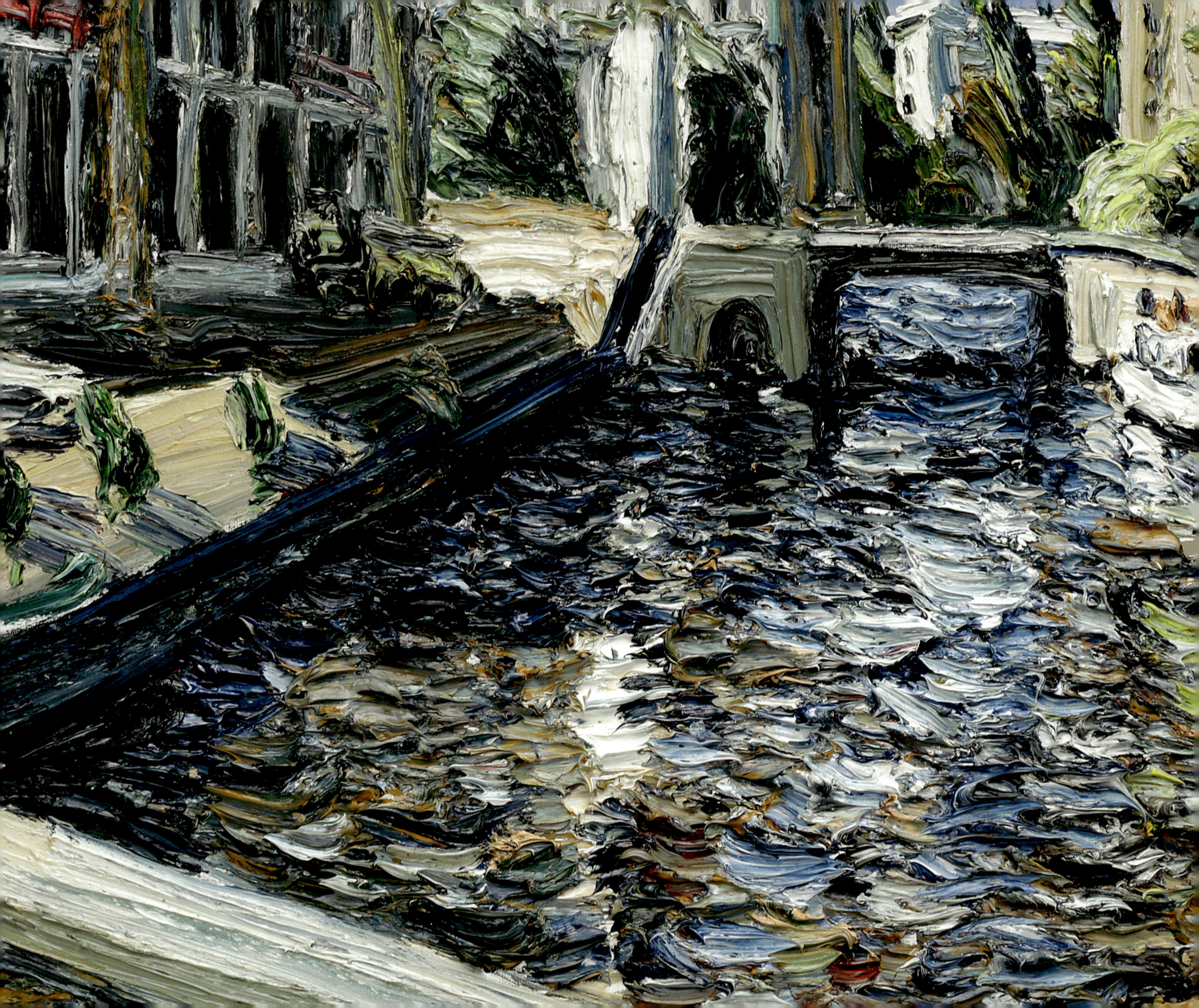

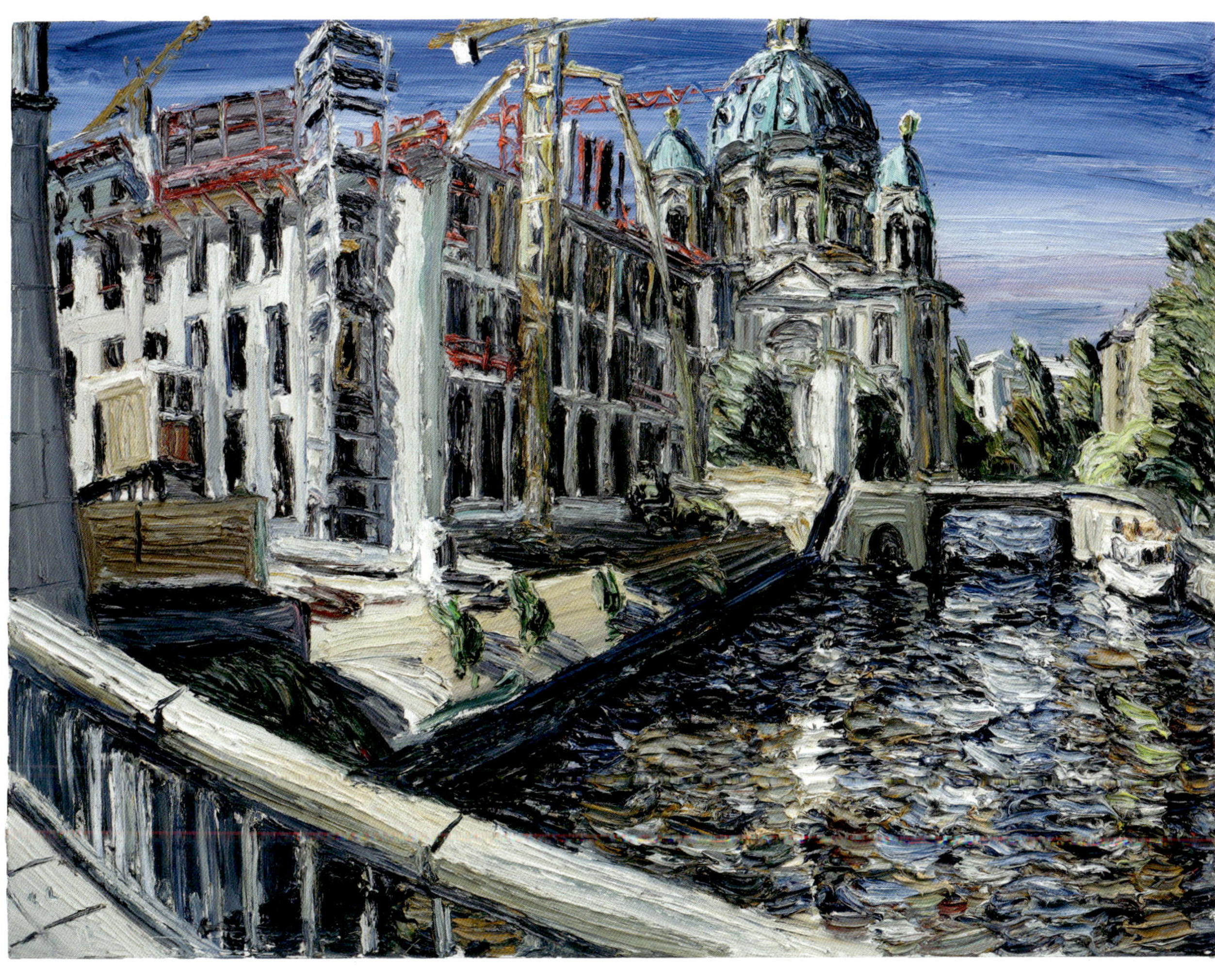

Schlossplatz im August 2014 und Detail / Schlossplatz in August 2014 and detail
Öl auf Leinwand / Oil on canvas, 180 x 240 cm

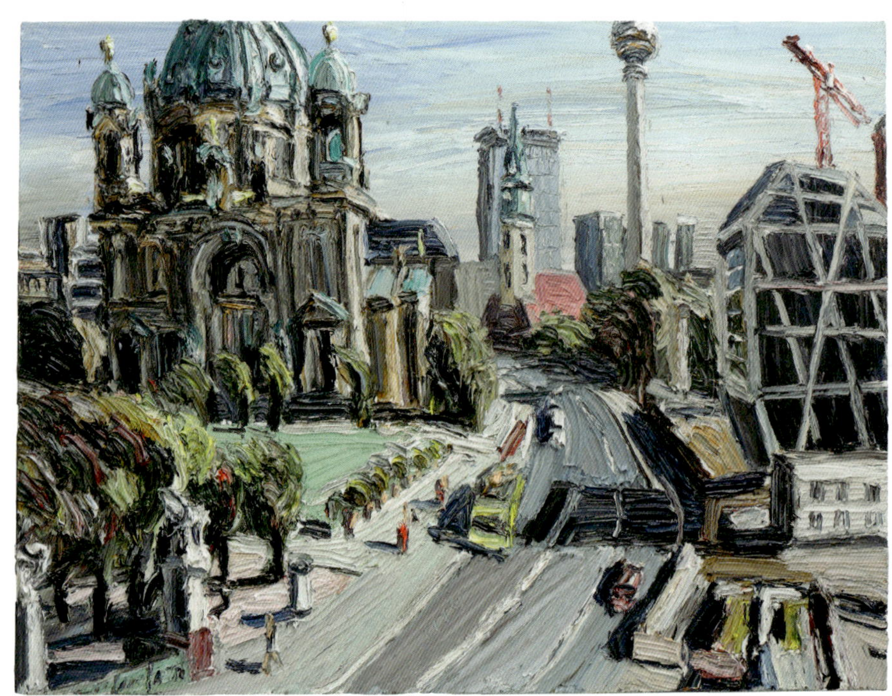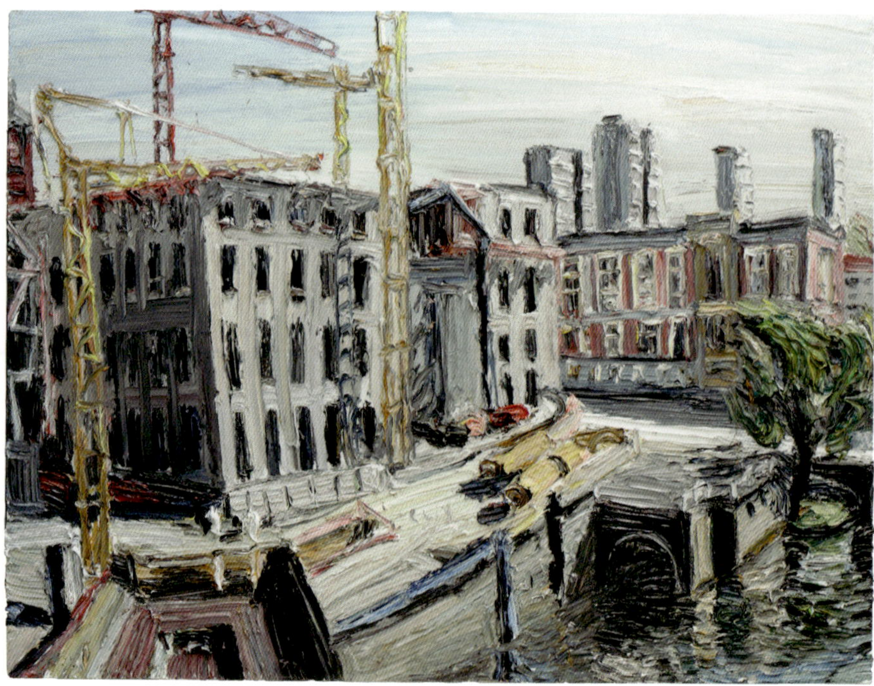

Schlossplatz im September 2014 / Schlossplatz in September 2014
Öl auf Leinwand / Oil on canvas, jeweils / each 180 x 240 cm
Sammlung Würth / Würth Collection

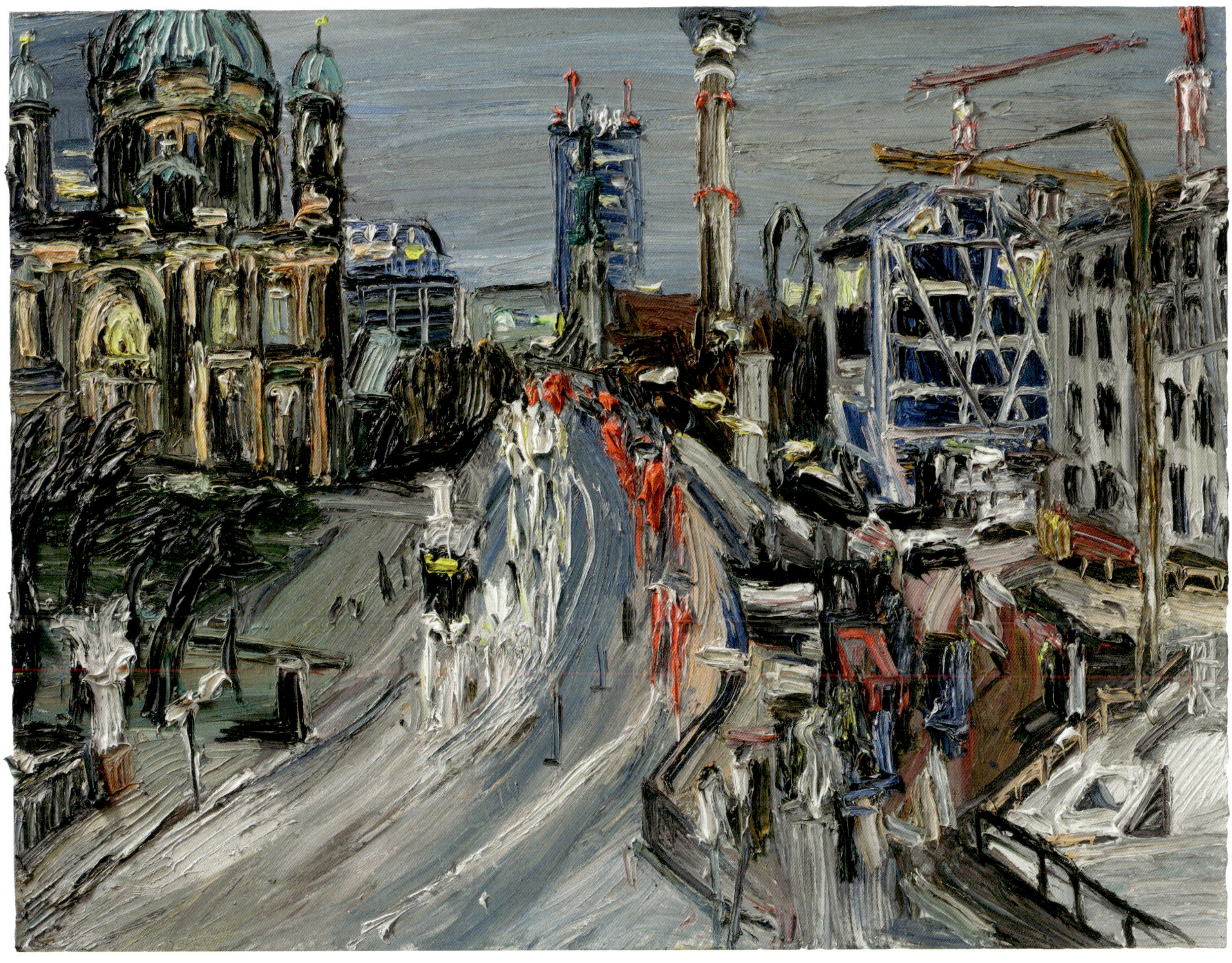

Berlin-Mitte bei Nacht, 2014 / Berlin-Mitte at Night, 2014
Öl auf Leinwand / Oil on canvas, 180 x 240 cm
Privatbesitz / Private collection

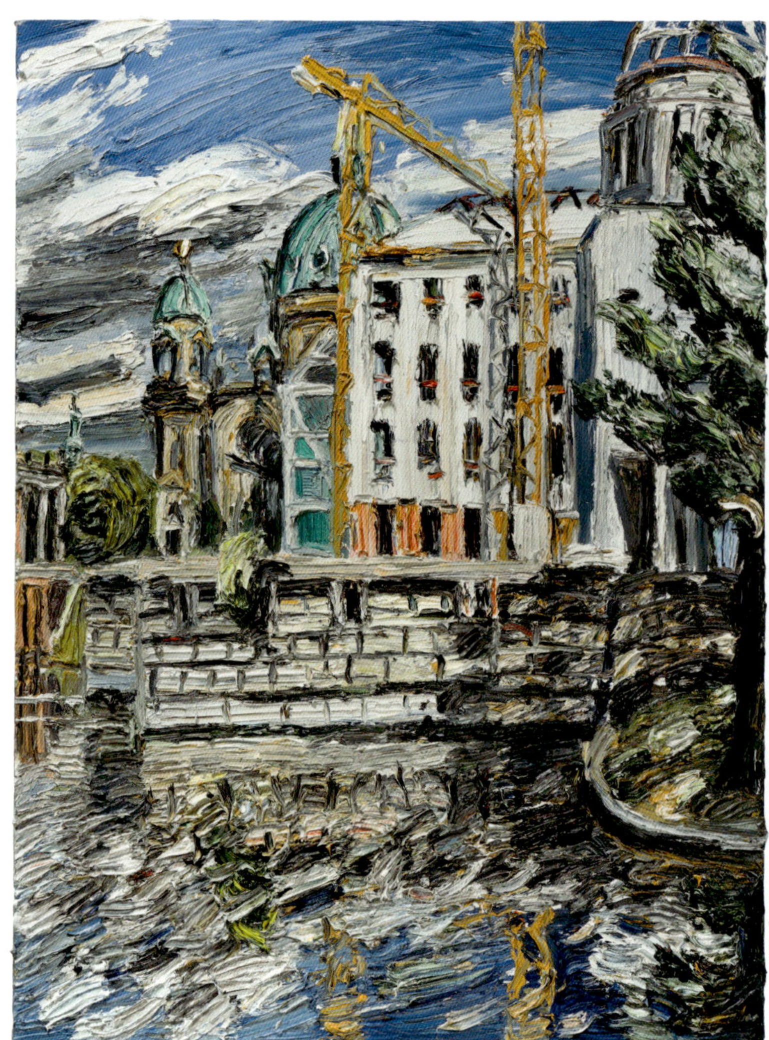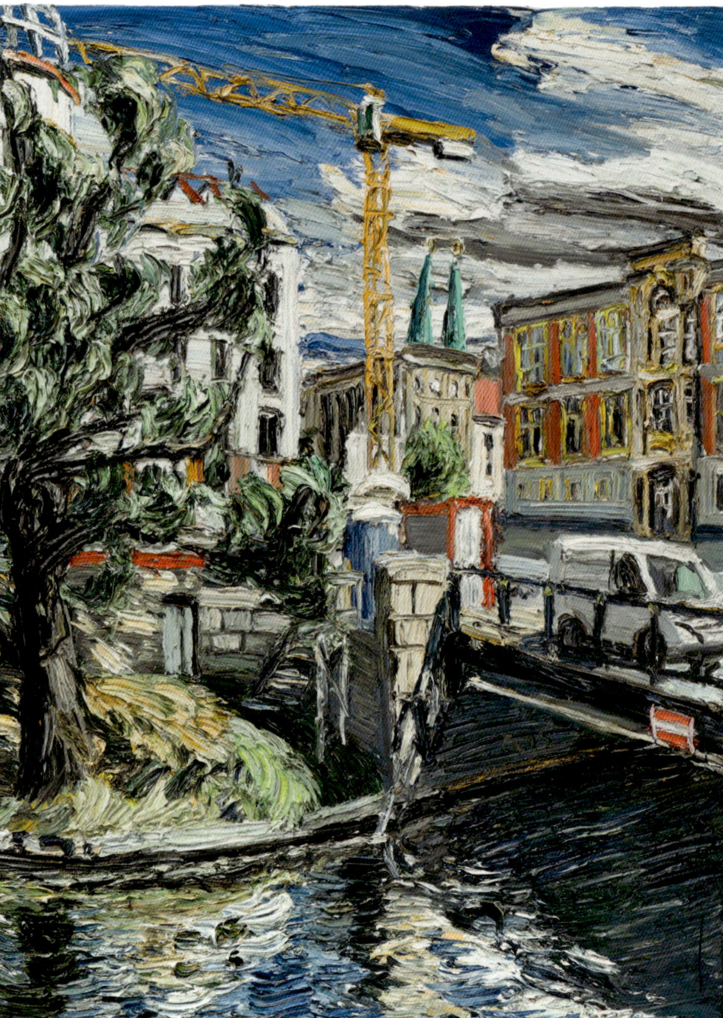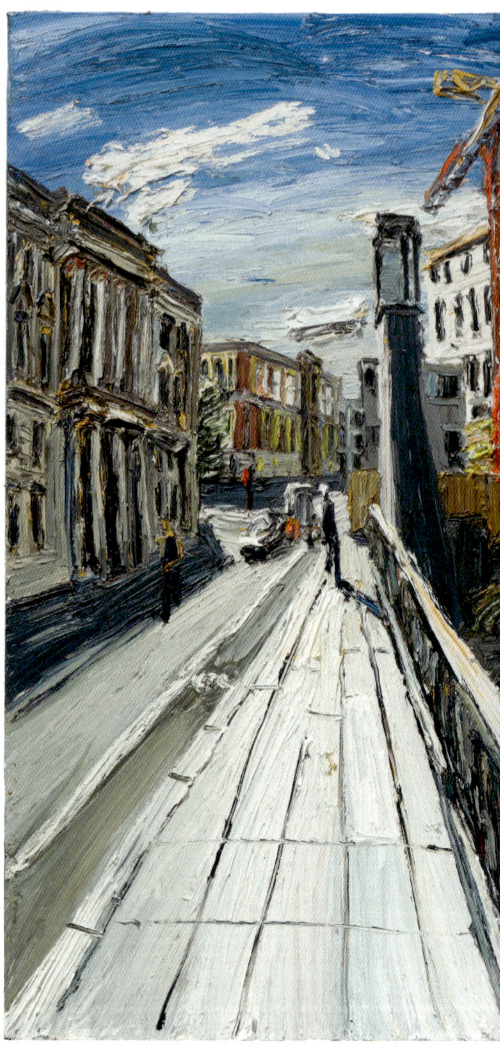

Schlossplatz-Panorama im September 2015 / Schlossplatz Panorama in September 2015

Öl auf Leinwand / Oil on canvas, jeweils / each 240 x 180 cm

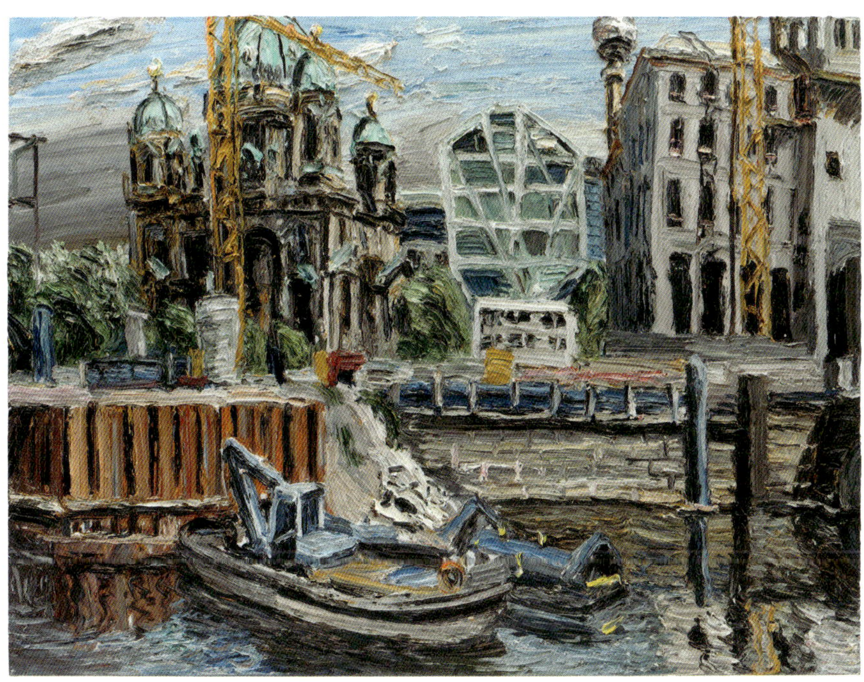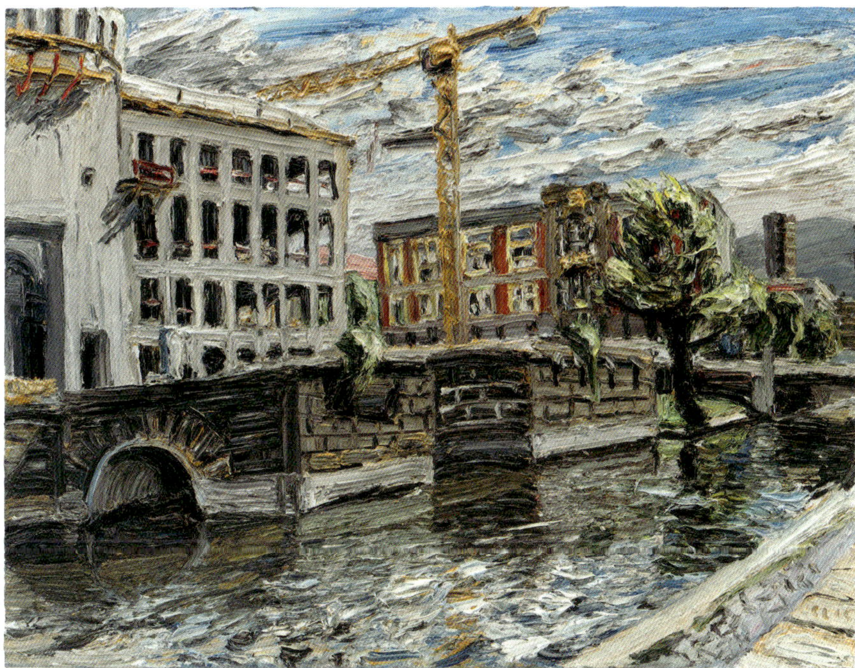

Schlossplatz im Mai 2015 / Schlossplatz in May 2015
Öl auf Leinwand / Oil on canvas, jeweils / each 180 x 240 cm

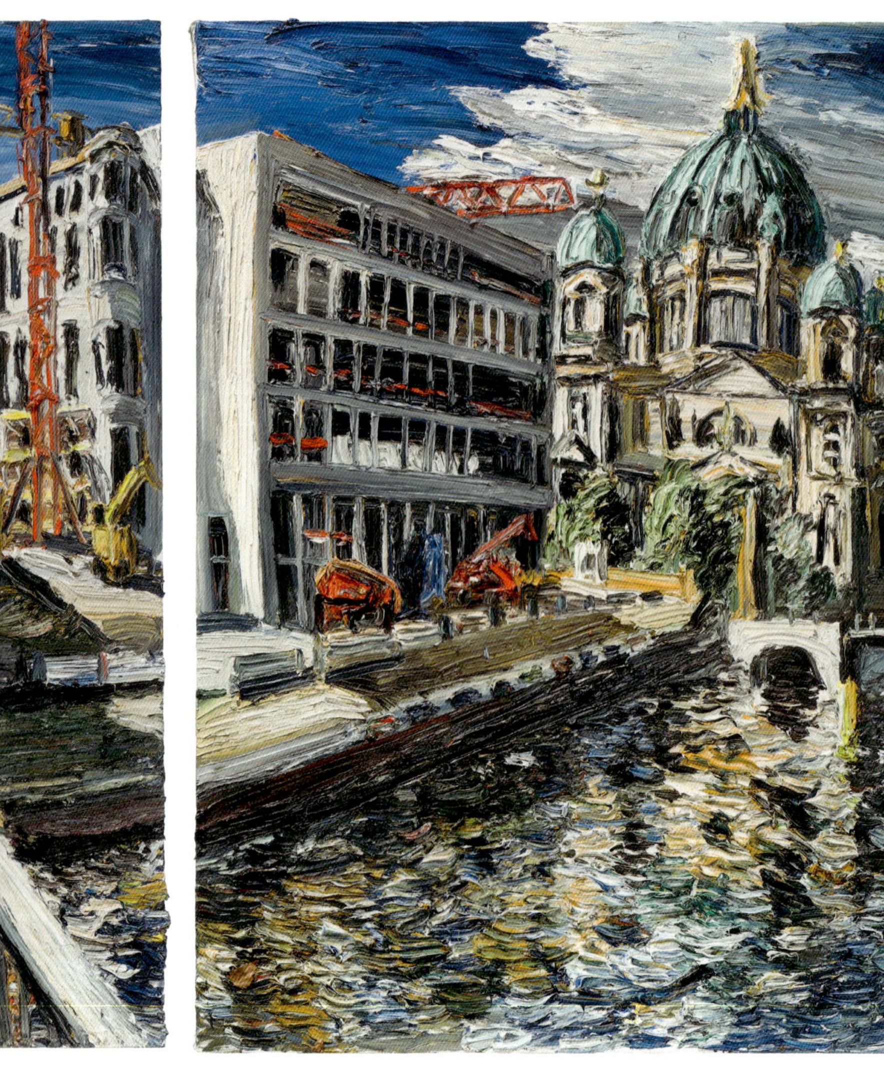
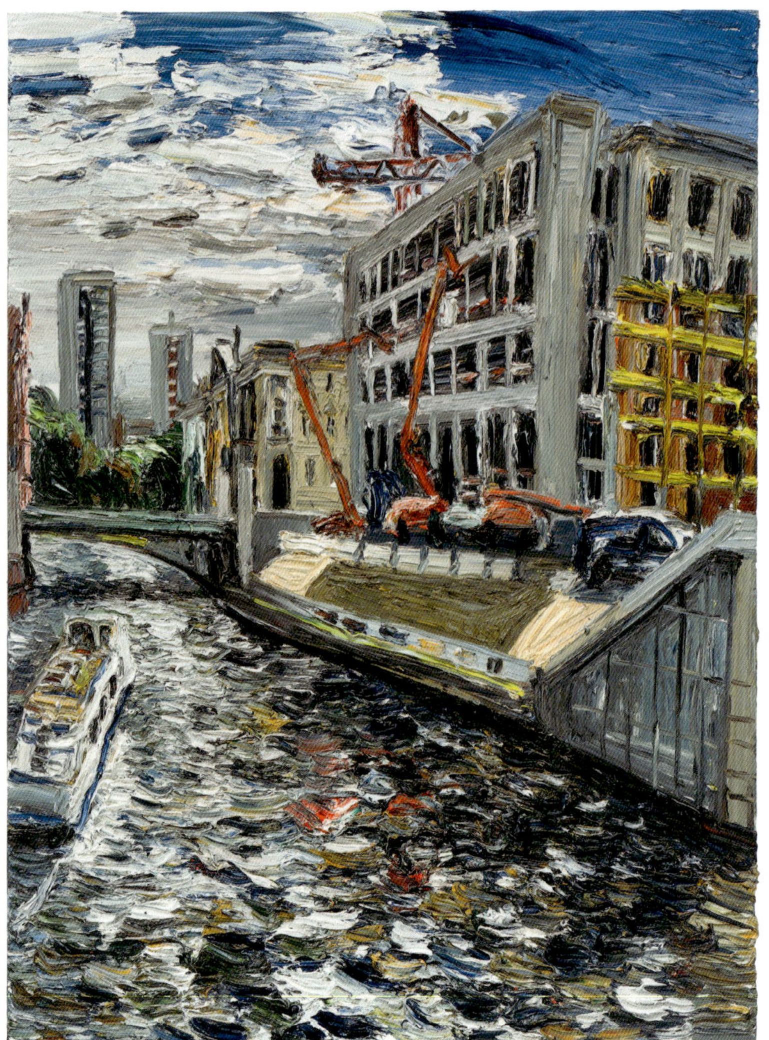
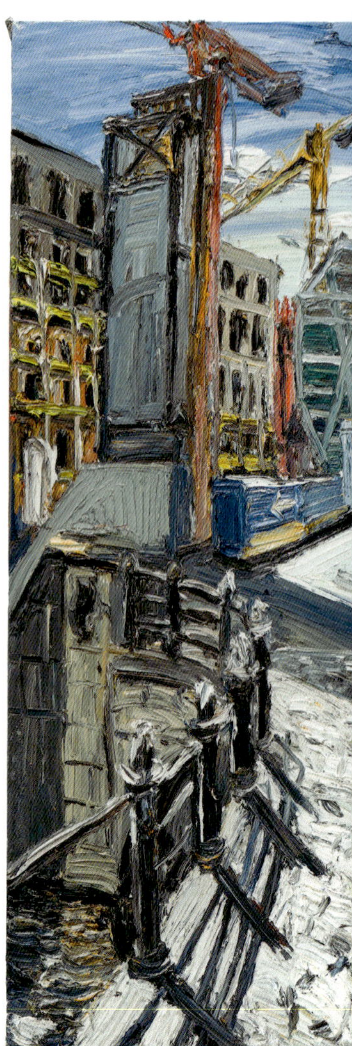

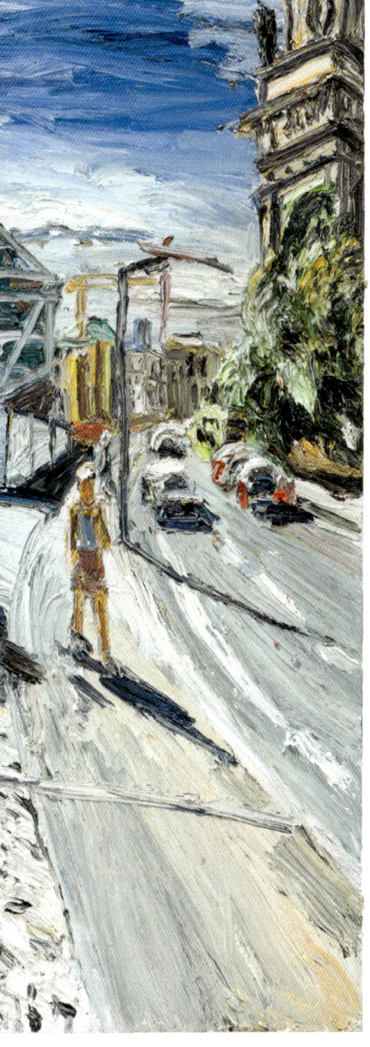
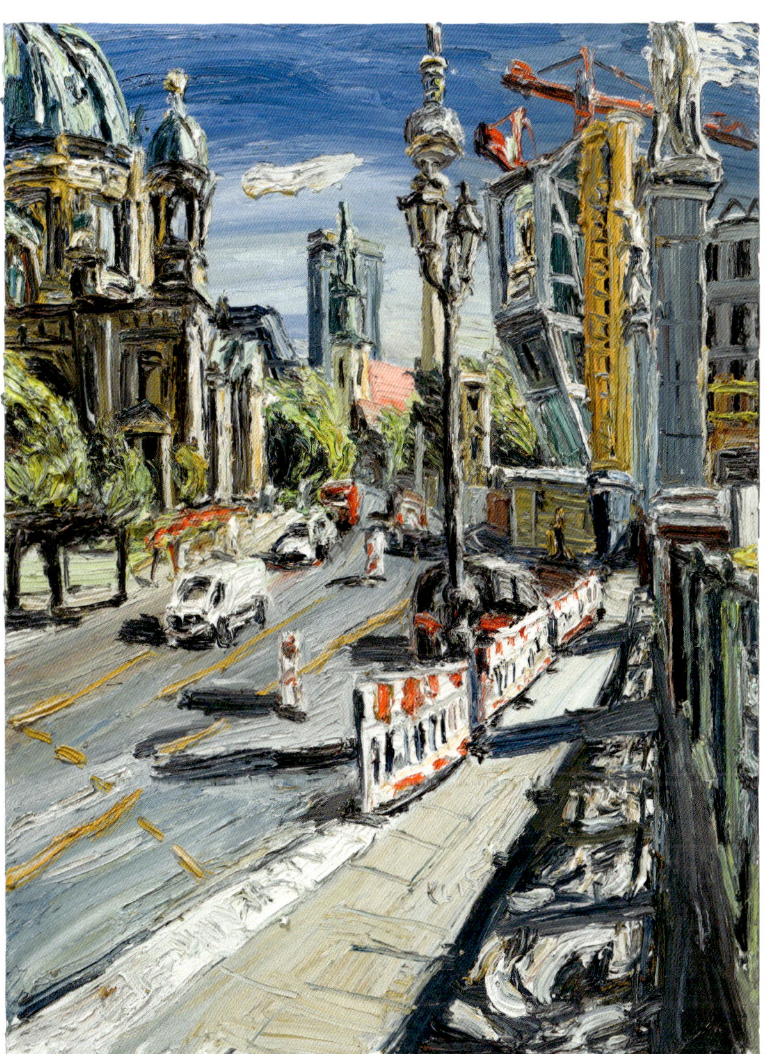
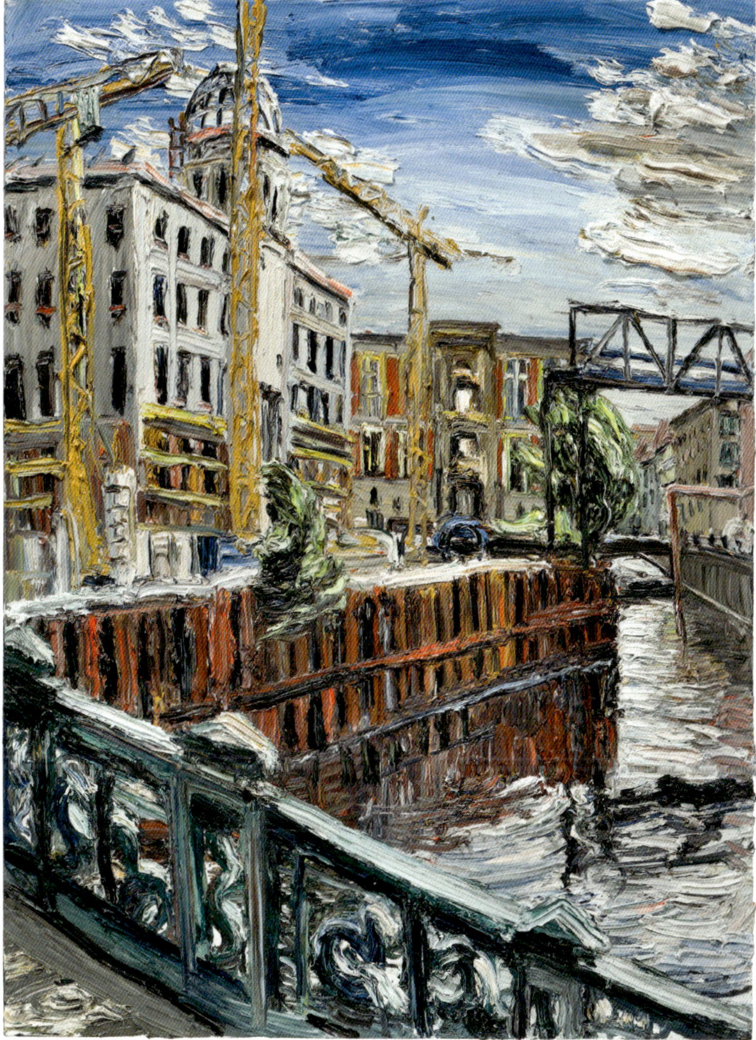

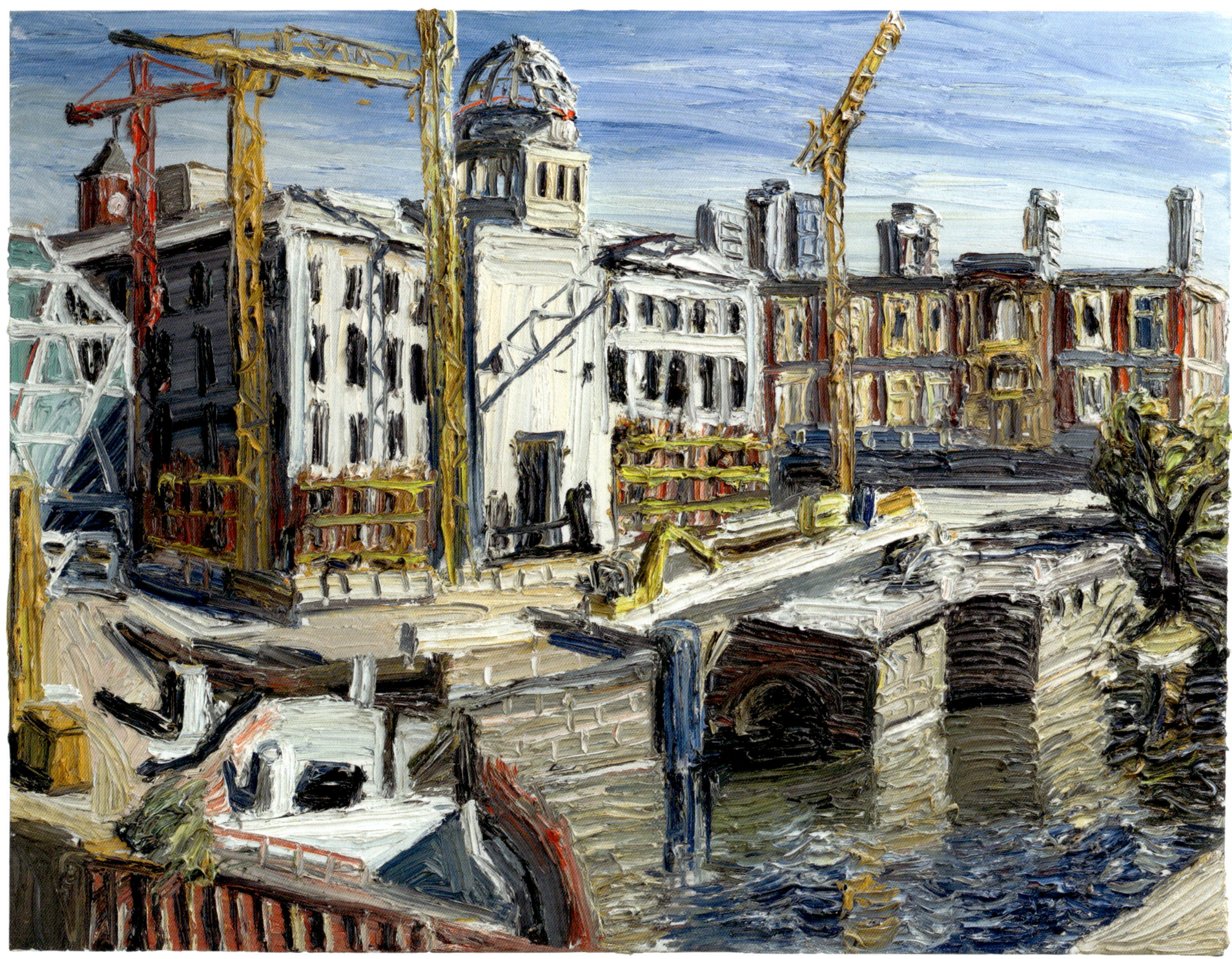

Schloss im Licht, Oktober 2015 / Palace in the Light, October 2015
Öl auf Leinwand / Oil on canvas, 180 x 240 cm
Privatbesitz / Private collection

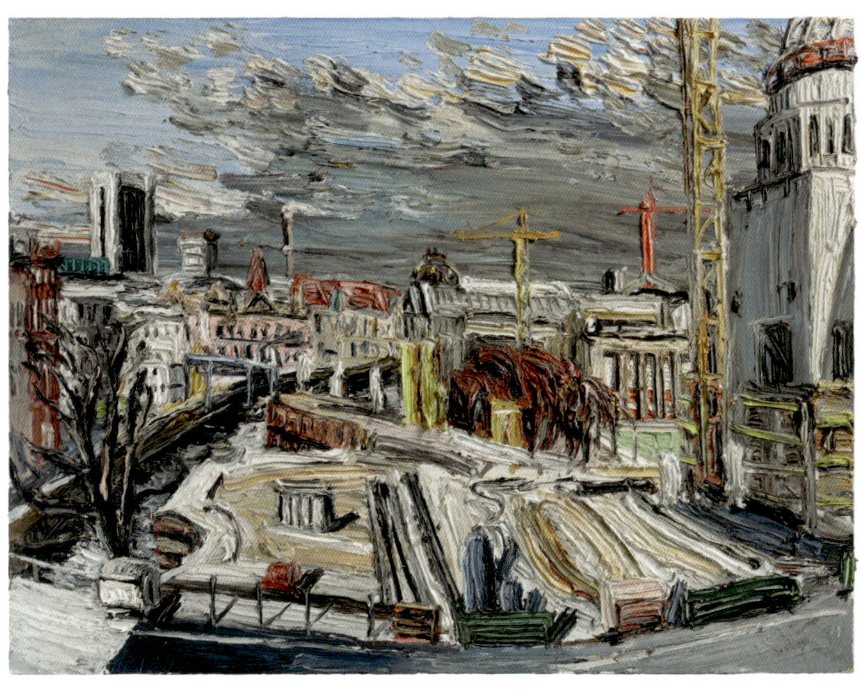
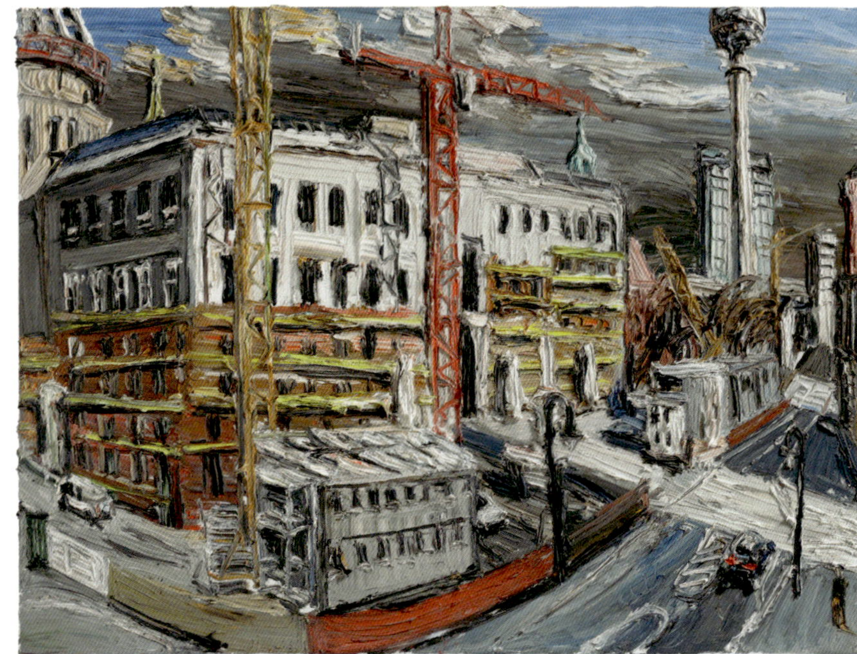

Sonniges Schloss im Februar 2016 / Sunny Palace in February 2016
Öl auf Leinwand / Oil on canvas, jeweils / each 180 x 480 cm
Sammlung Würth / Würth Collection

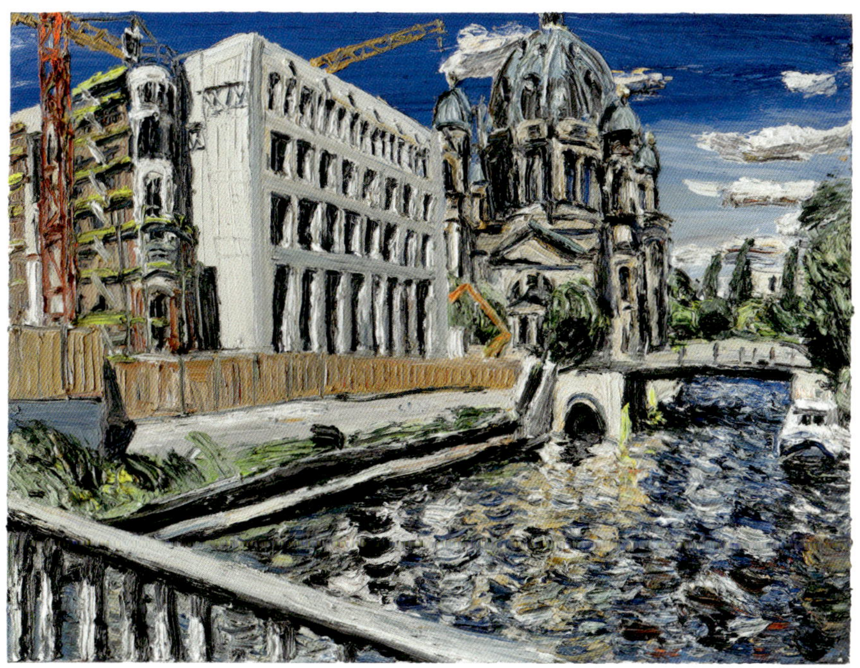

Sommerlicher Schlossplatz im Juni 2016 / Summery Schlossplatz in June 2016
Öl auf Leinwand / Oil on canvas, 180 x 240 cm
Privatbesitz / Private collection

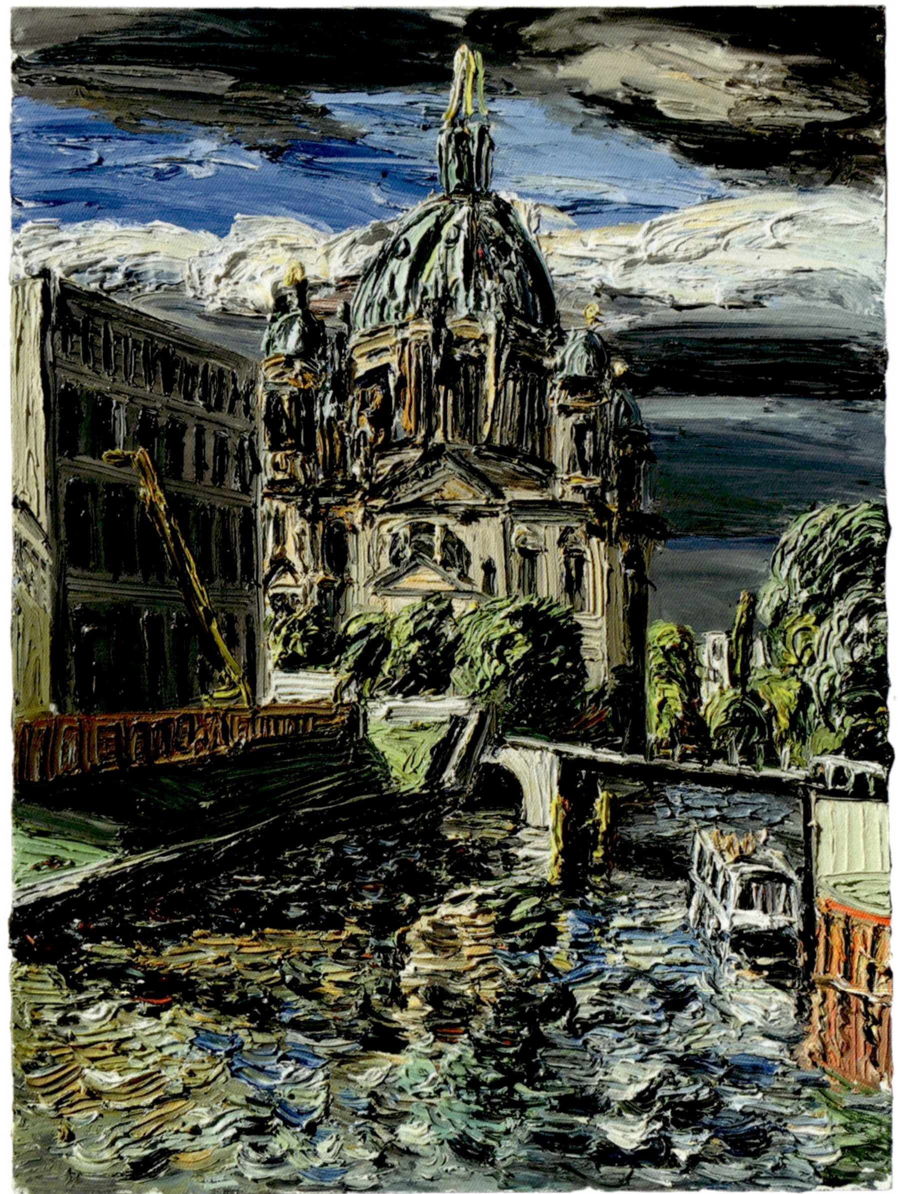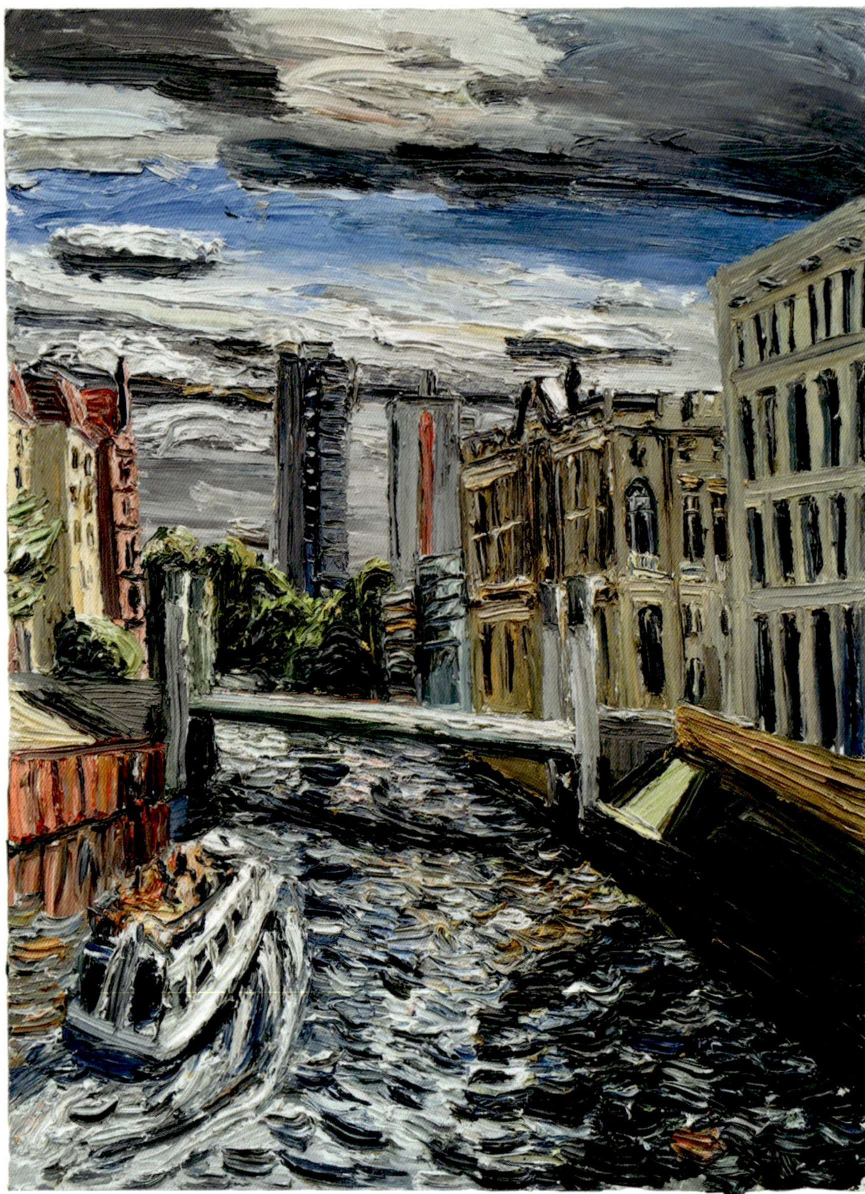

Schlossplatz-Duett im August 2016 / Schlossplatz Duet in August 2016

Öl auf Leinwand / Oil on canvas, 240 x 360 cm

Privatbesitz / Private collection

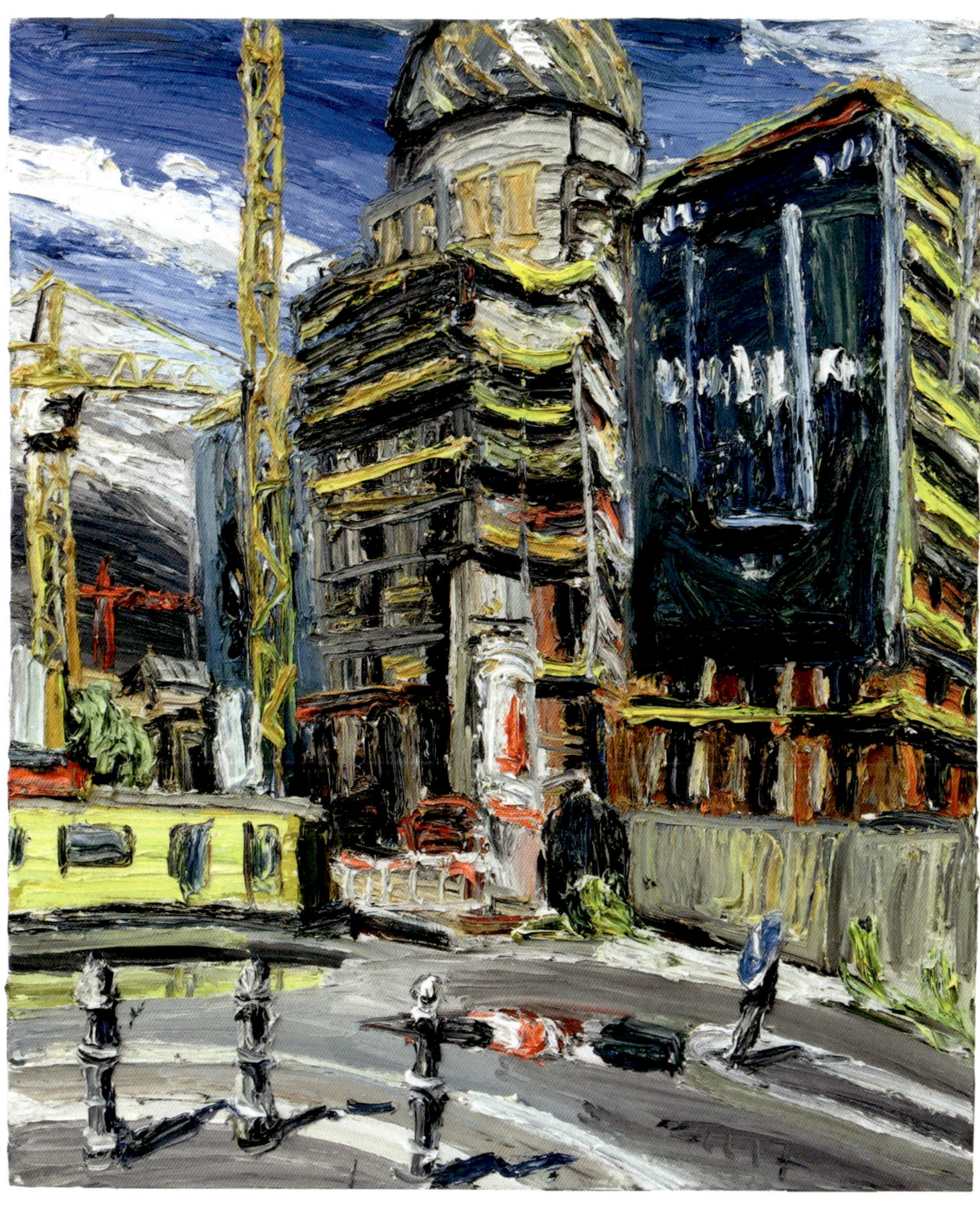

Kuppel im Licht, 2017 / Dome in the Light, 2017
Öl auf Leinwand / Oil on canvas, 190 x 150 cm
Privatbesitz / Private collection

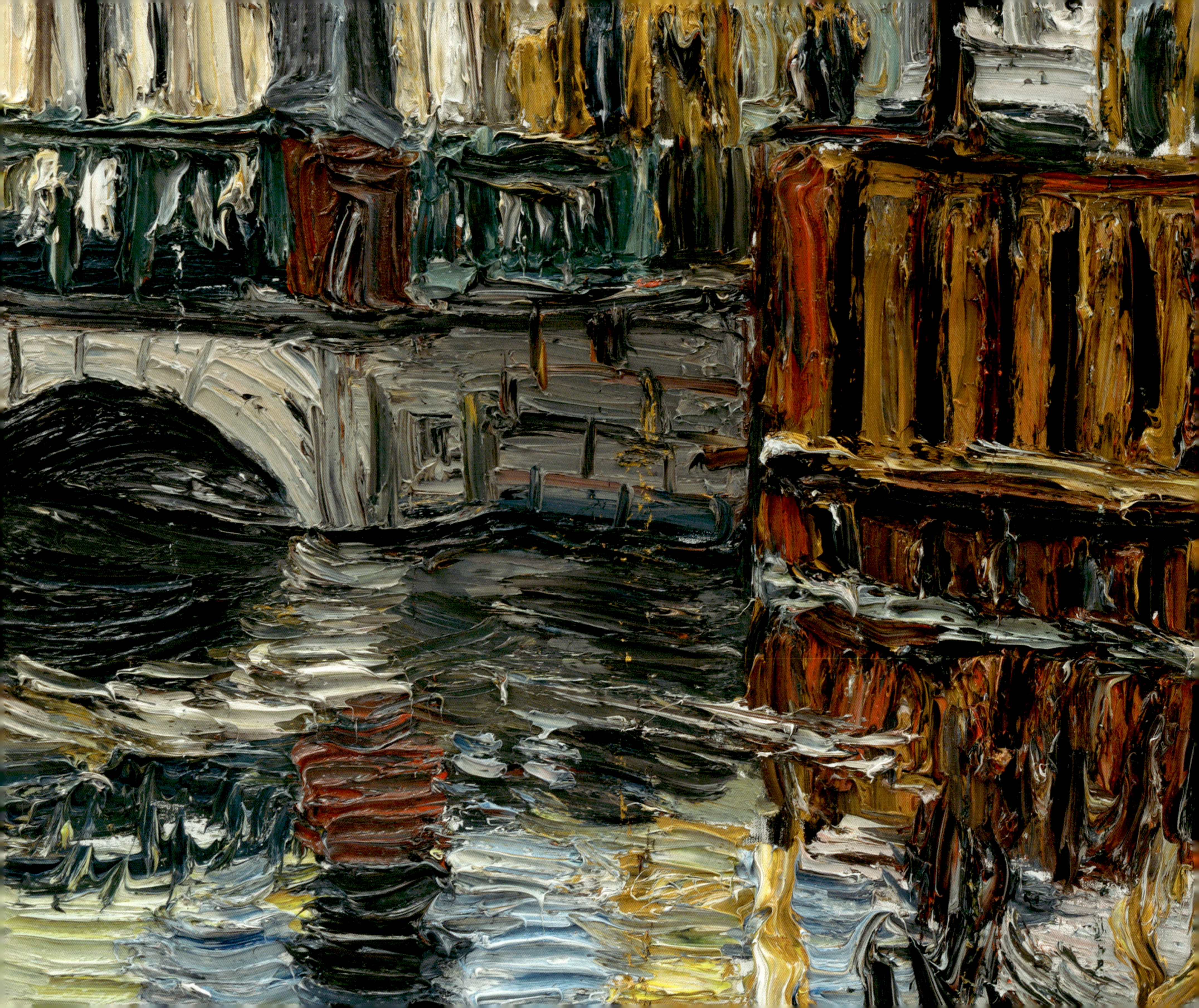

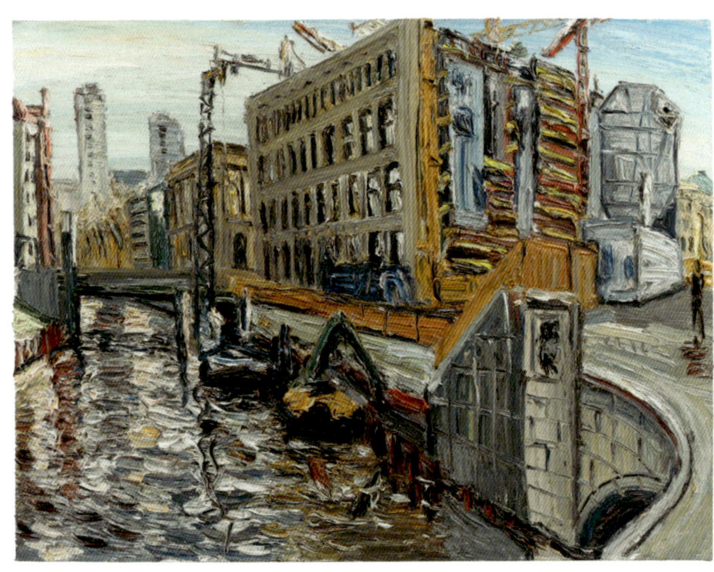
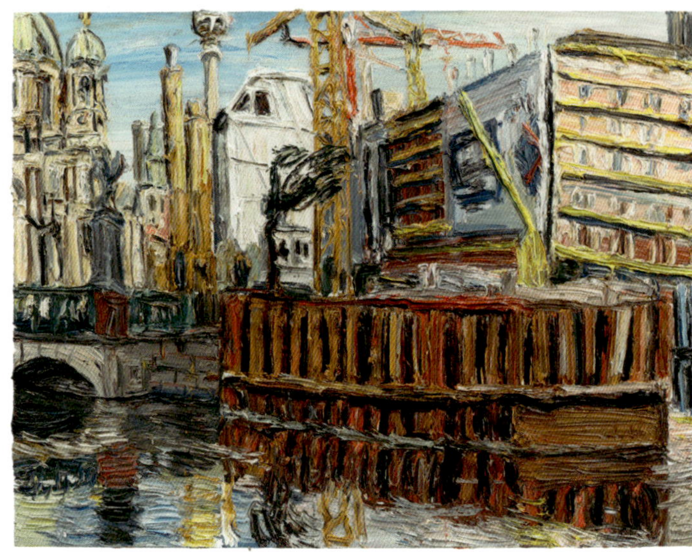
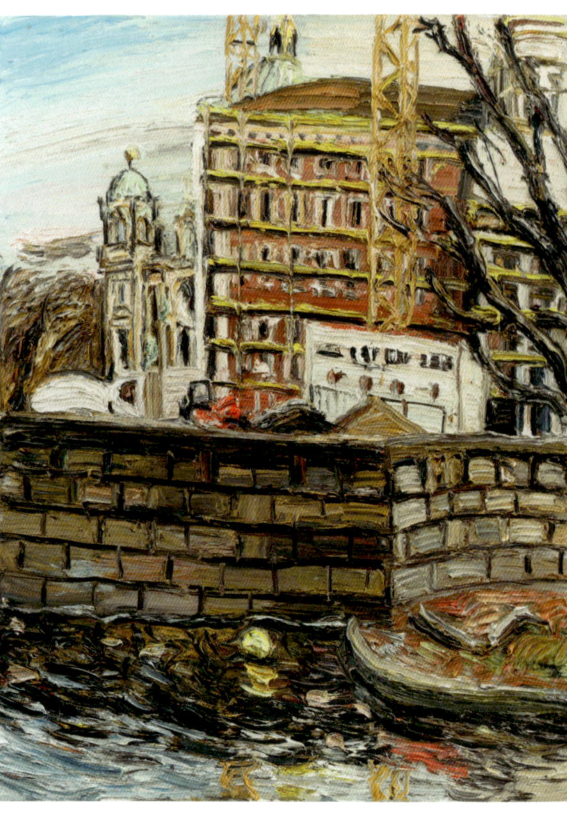

Schlossplatz-Panorama im Dezember 2016 / Schlossplatz Panorama in December 2016
Öl auf Leinwand / Oil on canvas, jeweils / each 180 x 240 cm

Seiten 124/125: Detail / pp. 124/125: detail

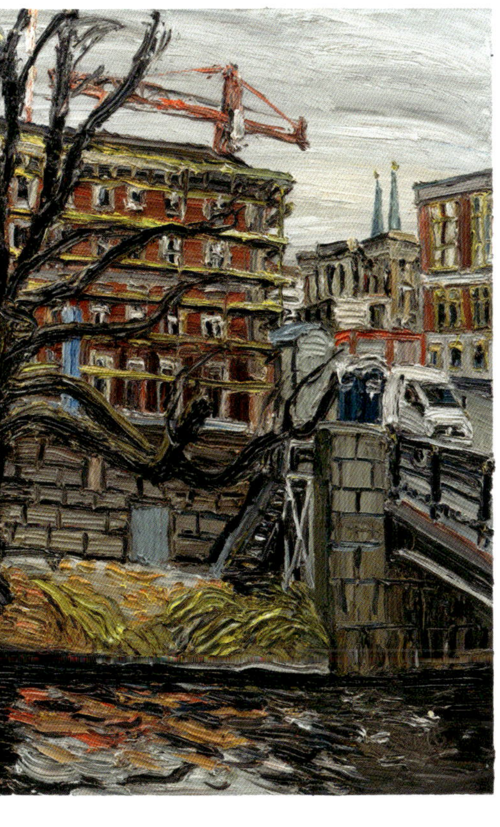 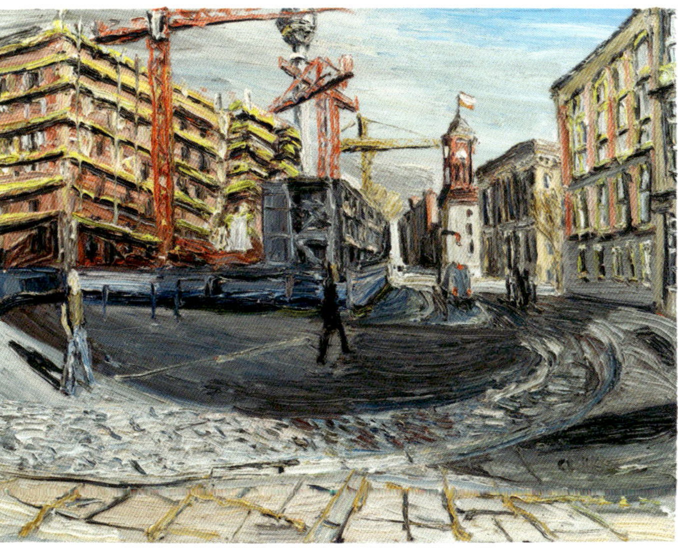 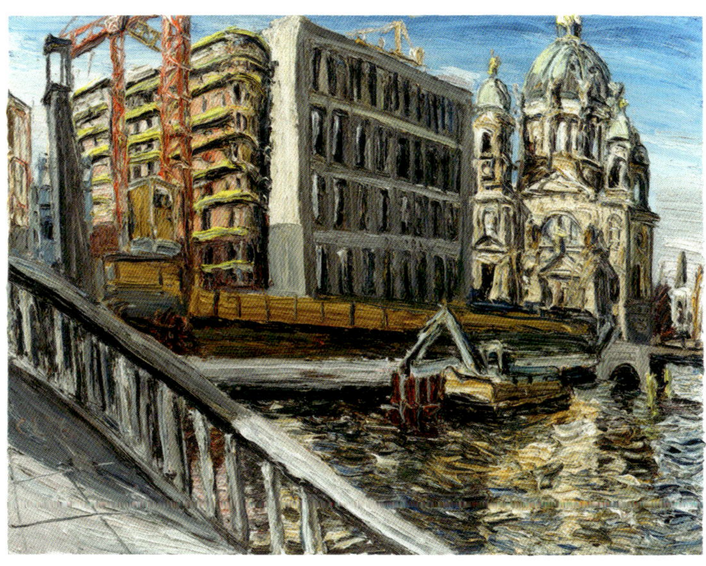

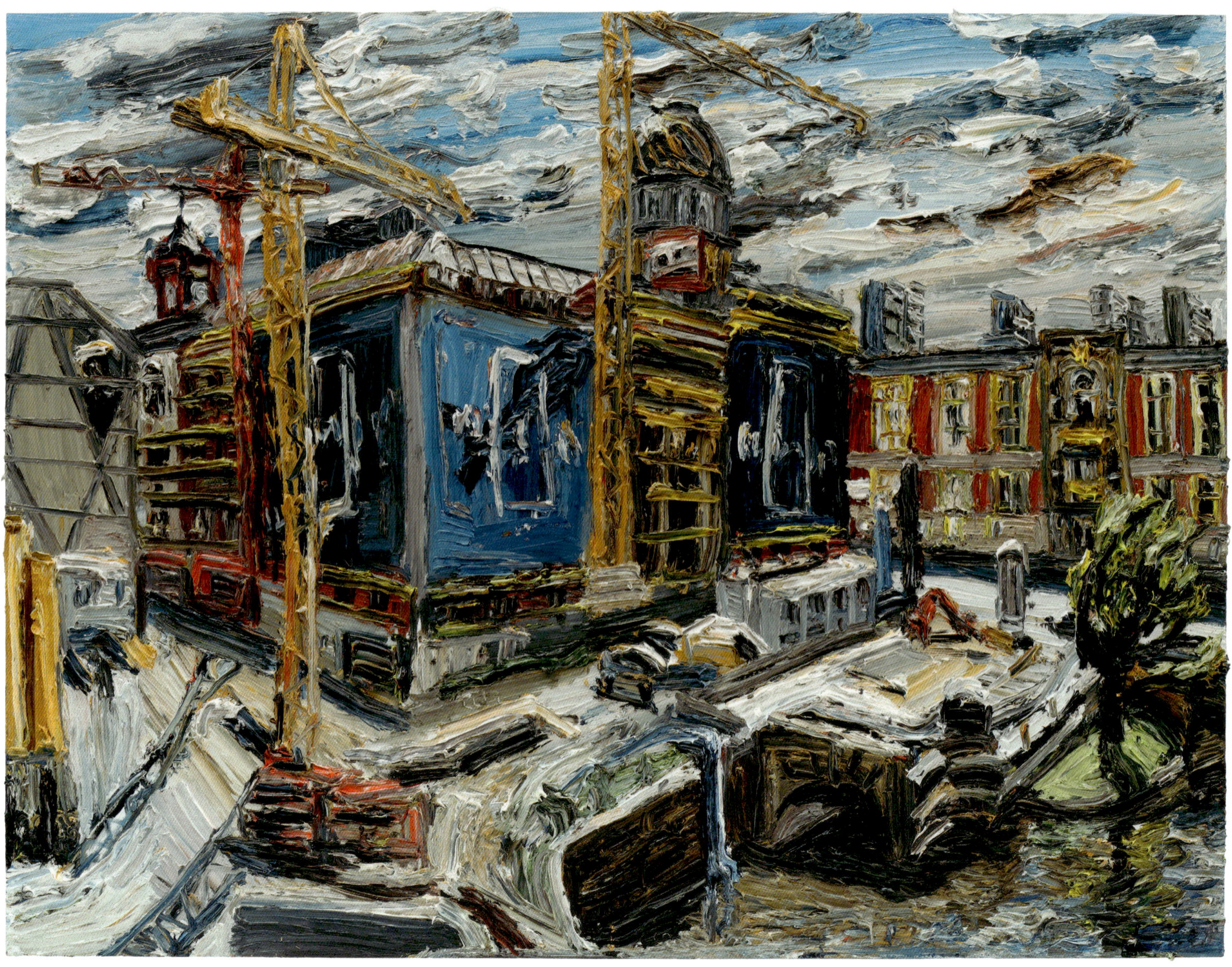

Schlossplatz im Juni 2017 / Schlossplatz in June 2017
Öl auf Leinwand / Oil on canvas, 180 x 240 cm
Sammlung Kunsthalle Emden / Collection of Kunsthalle Emden

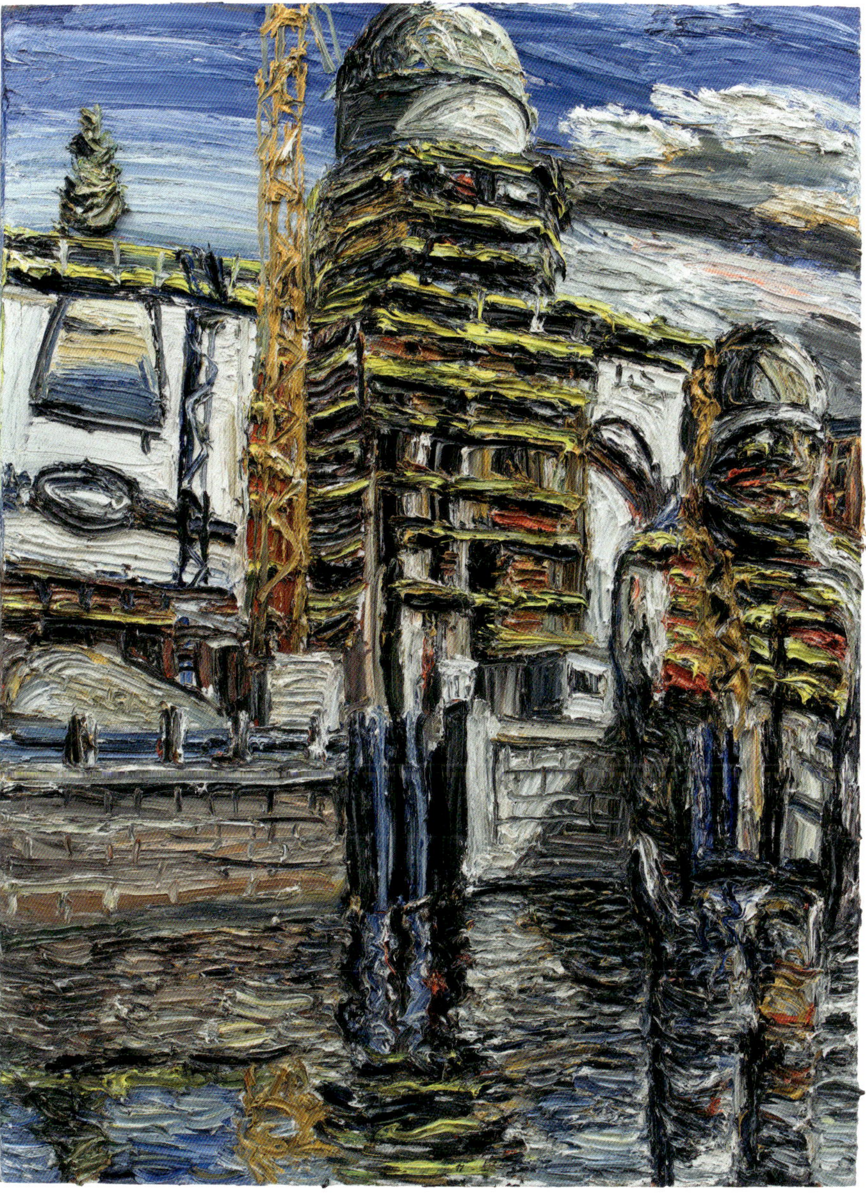

Schloss-Double, Dezember 2017 / Palace Double, December 2017
Öl auf Leinwand / Oil on canvas, 240 x 180 cm

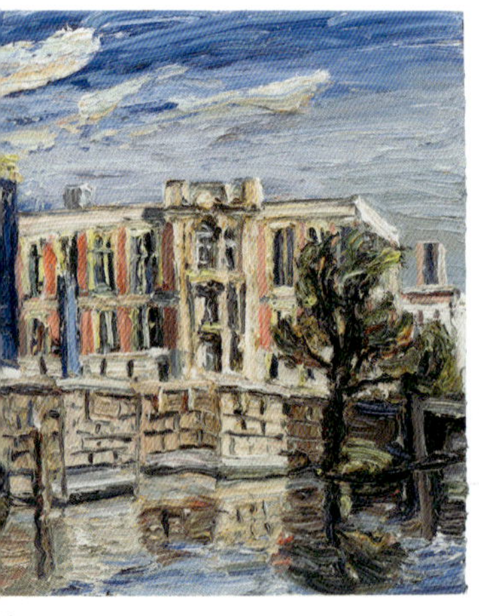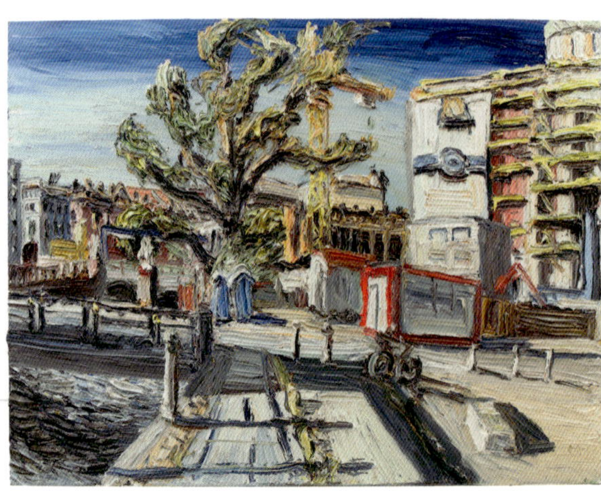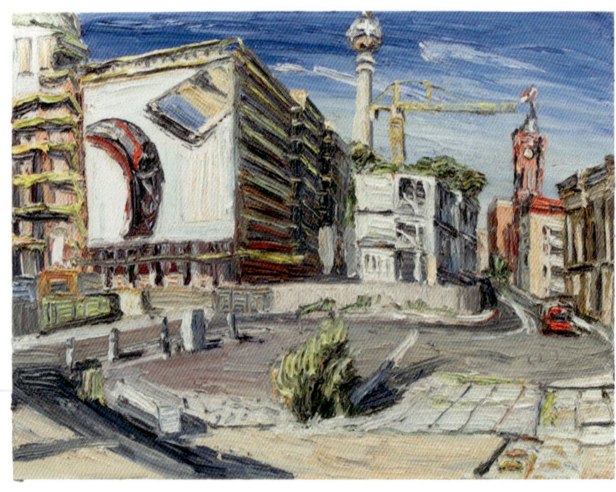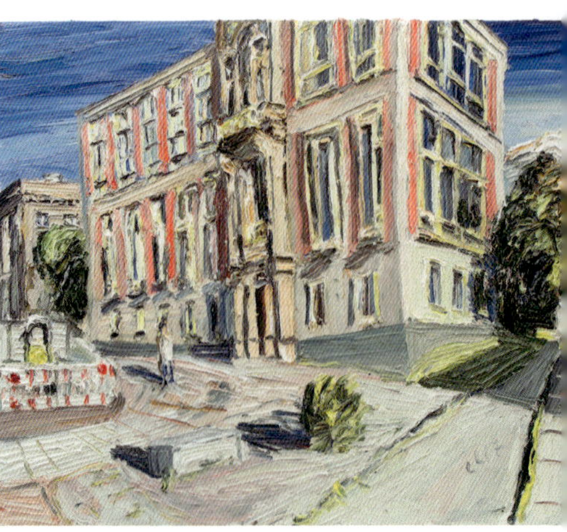

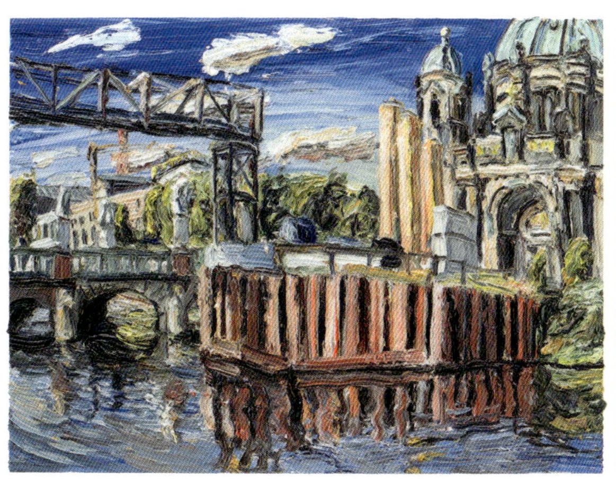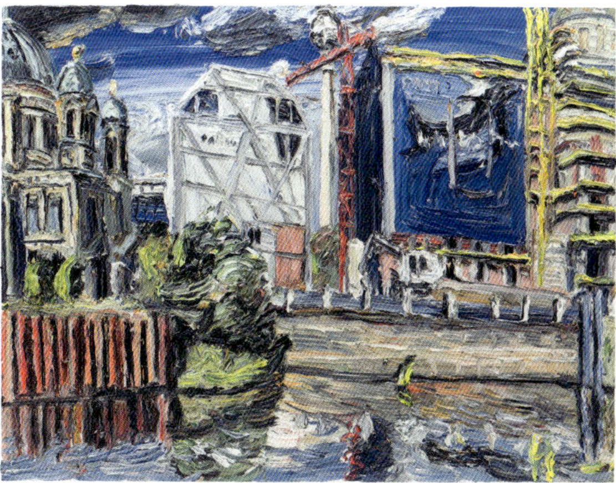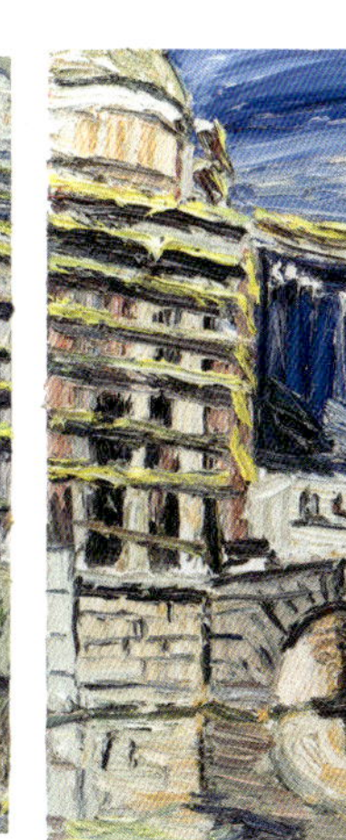

Schlossplatz-Panorama, 2017–18 / Schlossplatz Panorama, 2017–18
Öl auf Leinwand / Oil on canvas, **jeweils** / each 180 x 240 cm

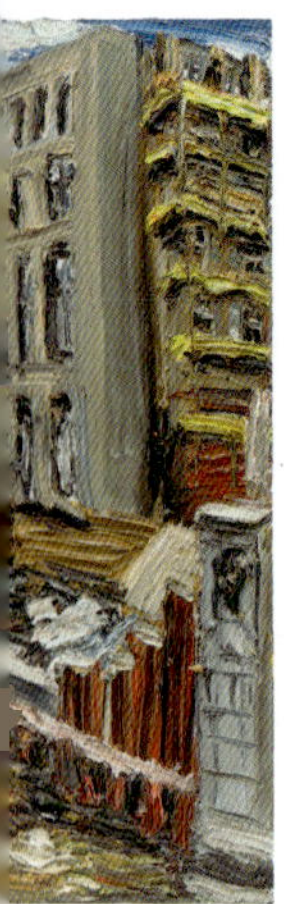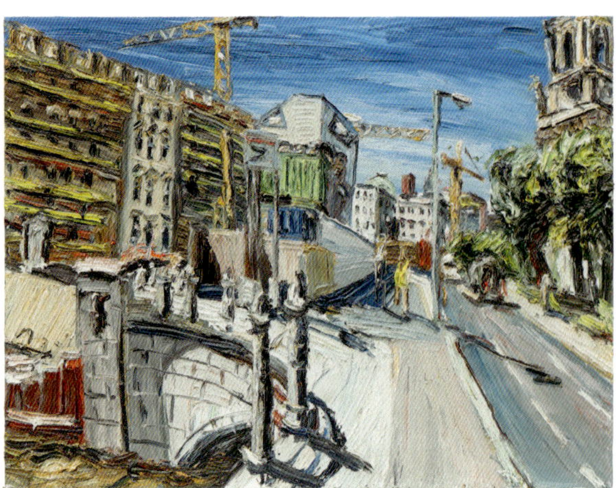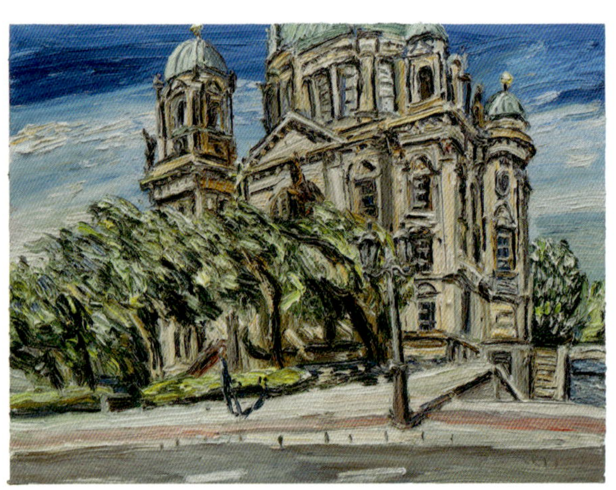

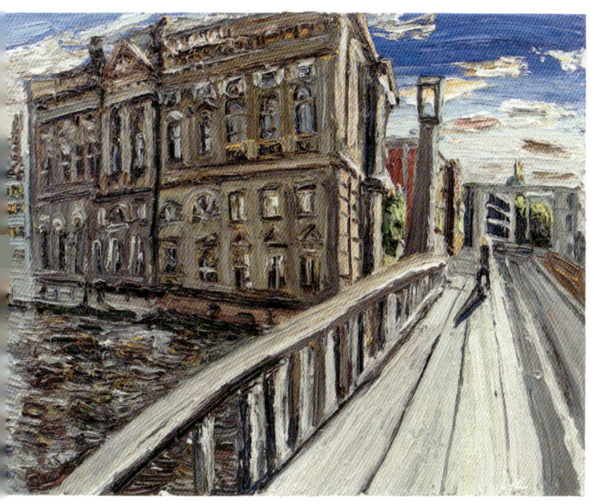 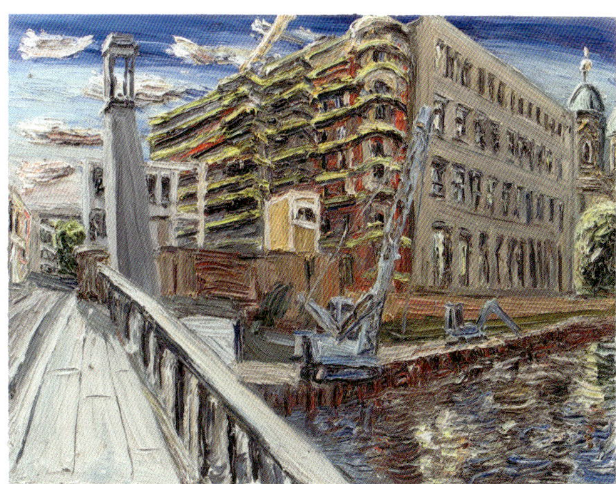 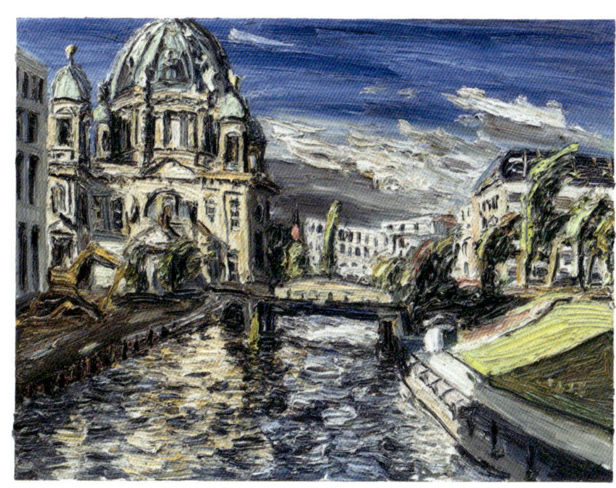 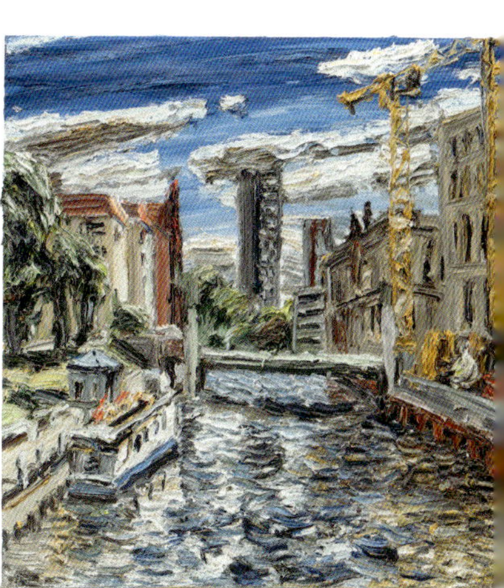

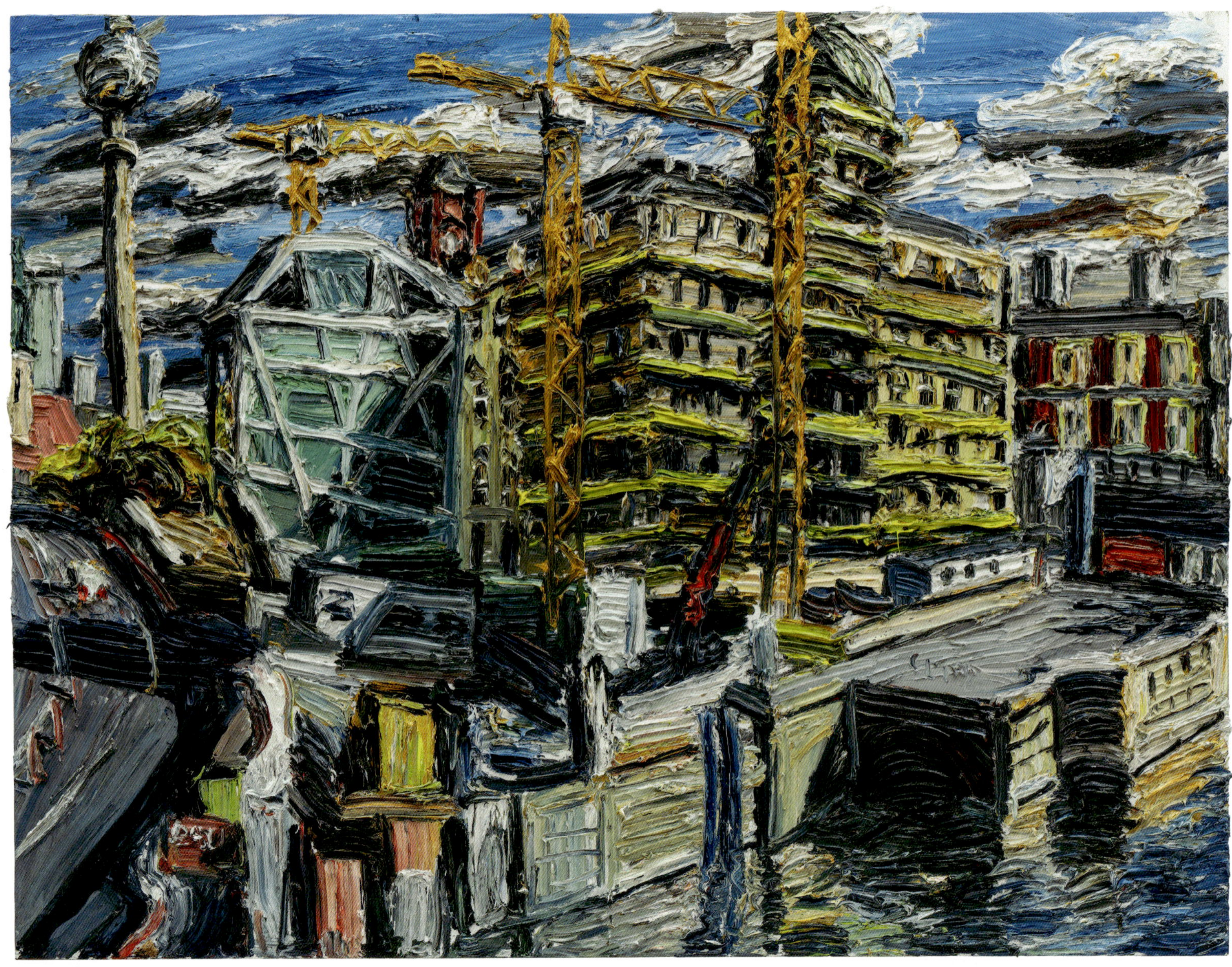

Herbstliches Schloss, Oktober 2018 und Detail / Palace in the Fall, October 2018 and detail
Öl auf Leinwand / Oil on canvas, 180 x 240 cm
Privatbesitz / Private collection

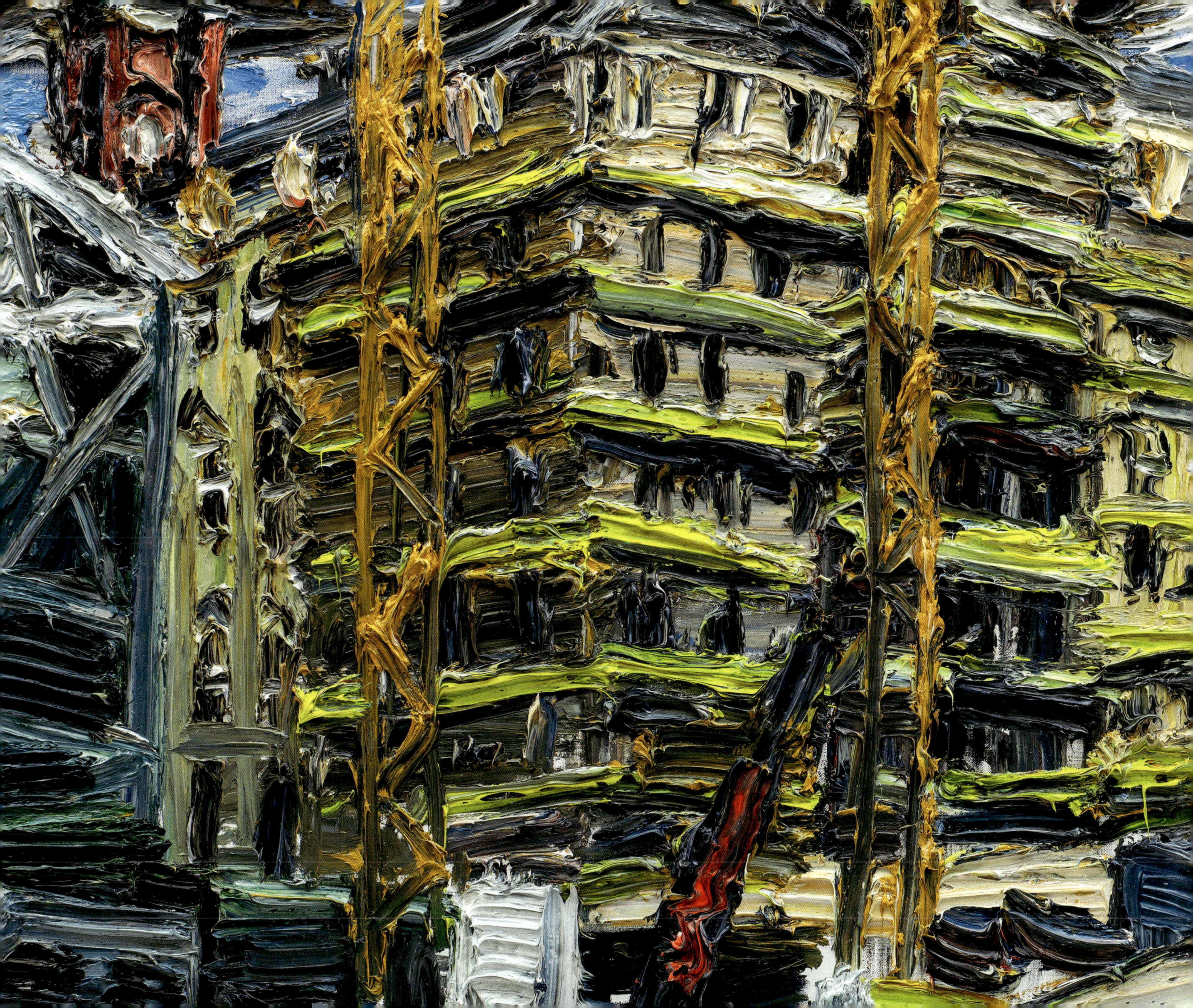

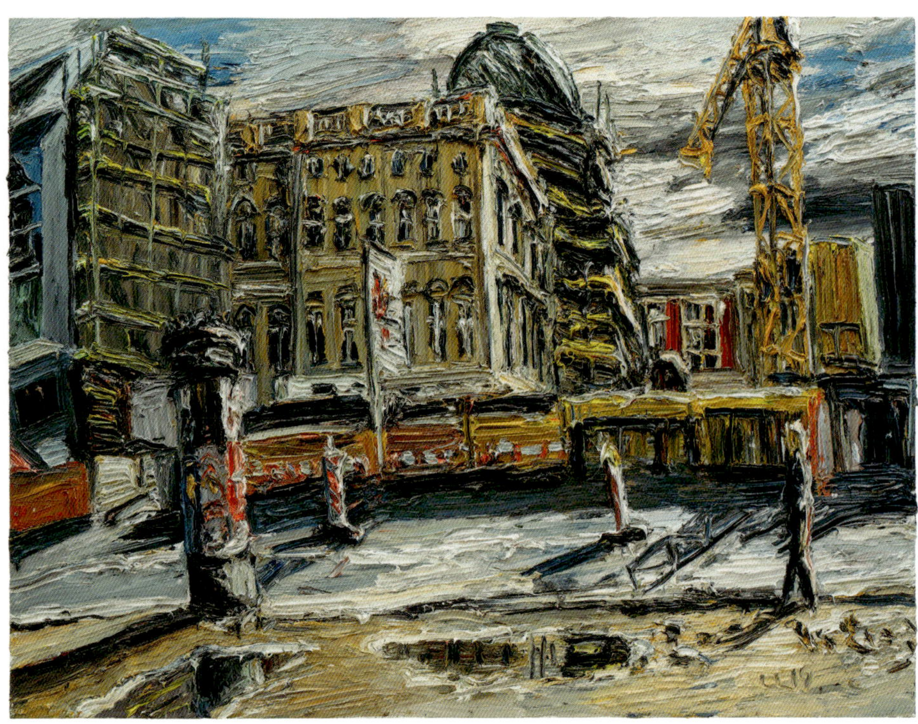

Humboldt-Box vor dem Abriss, 10. Januar 2019 / Humboldt Box Before Demolition, 10 January 2019
Öl auf Leinwand / Oil on canvas, 180 x 240 cm

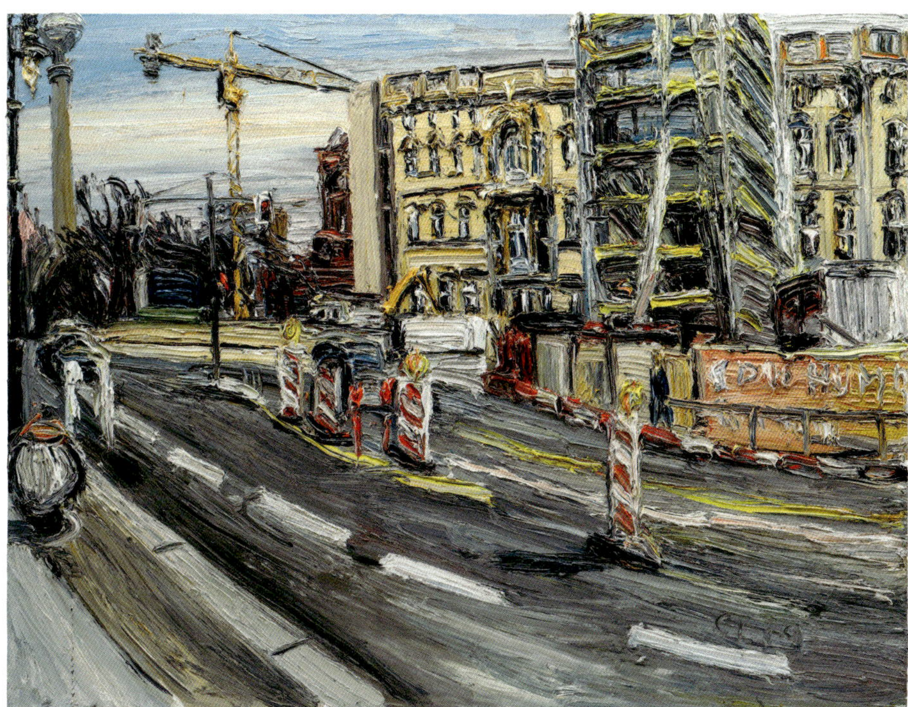

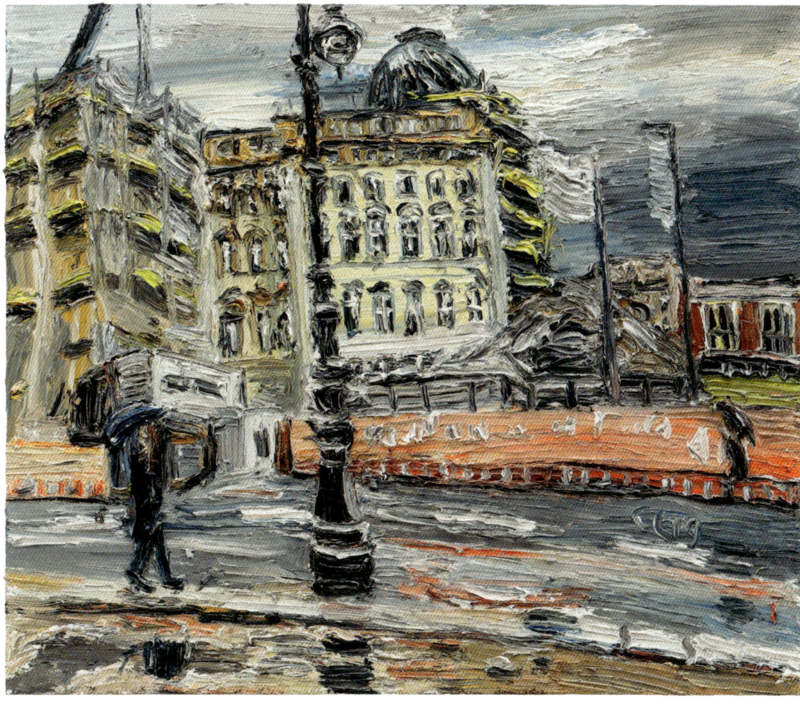

Humboldt-Box beim Abriss, Januar 2019 /
Humboldt Box During Demolition, January 2019
Öl auf Leinwand / Oil on canvas, 180 x 240 cm

Abriss der Humboldt-Box, 11. März 2019 /
Demolition of the Humboldt Box, 11 March 2019
Öl auf Leinwand / Oil on canvas, 150 x 180 cm

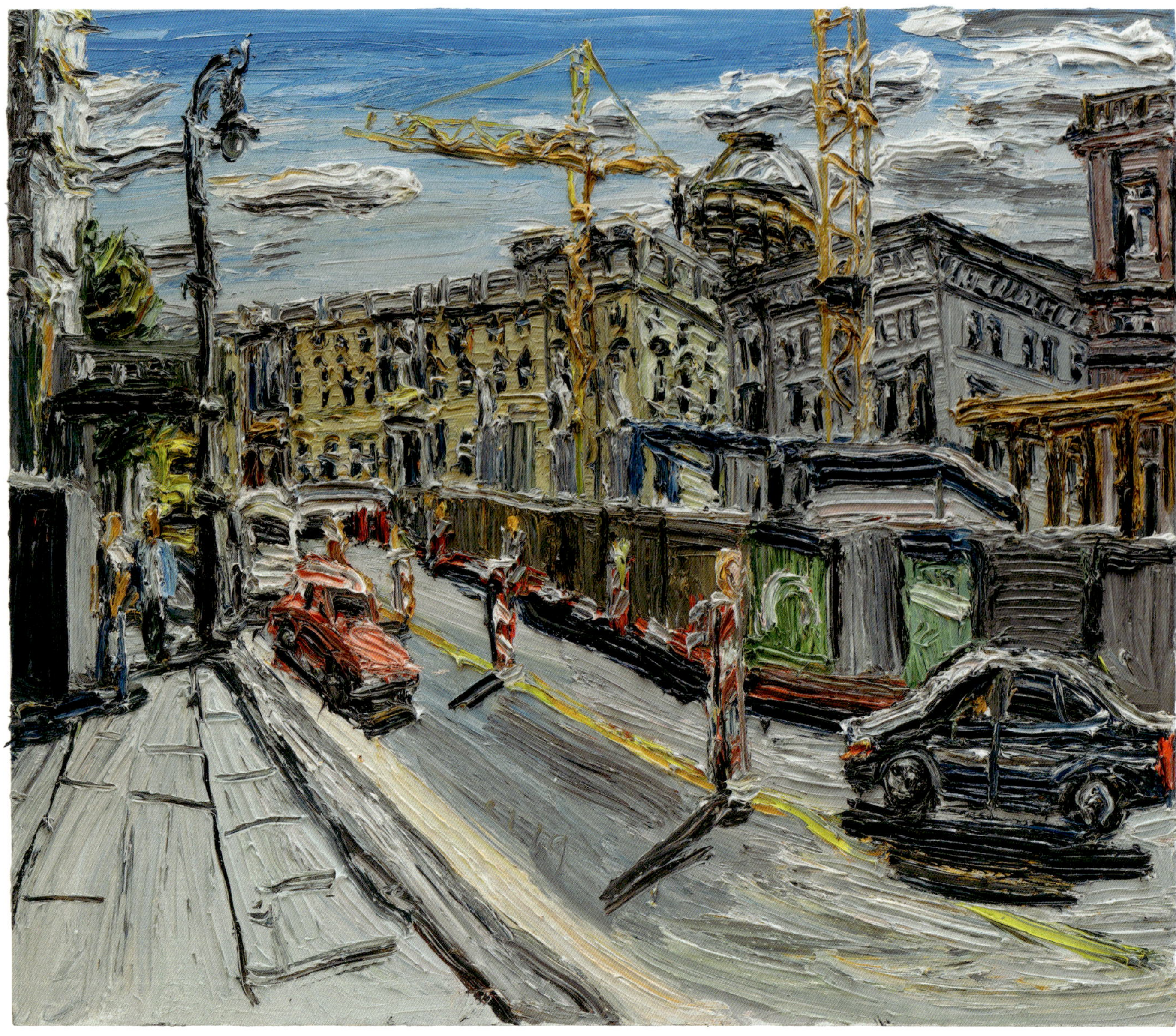

Unter den Linden, Mai 2019 / Unter den Linden, May 2019

Öl auf Leinwand / Oil on canvas, 160 x 190 cm

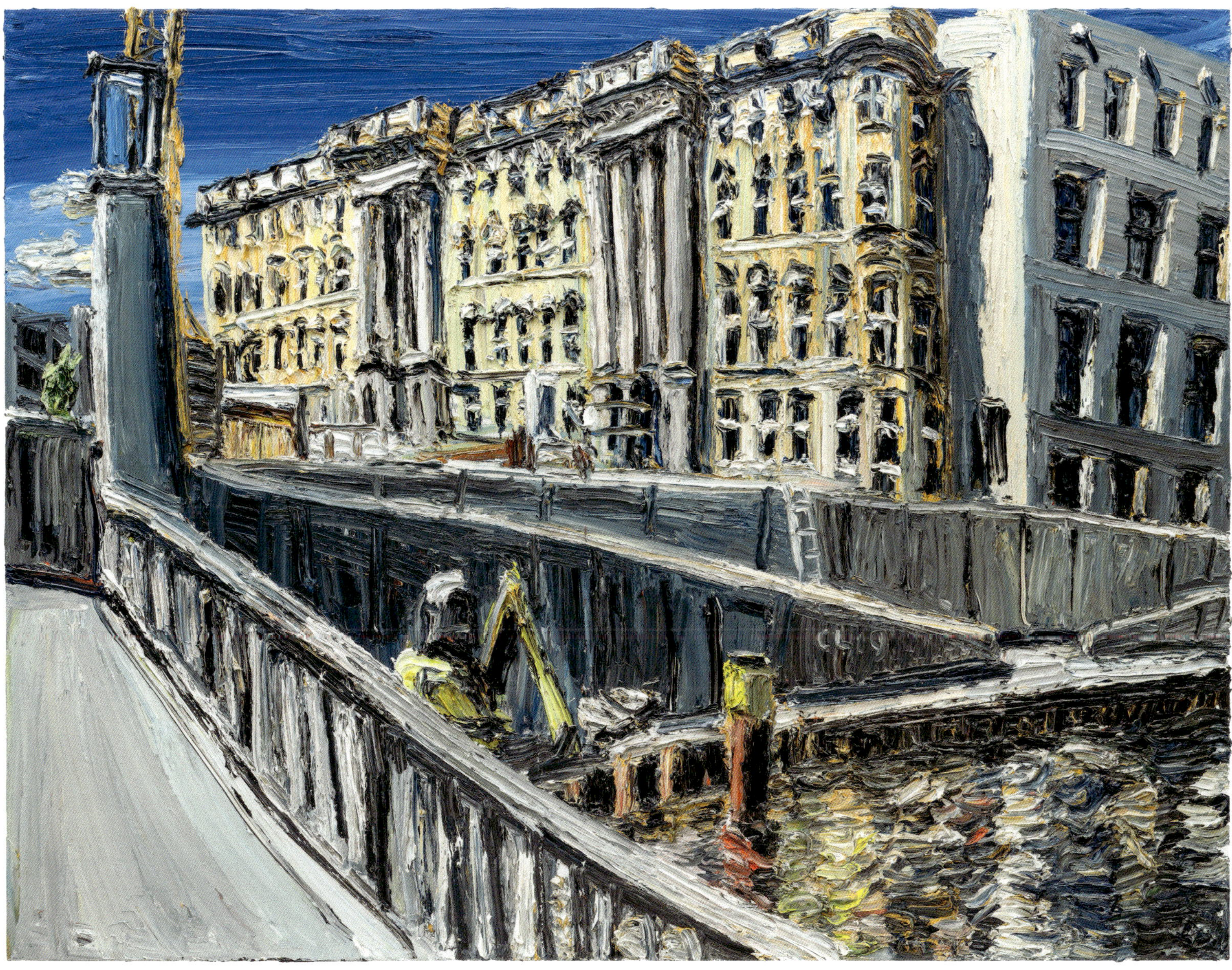

Schlossplatz, Juni 2019 / Schlossplatz, June 2019
Öl auf Leinwand / Oil on canvas, 180 x 240 cm

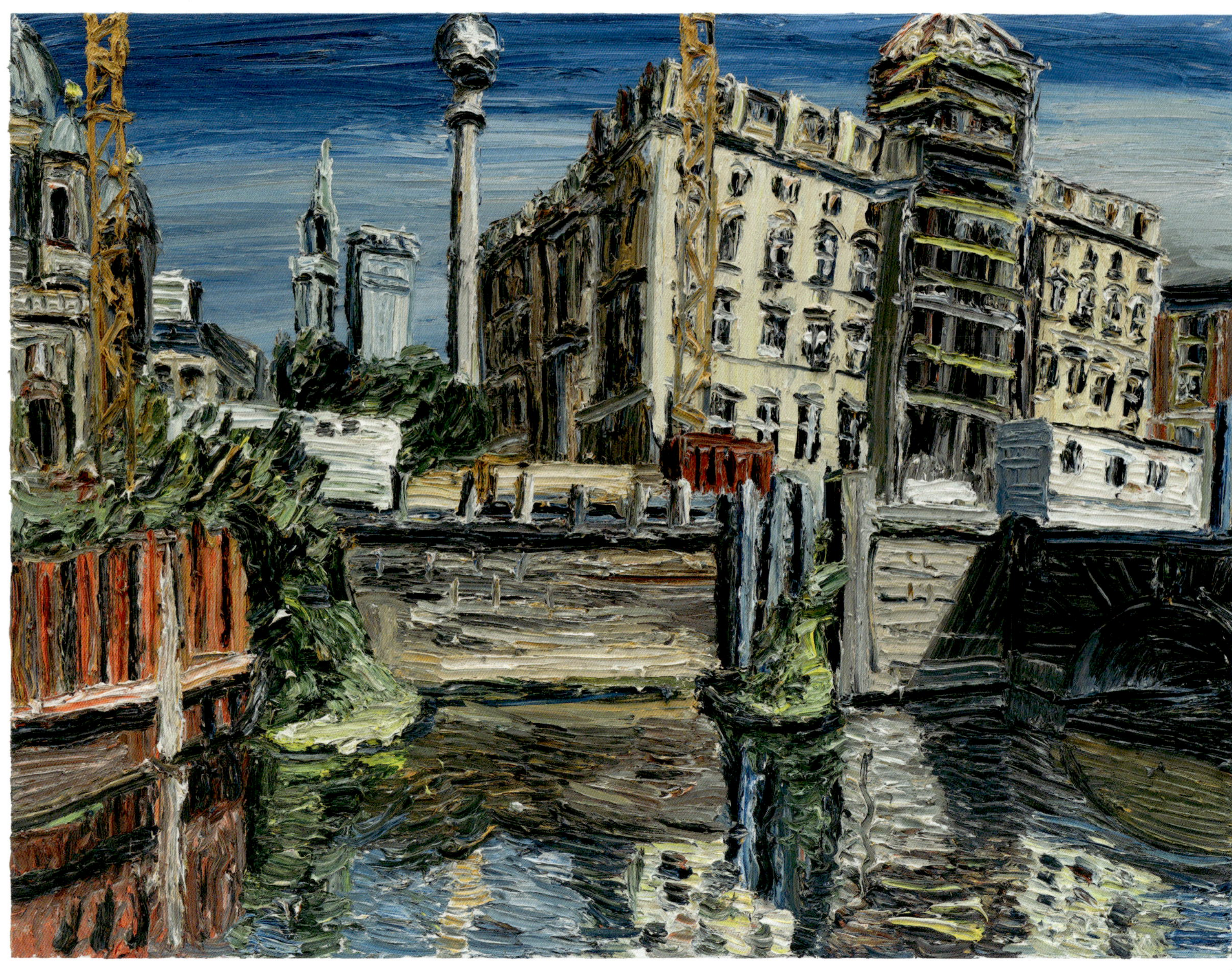

Schlossplatz, August 2019 / Schlossplatz, August 2019
Öl auf Leinwand / Oil on canvas, 180 x 240 cm
Sammlung Würth / Würth Collection

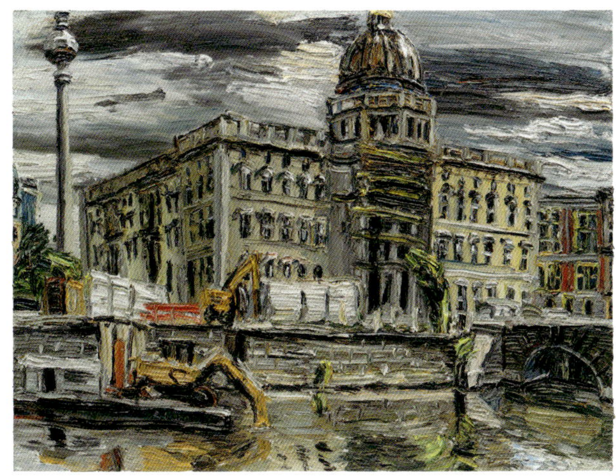 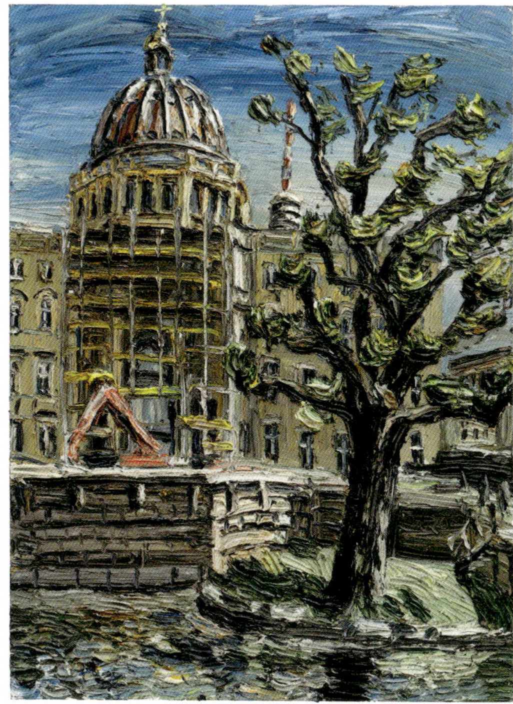 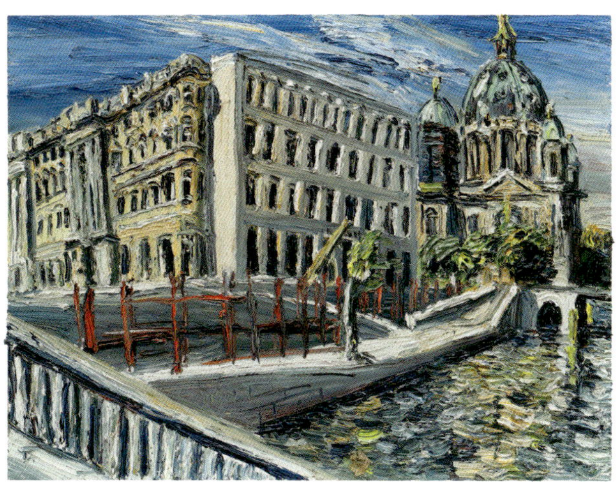

Schlossplatz Triptychon, August 2020 / Schlossplatz Triptych, August 2020
Öl auf Leinwand / Oil on canvas, jeweils / each 180 x 240 cm

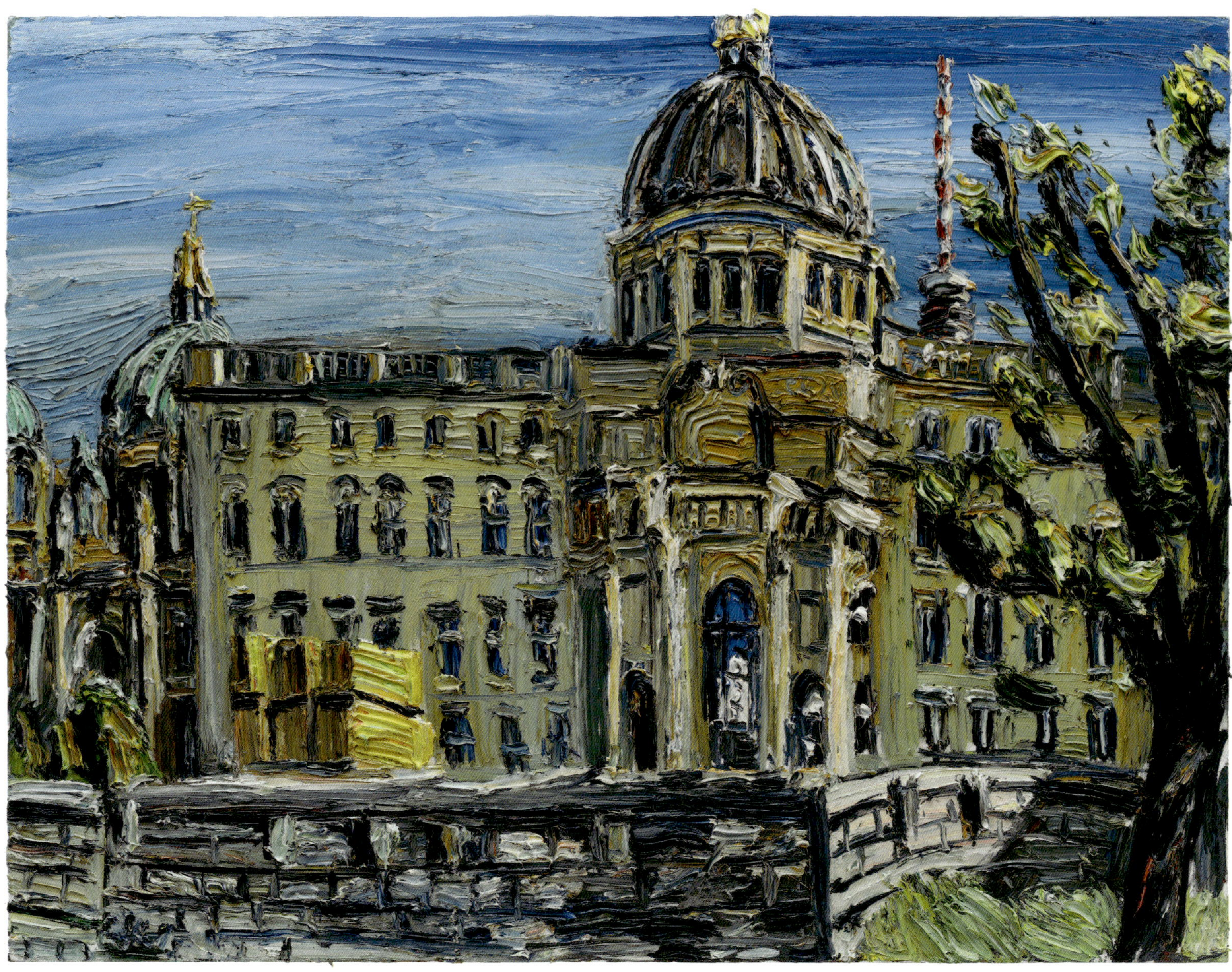

Sonniges Schloss, September 2020 / Sunny Palace, September 2020
Öl auf Leinwand / Oil on canvas, 180 x 240 cm

CHRISTOPHER LEHMPFUHL BIOGRAFIE

BIOGRAFIE

1972	in Berlin geboren
1985–92	Malunterricht bei Wolfgang Prehm
1992	Abitur
1992–98	Studium der Malerei an der Hochschule der Künste (HdK), Berlin, in der Klasse von Professor Klaus Fußmann
1996	Mal- und Studienreise nach Lappland
1997	Malreise nach Australien
1998	Ernennung zum Meisterschüler von Klaus Fußmann; GASAG Kunstpreis; Mitglied im Verein Berliner Künstler
1999	Mitglied im Künstlersonderbund
2000	Franz-Joseph-Spiegler-Preis, Schloss Mochental, Ehingen
2001	Lehrtätigkeit an der Staatlichen Zeichenakademie Hanau; Kunstpreis Salzburg in neuen Ansichten, Schloss Neuhaus, Salzburg; Vorstandsarbeit im Künstlersonderbund bis 2007, seinerzeit diverse Werkstattgespräche mit Mitgliedern des Künstlersonderbundes
2002	Lehrtätigkeit an der Staatlichen Zeichenakademie Hanau; Mitglied in der Neuen Gruppe, München; Malreisen nach Italien und China
2003	Mitglied bei den Norddeutschen Realisten; Malreisen in die Provence, auf die Azoren und nach Indien
2004	Malreisen nach Irland, Amsterdam, Italien und Kalifornien; Lehrtätigkeit an der Akademie Vulkaneifel, Steffeln; Finalist des Europäischen Kunstpreises 2004 bei der Triennale, Mailand
2005	Malreisen nach Irland, Kalifornien und Australien; Hochzeit mit Erika Maxim
2006	Stipendium der Bayerischen Akademie der Schönen Künste, München; Dozent an der Akademie für Malerei, Berlin
2007	Malaufenthalt in Australien; Dozent an der Akademie für Malerei, Berlin
2008	Dozent an der Akademie für Malerei, Berlin; Geburt der Tochter Frida Maria
2009	Dozent an der Akademie für Malerei, Berlin; Auftrag, anlässlich des 20-jährigen Jubiläums zur Wiedervereinigung, alle 16 Bundesländer zu malen; Reise nach Wuhan, China
2010	Dozent an der Akademie für Malerei, Berlin; Atelierstipendium Wollerau, Peach Property Group, Schweiz
2011	Veröffentlichung der Werkmonografie *Berlin Plein Air. Malerei 1995–2010* im Architekturverlag DOM publishers; Malreise nach Kalifornien und an den Golf von Neapel; Kunstpreis der Kulturstiftung der Sparkasse Karlsruhe
2012	Malreise in die Toskana und nach Rumänien; Große Werkschau *Berlin Plein Air 1995–2012* in der Alten Münze, Berlin, Eröffnung durch Kulturstaatsminister Bernd Neumann
2013	Kunstpreis der Schleswig-Holsteinischen Wirtschaft an die Norddeutschen Realisten
2014	Malreise in die Toskana; Dozent an der Akademie für Malerei, Berlin
2015	Reisen nach Südkorea und Island

2016   Die *Neue Zürcher Zeitung* veröffentlicht eine Kunstedition mit 22 Zürich-Bildern von Christopher Lehmpfuhl;
        Die Galerie Carzaniga zeigt Werke von Christopher Lehmpfuhl auf der Art Basel; Malreise nach Island

2017   Christopher Lehmpfuhl zeigt ein Werk aus dem Schlossplatz-Zyklus im Rahmen des Spendentags und Tag der offenen Baustelle
        im Foyer des Humboldt Forums; Malreise nach Georgien; Dozent an der Akademie für Malerei, Berlin

2018   „Baumkunstpreis" der Schleswig-Holsteinischen Landesmuseen, Schloss Gottorf; Malreise nach Irland;
        Tod der Eltern Iris und Gunter Lehmpfuhl

2019   Wolfgang-Klähn-Preis; Publikumspreis an die Norddeutschen Realisten auf der NordArt 2019; Einzelausstellung im Museum Würth, Künzelsau

2020   Die König Galerie, Berlin zeigt im Rahmen der Messe St. Agnes drei Großformate von Christopher Lehmpfuhl

STUDIENREISEN

Australien; Ägypten; Azoren; China; Dänemark; Deutschland; Frankreich; Georgien; Indien; Irland; Island; Italien; Lappland; Malaysia; Mexiko; Nepal; Neuseeland; Niederlande; Österreich; Portugal; Rumänien; Schweiz; Spanien; Südkorea; USA

SAMMLUNGEN

Allianz, Berlin; Badisches Landesmuseum, Karlsruhe; Bundesministerium für Umwelt, Naturschutz und nukleare Sicherheit, Berlin; Deutscher Bundestag, Berlin; Deutsches Institut für Normung e. V. (DIN), Berlin; GASAG, Berlin; Itzehoer Versicherungen; Kölnisches Stadtmuseum; Kunsthalle Emden; Kunsthalle Schweinfurt; Kunstmuseum Solingen; Mecklenburgische Versicherungsgruppe, Hannover; Museum Ulm; Nolde Stiftung, Seebüll; NORD/LB, Hannover; NordseeMuseum Husum; Rudolf-Stolz-Museum, Sexten; Sammlung Bindella, Zürich; Sammlung Block, Hamburg; Sammlung Haas, Berlin; Sammlung Hurrle, Durbach; Sammlung Oberwelland, Berlin; Sammlung Schües, Hamburg; Sammlung Würth, Schwäbisch Hall; Schloss Gottorf, Schleswig; Sparkassenstiftung Schleswig-Holstein, Kiel; Städtische Galerie, Karlsruhe; West LB AG, Düsseldorf; ZKM, Karlsruhe

EINZELAUSSTELLUNGEN, AUSWAHL

(K) = mit Ausstellungskatalog

2020 Galerie Kornfeld, Berlin (K); Art Karlsruhe: Galerie Kornfeld, Berlin; Galerie Ludorff, Düsseldorf (K); Fabrik der Künste, Hamburg (K) **2019** Museum Würth, Künzelsau; Galerie Elbchaussee, Hamburg; Galerie Carzaniga, Basel; Galerie Netuschil, Darmstadt; Stadtgalerie Alte Post, Westerland/Sylt; Galerie Urs Reichlin, Zug; Art Hangar, Saanen/Gstaad; Barlach Halle K, Hamburg; Felix Jud Kunsthandel, Hamburg **2018** Galerie Ludorff, Düsseldorf (K); Galerie Müllers, Rendsburg (K), Galerie Tobias Schrade, Ulm (K); Galerie Urs Reichlin, Zug; Galerie Swiridoff, Schwäbisch Hall; Große Werkschau vom Schlossplatz-Zyklus in der U5 „Unter den Linden" in Kooperation mit Bertelsmann und PPG U5; Art Karlsruhe: Galerie Kornfeld, Berlin; Galerie Schrade, Karlsruhe (K); Galerie Kornfeld, Berlin (K); Kunsthaus Hänisch, Kappeln **2017** Galerie Müllers, Rendsburg; Galerie Schrade Schloss Mochental, Ehingen (K); Art Karlsruhe: Galerie Schrade, Mochental;

Galerie im Fruchtkasten, Kloster Ochsenhausen; Präsentation im Humboldt Forum, Berlin; Galerie Kornfeld, Berlin; Burg Kniphausen, Wilhelmshafen; Marburger Kunstverein, Marburg; Fabrik der Künste, Hamburg, in Kooperation mit der Galerie Müllers, Rendsburg; Galerie Swiridoff, Schwäbisch-Hall **2016** Grand Hotel des Bains Kempinski, St. Moritz, in Zusammenarbeit mit der Galerie Carzaniga, Basel; Galerie Swiridoff, Schwäbisch Hall; Rudolf-Stolz-Museum, Sexten (K); Stadtgalerie Alte Post, Westerland/Sylt, in Kooperation mit der Galerie Müllers, Rendsburg (K); Kunstmuseum Bensheim, Bensheim (K); European School of Management and Technology, Berlin; Kurt Tucholsky Literaturmuseum, Schloss Rheinsberg; Art Karlsruhe: Galerie Meier Freiburg, Freiburg; Robert-Köpke Haus, Schieder-Schwalenberg **2015** Galerie Müllers, Rendsburg (K); Kunst Zürich: Galerie Carzaniga, Basel; Galerie Tobias Schrade, Ulm; Galerie Swiridoff, Schwäbisch Hall; Galerie Carzaniga, Basel (K); Galerie Schrade, Karlsruhe (K); Bode Project Space, Daegu (K); Itzehoer Versicherungen, Itzehoe; Box Freiraum, Berlin; Galerie Ines Schulz, Dresden; Galerie Schrade, Karlsruhe (K); **2014** Galerie Sundermann, Würzburg; Galerie Bode, Nürnberg (K); Stadtgalerie Alte Post, Westerland/Sylt, in Kooperation mit der Galerie Müllers, Rendsburg (K); Ostholstein-Museum, Eutin (K); Nordsee Museum Husum, Nissenhaus (K), in Kooperation mit dem Kunst-Kabinett Usedom, Benz; Galerie Ludorff, Düsseldorf (K) **2013** Baumhaus, Wismar, in Kooperation mit der Galerie Meyer, Lüneburg; Kunstverein Coburg, Coburg; Galerie Schrade Schloss Mochental, Ehingen (K); Art Cologne: Galerie Ludorff, Düsseldorf (K); Galerie Carzaniga, Basel (K); Kunstverein der Stadt Glauchau; Sparkassengalerie, Schweinfurt; Galerie Netuschil, Darmstadt (K); Galerie Müllers, Rendsburg (K); Galerie Swiridoff, Schwäbisch Hall; FAZ Atrium, Berlin **2012** Galerie Berlin, Berlin; Eröffnung des Restaurants „Santa Lucia" in Bern mit Bildern aus Neapel und der Amalfiküste; Galerie Tobias Schrade, Ulm (K); Hotel Genueser Schiff, Hohwacht; „Terrasse", Zürich (K); Galerie Swiridoff, Schwäbisch Hall; Galerie Meyer, Freiburg (K); Alte Münze, Berlin: *Berlin – Plein Air. Malerei von 1995–2012*, Eröffnung durch Kulturstaatsminister Bernd Neumann **2011** Brenners Park-Hotel, Baden-Baden, in Zusammenarbeit mit der Galerie Ludorff, Düsseldorf; Krefelder Kunstverein, Krefeld, in Zusammenarbeit mit der Galerie Ludorff, Düsseldorf; Galerie Müllers, Rendsburg; Galerie Meyer, Lüneburg (K); Galerie Carzaniga, Basel (K); Gut Altenkamp, Papenburg; Galerie Sundermann, Würzburg; Galerie Ludorff, Düsseldorf **2010** Galerie Herold, Hamburg (K); Sparkassenstiftung Schleswig-Holstein, Kiel (K); Kunstverein Osterholz, Osterholz-Scharmbeck; Galerie Schrade, Karlsruhe (K); Alte Münze, Berlin (K); Kunst-Kabinett Usedom, Benz; Galerie Schrade Schloss Mochental, Ehingen (K); Galerie Swiridoff, Schwäbisch Hall **2009** Galerie Swiridoff, Schwäbisch Hall; Galerie Bode, Nürnberg (K); Galerie Carzaniga, Basel (K); Nordsee Museum Husum, Nissenhaus (K); Galerie Meyer, Lüneburg (K); Galerie Berlin, Berlin (K); Galerie Müllers, Rendsburg **2008** Galerie Sundermann, Würzburg; Galerie im Woferlhof, Bad Kötzting; Galerie Ludorff, Düsseldorf (K); Galerie Netuschil, Darmstadt; Galerie Meier, Freiburg (K); Galerie Swiridoff, Schwäbisch Hall **2007** Art Karlsruhe: Galerie Berlin, Berlin; Galerie Sundermann, Würzburg; Ernst Ludwig Kirchner Verein Fehmarn, Fehmarn; Residenz, München, anlässlich der Verleihung des Kunststipendiums der Bayerischen Akademie der Schönen Künste; Galerie Swiridoff, Schwäbisch Hall; Galerie Schrade Schloss Mochental, Ehingen (K); Ray Hughes Gallery, Sydney (K); Kunst-Kabinett Usedom, Benz (K) **2006** Galerie Berlin, Berlin (K); Galerie Schrade & Blashofer, Karlsruhe (K); Galerie Ludorff, Düsseldorf (K); Kunst-Kabinett Usedom, Benz; Museum Fähre, Bad Saulgau; Galerie Meyer, Lüneburg **2005** Galerie Lange, Berlin; Kunstverein Hohenaschau, Aschau; Galerie Netuschil, Darmstadt; Galerie Tobias Schrade, Ulm; Galerie Klaus Lea, München, mit Harry Meyer; Galerie Sundermann, Würzburg; Mecklenburgische Versicherungsgruppe in Hannover und der Remise von Schloss Mirow (Müritz), jeweils zusammen mit dem Kunst-Kabinett Usedom, Benz; Galerie Schottelius European Fine Arts, San Francisco; Galerie Meier, Freiburg; Galerie Oberländer, Augsburg **2004** Art Karlsruhe: Kunst-Kabinett Usedom, Benz; Art Gallery, NORD/LB Norddeutsche Landesbank, Hannover, mit dem Kunst-Kabinett Usedom, Benz; Kunstverein Rotenburg, Rotenburg/Wümme; Galerie der NORD/LB, Braunschweig; Galerie Hoopmann, Amsterdam; Galerie Schottelius European Fine Arts, San Francisco; Galerie Schrade, Karlsruhe; Galerie Ludwig Lange, Berlin; Kulturzentrum Ponta del Gada, Azoren; Galerie Jas, Utrecht **2003** Galerie Ludwig Lange, Berlin; Städtische Galerie, Wangen; Galerie Schrade Schloss Mochental, Ehingen; Galerie Meyer, Lüneburg **2002** Galerie Ludwig Lange, Berlin; Galerie Baumgarte, Bielefeld; Galerie Schloss Neuhaus, Salzburg; Galerie Netuschil, Darmstadt; Kunst-Kabinett Usedom, Benz; Galerie von Braunbehrens, München **2001** Galerie Meyer, Lüneburg; Galerie Ludwig Lange, Berlin **2000** Galerie Sebastian Drum, Schleswig; Galerie Schrade Schloss Mochental, Ehingen **1999** Kunst-Kabinett Usedom, Benz; Galerie Netuschil, Darmstadt; Galerie Meyer, Lüneburg **1998** Galerie Ludwig Lange, Berlin; Galerie im Torhaus, Gut Panker; GASAG, Berlin – Kunstpreis (K) **1996** Galerie am See, Potsdam; Kunst-Kabinett Usedom, Heringsdorf

GRUPPENAUSSTELLUNGEN, AUSWAHL

(K) = mit Ausstellungskatalog

2020 Art Karlsruhe: Galerie Schrade, Mochental, Galerie Ludorff, Düsseldorf; König Galerie, Berlin **2019** Galerie im Woferlhof, Bad Kötzting; Galerie AC Noffke, Ratzeburg **2018** Galerie Rother Winter, Wiesbaden, in Kooperation mit der Galerie Netuschil, Darmstadt; Kunstmix, Kopenhagen; Sammlung Hurrle, Durbach; Art Cologne: Galerie Ludorff, Düsseldorf; Art Basel: Galerie Carzaniga, Basel; Art Bodensee: Galerie Tobias Schrade, Ulm; Kunstmix, Kopenhagen; Sammlung Hurrle, Durbach; Verleihung des Baumkunstpreises 2018, Schloss Gottorf, Schleswig **2017** Galerie Ludorff, Düsseldorf; Galerie AC Noffke, Rendsburg; Kunsthalle Würth, Schwäbisch Hall; Galerie Meier, Freiburg; Art Basel: Galerie Carzaniga, Basel; Galerie Urs Reichlin, Zug; Art Karlsruhe: Galerie Ludorff, Düsseldorf; Galerie Kornfeld, Berlin **2016** Kunsthalle Würth, Schwäbisch Hall; Kiaf Art Seoul: Galerie Bode, Nürnberg; Artfair, Köln: Galerie Schrade, Mochental/Karlsruhe; Kunst Zürich: Galerie Carzaniga, Basel; Affordable Artfair, Hamburg; Galerie Müllers, Rendsburg; Kunstverein Kreis Gütersloh, Gütersloh; Cologne Fine Arts and Design: Galerie Ludorff, Düsseldorf; Art Basel: Galerie Carzaniga, Basel; Art Busan, Südkorea: Galerie Bode, Nürnberg; Schloss Gottorf, Schleswig; Kulturforum Würth, Chur; Art Karlsruhe: Galerie Ludorff, Düsseldorf, Galerie Schrade, Mochental/Karlsruhe; Art Cologne: Galerie Ludorff, Düsseldorf; Galerie Netuschil, Darmstadt **2015** Art Elysée: Galerie Lebon, Paris; Daegu Art Fair, Südkorea: Galerie Bode, Nürnberg; Art Busan, Südkorea: Galerie Bode, Nürnberg; Kiaf Art Seoul: Galerie Bode, Nürnberg; Galerie Lebon, Paris; Galerie Ludorff, Düsseldorf; Galerie im Woferlhof, Bad Kötzing; Artfair, Köln: Galerie Schrade, Mochental/Karlsruhe; Streiffler Haus, Landau/Pfalz; Galerie Müllers, Rendsburg; Grand Hotel Seeschlösschen, Timmendorfer Strand; Art Cologne: Galerie Ludorff, Düsseldorf; Art Karlsruhe: Galerie Ludorff, Düsseldorf, Galerie Schrade, Mochental/Karlsruhe; Galerie Müllers, Rendsburg **2014** Stadtmuseum, Langenfeld; Kiaf Art Seoul: Galerie Bode, Nürnberg; Art Karlsruhe: Galerie Ludorff, Düsseldorf, Galerie Schrade, Karlsruhe; Art Cologne: Galerie Ludorff, Düsseldorf, Galerie Schrade, Karlsruhe, Galerie Meier, Freiburg (K) **2013** Art Karlsruhe: Galerie Ludorff, Düsseldorf, Galerie Schrade, Mochental/Karlsruhe, Galerie Meier, Freiburg; Hotel Genueser Schiff, Hohwacht (K); Galerie Müllers, Rendsburg (K); Schloss Gottorf, Schleswig (K); Archäologisches Museum, Schleswig; Galerie Klaus Lea, München; Deagu Artfair, Südkorea: Galerie Bode, Nürnberg; Kiaf Art Seoul: Galerie Bode, Nürnberg; Kunst Zürich: Galerie Carzaniga, Basel; Krefelder Kunstverein, Krefeld; Artfair, Köln: Galerie Schrade, Mochental/Karlsruhe **2012** Art Karlsruhe: Galerie Ludorff, Düsseldorf, Galerie Schrade, Mochental/Karlsruhe; Art Cologne: Galerie Ludorff, Düsseldorf; Kiaf Art Seoul: Galerie Bode, Nürnberg; Daegu Art Fair, Südkorea: Galerie Bode, Nürnberg; Kunst Zürich: Galerie Carzaniga, Basel; Galerie Tobias Schrade, Ulm; Artfair, Köln: Galerie Schrade, Mochental **2011** Art Karlsruhe: Galerie Ludorff, Düsseldorf, Galerie Schrade, Mochental/Karlsruhe, Galerie Berlin, Berlin; Berliner Rathaus, Berlin; Kunstverein Hohenaschau, Aschau mit Menno Fahl und Kathrin Rank; Art Cologne: Galerie Ludorff, Düsseldorf; Georg Kolbe Museum, Berlin, im Rahmen des Gallery Weekend's Hot Spot Berlin; Galerie Bode, Seoul; Museum Würth, Künzelsau; Galerie Chungdan, Korea **2010** Art Karlsruhe: Galerie Schrade, Mochental/Karlsruhe, Galerie Berlin, Berlin, Galerie Ludorff, Düsseldorf; Kunstverein Augsburg (K); Art Cologne: Galerie Ludorff, Düsseldorf; Galerie Netuschil, Darmstadt; Galerie Müllers, Rendsburg; Daegu Art Fair, Südkorea: Galerie Bode, Nürnberg; Kunst Zürich: Galerie Carzaniga, Basel; Artfair, Köln: Galerie Schrade, Mochental/Karlsruhe; Kunsthaus Hänisch, Kappeln; Peter Behrens-Bau, Frankfurt-Höchst

2009 Art Karlsruhe: Galerie Berlin, Berlin, Galerie Ludorff, Düsseldorf, Galerie Schrade Schloss Mochental, Ehingen, Galerie Meier, Freiburg; Art Cologne: Galerie Ludorff, Düsseldorf; Galerie Herold, Hamburg; Internationales Maritimes Museum Hamburg, Hamburg; MiArt, Mailand: Galerie Carzaniga, Basel; Galerie im Woferlhof, Bad Kötzting; Schloss Achberg, Ravensburg (K); DuC Wuhan, China: Galerie Bode, Nürnberg (K); Galerie Schrade Schloss Mochental, Ehingen **2008** Art Karlsruhe: Galerie Berlin, Berlin, Galerie Ludorff, Düsseldorf, Galerie Schrade Schloss Mochental, Ehingen; Art Cologne: Galerie Ludorff, Düsseldorf; Kunst und Antiquitätenmesse München: Galerie Ludorff, Düsseldorf; Galerie Tobias Schrade, Ulm; Galerie Bode, Nürnberg; Kiaf Art Seoul: Galerie Berlin, Berlin, Galerie Carzaniga, Basel (K); Galerie Carzaniga, Basel zu Gast im Principe Leopoldo, Lugano; Galerie im Elysee, Hamburg, mit den Norddeutschen Realisten (K) **2007** Art Karlsruhe: Galerie Ludorff, Düsseldorf, Galerie Schrade Schloss Mochental, Ehingen; Art Cologne: Galerie Ludorff, Düsseldorf **2006** Galerie Berlin, Berlin; Galerie Schrade & Blashofer, Karlsruhe; Galerie Ludorff, Düsseldorf; Kunst-Kabinett Usedom, Benz; Museum Fähre, Bad Saulgau; Galerie Meyer, Lüneburg **2004** Altonaer Museum, Hamburg, mit den Norddeutschen Realisten **2003** Galerie Rose, Hamburg; Grenzlandausstellung, Apenrade, Dänemark; Galerie Netuschil, Darmstadt; Galerie Lange, Berlin **2002** Art Dresden; Art Frankfurt; Art Cologne **2001** Große Kunstausstellung, Haus der Kunst, München (jährliche Beteiligung); Galerie Schrade Schloss Mochental, Ehingen; Galerie Schloss Neuhaus, Salzburg, Kunstpreis: Salzburg in neuen Ansichten; Galerie Baumgarte, Bielefeld **2000** Galerie Ludwig Lange, Berlin; Galerie Schrade Schloss Mochental, Ehingen, Verleihung des Franz-Joseph-Spiegler-Preises **1999** Galerie Ludwig Lange, Berlin; Galerie Schrade Schloss Mochental, Ehingen; Galerie Netuschil, Darmstadt **1997** Galerie Meyer, Lüneburg; Galerie Ludwig Lange, Berlin; Artarmon Gallery, Sydney

PUBLIKATIONEN

2020 *Christopher Lehmpfuhl. Neue Heimat*, hg. von Erika Maxim-Lehmpfuhl, Christopher Lehmpfuhl, Berlin, 142 Seiten; *Zu Gast im Orangerieschloss. Werke von Hubertus Hamm, Franziska Klotz, Christopher Lehmpfuhl und Oliver Westerbarkey*, Galerie Kornfeld, Berlin, 60 Seiten; *Christopher Lehmpfuhl. Licht/Blicke*, Galerie Kornfeld, Berlin, 24 Seiten; *Christopher Lehmpfuhl. Wolkenspiel*, Galerie Ludorff, Düsseldorf, 44 Seiten; *Am Wasser – Christopher Lehmpfuhl und Clemens Heinl*, Galerie Müllers, Rendsburg, 80 Seiten **2019** *Christopher Lehmpfuhl. Malreise nach Sylt*, Galerie Müllers, Rendsburg; *Christopher Lehmpfuhl. Von der Stadt in die Berge*, Galerie Carzaniga, Basel, 64 Seiten; *Zwischen Pathos und Pastos – Christopher Lehmpfuhl in der Sammlung Würth*, Swiridoff-Verlag, Künzelsau, 116 Seiten **2018** *Christopher Lehmpfuhl. Malreise nach Irland*, Galerie Müllers, Rendsburg, 56 Seiten; *Christopher Lehmpfuhl. Aquarelle/Watercolors*, Galerie Tobias Schrade, Ulm, 72 Seiten; *Christopher Lehmpfuhl. Vor Ort. Neue Bilder*, Galerie Ludorff, Düsseldorf, 80 Seiten; *Christopher Lehmpfuhl in Georgien*, Galerie Kornfeld, Berlin/Wienand Verlag, Köln, 88 Seiten; *Christopher Lehmpfuhl. Herbstklänge*, Galerie Schrade, Karlsruhe, 56 Seiten **2017** *Christopher Lehmpfuhl. Das Licht des Nordens*, Galerie Müllers, Rendsburg, 72 Seiten **2016** *Christopher Lehmpfuhl. Schwabenritt*, Galerie Schrade Schloss Mochental, Ehingen, 56 Seiten; *Christopher Lehmpfuhl. Plein-Air-Malerei in den Dolomiten*, Hirmer Verlag, München, 120 Seiten, Deutsch/Italienisch; *NZZ Edition Nr. 1*, Neue Zürcher Zeitung, 20 Seiten; *Christopher Lehmpfuhl. Sylt im Licht*, Galerie Müllers, Rendsburg, 40 Seiten; *Christopher Lehmpfuhl. Die Farben des Schnees*, Kunstmuseum Bensheim, Bensheim, 44 Seiten **2015** *Christopher Lehmpfuhl. Bornholm*, Galerie Müllers, Rendsburg, 36 Seiten; *Die Norddeutschen Realisten am Timmendorfer Strand*, hg. von Christopher Lehmpfuhl, Berlin, 48 Seiten; *Christopher Lehmpfuhl. Plein Air,* hg. von Galerie Bode, Nürnberg, 21 Seiten; *Christopher Lehmpfuhl. Lugano, Engadin, Zürich*, Galerie Carzaniga, Basel, 56 Seiten; *Christopher Lehmpfuhl. Karlsruher Parklandschaften*, Galerie Schrade, Karlsruhe, 60 Seiten **2014** *Raps-Landschaften. Hans-Joachim Billib und Christopher Lehmpfuhl*, Galerie Meier, Freiburg, 40 Seiten; *Christopher

Lehmpfuhl. Nordseelandschaften. Helgoland – Seebüll Noldegarten – Hallig Hooge, hg. von Christopher Lehmpfuhl, Erika Maxim-Lehmpfuhl, Hannelore Stamm und Hannes Albers, Kunst-Kabinett Usedom, Benz, 112 Seiten; *Christopher Lehmpfuhl. Italien*, hg. von Rainer M. Ludorff und Manuel Ludorff, Galerie Ludorff, Düsseldorf, 112 Seiten; *Christopher Lehmpfuhl. Meer. Berge. Plein Air Malerei*, hg. von Erika Maxim-Lehmpfuhl und Christopher Lehmpfuhl, Berlin, 136 Seiten; *Christopher Lehmpfuhl. Plein Air Malerei 2009–2014*, hg. von Klaus D. Bode, Bode Galerie & Edition, Nürnberg, 48 Seiten; *Christopher Lehmpfuhl. Sturm über Sylt*, Galerie Müllers, Rendsburg, 40 Seiten **2013** *Christopher Lehmpfuhl. Zwischen den Meeren*, Galerie Müllers, Rendsburg, 48 Seiten; *Christopher Lehmpfuhl. Von Speyer bis zum Bodensee*, Galerie Schrade Schloss Mochental, Ehingen, 64 Seiten; *Christopher Lehmpfuhl*, Galerie Carzaniga, Basel, 56 Seiten; *Christopher Lehmpfuhl. Vier Jahreszeiten*, Galerie Netuschil, Darmstadt, 56 Seiten; *Christopher Lehmpfuhl. Das kleine Format*, hg. von Rainer M. Ludorff und Manuel Ludorff, Galerie Ludorff, Düsseldorf, 52 Seiten **2012** *Die Norddeutschen Realisten. Symposium in Hohwacht am Genueser Schiff*, hg. von Christopher Lehmpfuhl, Berlin, 92 Seiten; *Christopher Lehmpfuhl. Schau – ins – Land. Neue Schwarzwaldbilder*, Galerie Meier, Freiburg, 40 Seiten; *Christopher Lehmpfuhl. Neues aus Berlin*, Galerie Tobias Schrade, Ulm, 10 Seiten; *Christopher Lehmpfuhl im terrasse*, Bindella Galleria, Zürich, 28 Seiten **2011** *Christopher Lehmpfuhl. Berlin Plein Air. Malerei 1995–2010*, hg. von Erika Maxim-Lehmpfuhl, Berlin, 456 Seiten; *Christopher Lehmpfuhl. Bilder aus der Schweiz*, Galerie Carzaniga, Basel, 48 Seiten; *Christopher Lehmpfuhl*, Galerie Meyer, Lüneburg, 48 Seiten; *Christopher Lehmpfuhl. Neue Wege*, Galerie Ludorff, Düsseldorf, 72 Seiten **2010** *Christopher Lehmpfuhl. Die neue Mitte. Zyklus vom Rückbau des Palastes der Republik*, hg. von Christopher Lehmpfuhl, Berlin, 56 Seiten; *Christopher Lehmpfuhl. Australien und Oberschwaben*, Galerie Schrade Schloss Mochental, Ehingen, 20 Seiten **2009** *Christopher Lehmpfuhl. Hamburg! Hamburg – Bilder einer Stadt*, Galerie Herold, Hamburg/Kampen, 36 Seiten; *Christopher Lehmpfuhl. Blühende Landschaften*, Galerie Berlin, Berlin, 48 Seiten; *Christopher Lehmpfuhl auf Amrum*, Galerie Meyer, Lüneburg, 32 Seiten; *Christopher Lehmpfuhl. Zwischen Skagen und Hamburg*, hg. von Christopher Lehmpfuhl, Erika Maxim-Lehmpfuhl, Hannelore Stamm und Hannes Albers, Kunst-Kabinett Usedom, Benz, 52 Seiten; *Christopher Lehmpfuhl. Nürnberg*, Bode Galerie & Edition, Nürnberg, 28 Seiten; *Christopher Lehmpfuhl*, Galerie Carzaniga, Basel, 32 Seiten **2008** *Christopher Lehmpfuhl. Schneebilder*, Galerie Meier, Freiburg, 64 Seiten; *Christopher Lehmpfuhl. Das Licht in der Landschaft*, Galerie Ludorff, Düsseldorf, 96 Seiten; *Christopher Lehmpfuhl. Australien. The Red Path*, hg. von Christopher Lehmpfuhl, Berlin, 48 Seiten **2007** *Christopher Lehmpfuhl. Die Alb*, hg. von Christopher Lehmpfuhl, Harry Meyer und Galerie Schrade, Schloss Mochental, Galerie Ewald Karl Schrade, Karlsruhe/Mochental, 56 Seiten; *Christopher Lehmpfuhl. Am Meer*, Kunst-Kabinett Usedom, Benz, 48 Seiten; *Christopher Lehmpfuhl. Weihnachtsbriefe 1997–2006*, hg. von Erika Maxim-Lehmpfuhl, Berlin, 120 Seiten **2006** *Christopher Lehmpfuhl. Stationen*, Galerie Ludorff, Düsseldorf, 72 Seiten; *Christopher Lehmpfuhl. Stadt-Landschaften. Malerei*, Galerie Berlin, Berlin, 48 Seiten; *Christopher Lehmpfuhl. Badische und oberschwäbische Landschaften*, hg. von Christopher Lehmpfuhl und Galerie Schloss Mochental, Galerie Schrade & Blashofer, Karlsruhe, 48 Seiten **2005** *Christopher Lehmpfuhl. Meerlandschaft. Mecklenburg-Vorpommern*, hg. von Christopher Lehmpfuhl, Hannelore Stamm und Hannes Albers, Kunst-Kabinett Usedom, Benz, 60 Seiten; *Berlin-Gemälde von Christopher Lehmpfuhl*, Galerie Lange, Berlin, 46 Seiten **2004** *Christopher Lehmpfuhl. Meerlandschaft. Ostfriesland*, hg. von Christopher Lehmpfuhl, Hannelore Stamm und Hannes Albers, Kunst-Kabinett Usedom, Benz, 64 Seiten; *Christopher Lehmpfuhl. Indisches Tagebuch*, hg. von Christopher Lehmpfuhl, Berlin, 48 Seiten **2003** *Christopher Lehmpfuhl in China*, hg. von Christopher Lehmpfuhl, Galerie Ludwig Lange, Berlin, 32 Seiten; *Christopher Lehmpfuhl. Meerlandschaft. Fehmarn – Rügen – Usedom*, hg. von Christopher Lehmpfuhl, Edition Kunst-Kabinett Usedom, Benz, 48 Seiten **2002** *Christopher Lehmpfuhl. Augenblicke. Bilder 1999–2002*, hg. von Axel Zimmermann, Galerie von Braunbehrens, München, 80 Seiten **1998** *Christopher Lehmpfuhl. Bilder 1996–1998*, hg. von Klaus Fußmann, Berlin, 14 Seiten; *Christopher Lehmpfuhl, GASAG Kunstpreis*, Hochschule der Künste, Berlin, 28 Seiten

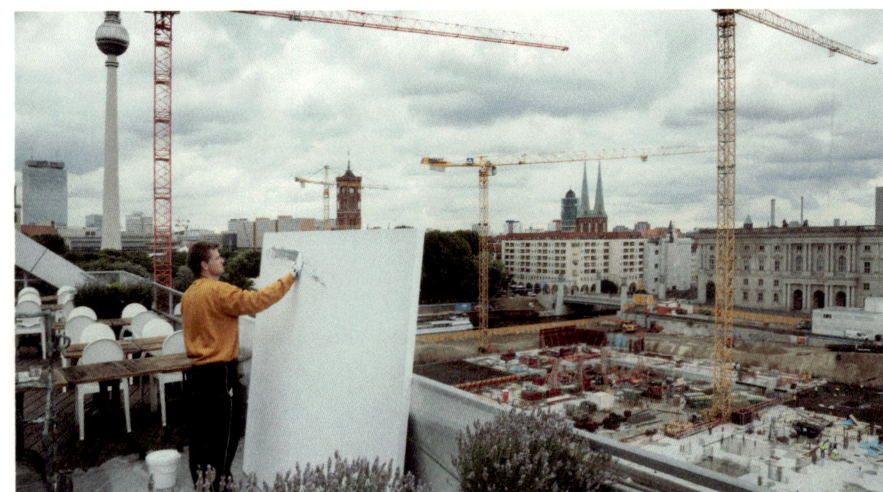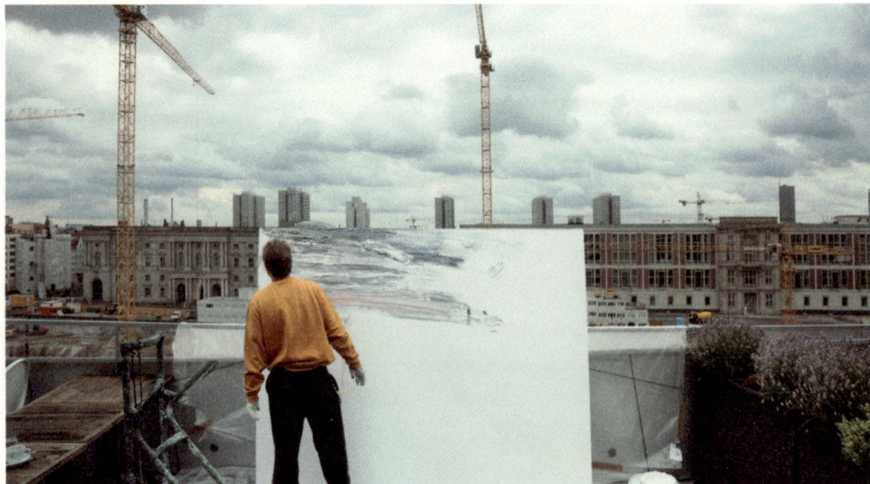

Auf dem Dach der Humboldt-Box / On the roof of the Humboldt Box, 2013

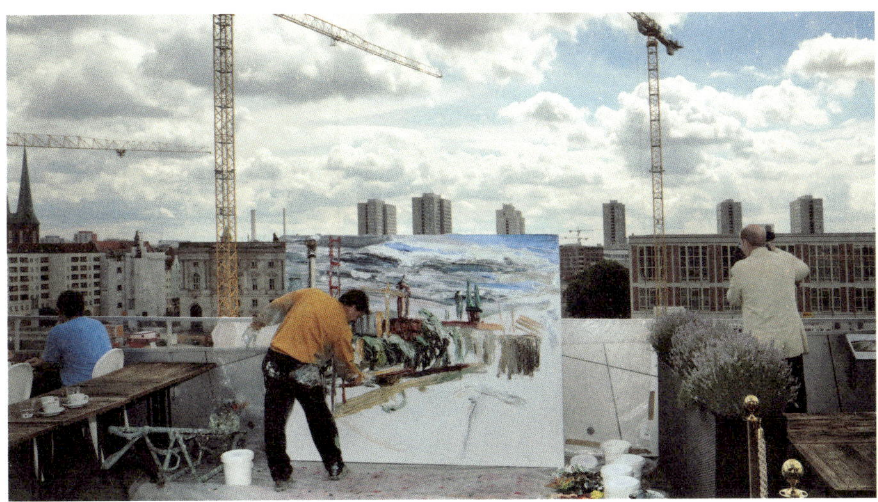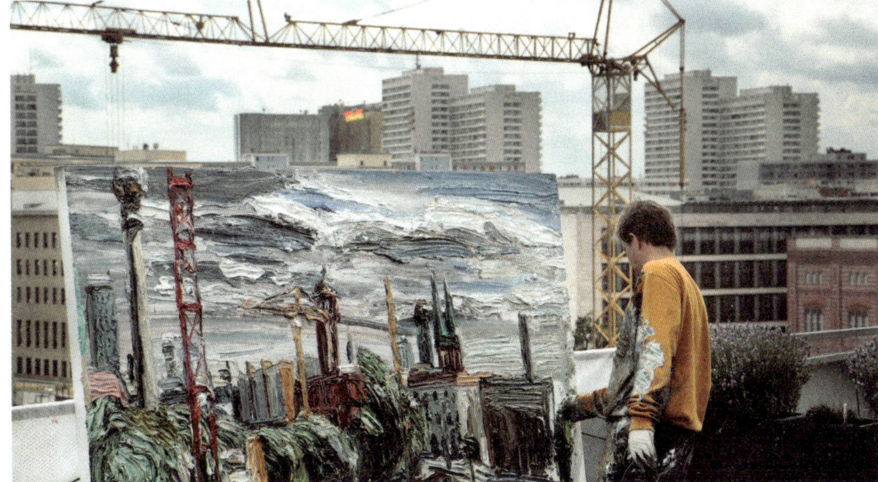

CHRISTOPHER LEHMPFUHL BIOGRAPHY

1972	Born in Berlin
1985–92	Painting instruction with Wolfgang Prehm
1992	Abitur
1992–98	Studies painting at the Hochschule der Künste (HdK), Berlin, Professor Klaus Fußmann's class
1996	Painting and study trip to Lapland
1997	Painting trip to Australia
1998	Accepted into Klaus Fußmann's Master Class; awarded the GASAG Kunstpreis; member of Verein Berliner Künstler
1999	Member of Künstlersonderbund
2000	Awarded "Franz-Joseph-Spiegler-Preis", Schloss Mochental, Ehingen
2001	Teaches at the Staatliche Zeichenakademie Hanau; wins Salzburg in neuen Ansichten award, Schloss Neuhaus, Salzburg; board member of the Künstlersonderbund until 2007, participates in various workshop discussions with Künstlersonderbund members
2002	Teaches at the Staatliche Zeichenakademie Hanau; member of the Neue Gruppe, Munich; painting trips to Italy and China
2003	Member of the Norddeutsche Realisten; painting trips to Provence, the Azores and India
2004	Painting trips to Ireland, Amsterdam, Italy and California; teaches at the Akademie Vulkaneifel, Steffeln; finalist for the European Art Prize 2004 at the Milan Triennial
2005	Painting trips to Ireland, California and Australia; marriage to Erika Maxim
2006	Grant from the Bayerische Akademie der Schönen Künste, Munich; lecturer at the Akademie für Malerei, Berlin
2007	Painting stay in Australia; lecturer at the Akademie für Malerei, Berlin
2008	Lecturer at the Akademie für Malerei, Berlin; birth of daughter Frida Maria
2009	Lecturer at the Akademie für Malerei, Berlin; commissioned to paint all 16 states for the twentieth anniversary of German's reunification; trip to Wuhan, China
2010	Lecturer at the Akademie für Malerei, Berlin; Wollerau atelier grant, Peach Property Group, Switzerland
2011	Publication of the monograph *Berlin Plein Air. Malerei 1995–2010* by the architectural press DOM publishers; painting trips to California and the Golf of Naples; wins Kunstpreis der Kulturstiftung der Sparkasse Karlsruhe
2012	Painting trips to Tuscany and Romania; large exhibition *Berlin Plein Air 1995–2012* at the Alte Münze, Berlin, opened by Minister of Culture Bernd Neumann
2013	Kunstpreis der Schleswig-Holsteinischen Wirtschaft awarded to the Norddeutsche Realisten
2014	Painting trip to Tuscany; lecturer at the Akademie für Malerei, Berlin
2015	Trips to South Korea and Iceland

BIOGRAPHY

2016	The *Neue Zürcher Zeitung* publishes its first art edition with 22 paintings of Zurich by Christopher Lehmpfuhl; the Galerie Carzaniga shows works by Christopher Lehmpfuhl at Art Basel; painting trip to Iceland
2017	Shows a large-format painting from the Schlossplatz cycle as part of a fundraiser and construction-site open house in the foyer of the Humboldt Forum; painting trip to Georgia; lecturer at the Akademie für Malerei, Berlin
2018	Awarded Baumkunstpreis of the Schleswig-Holsteinischen Landesmuseen, Schloss Gottorf; painting trip to Ireland; death of the parents, Iris and Gunter Lehmpfuhl
2019	Awarded Wolfgang-Klähn-Preis; audience prize awarded to the Norddeutsche Realisten at NordArt; solo exhibition at Museum Würth, Künzelsau
2020	The König Galerie, Berlin, shows three large-format works by Christopher Lehmpfuhl at the Messe St. Agnes

STUDY TRIPS

Australia; Austria; Azores; China; Denmark; Egypt; France; Georgia; Germany; Iceland; India; Ireland; Italy; Lapland; Malaysia; Mexico; Nepal; Netherlands; New Zealand; Portugal; Romania; South Korea; Spain; Switzerland; USA

COLLECTIONS

Allianz, Berlin; Badisches Landesmuseum, Karlsruhe; Bundesministerium für Umwelt, Naturschutz und nukleare Sicherheit, Berlin; Deutscher Bundestag, Berlin; Deutsches Institut für Normung e. V. (DIN), Berlin; GASAG, Berlin; Itzehoer Versicherungen; Kölnisches Stadtmuseum; Kunsthalle Emden; Kunsthalle Schweinfurt; Kunstmuseum Solingen; Mecklenburgische Versicherungsgruppe, Hannover; Museum Ulm; Nolde Stiftung, Seebüll; NORD/LB, Hannover; NordseeMuseum Husum, Husum; Rudolf-Stolz-Museum, Sexten; Sammlung Bindella, Zurich; Sammlung Block, Hamburg; Sammlung Haas, Berlin; Sammlung Hurrle, Durbach; Sammlung Oberwelland, Berlin; Sammlung Schües, Hamburg; Sammlung Würth, Schwäbisch Hall; Schloss Gottorf, Schleswig; Sparkassenstiftung Schleswig-Holstein, Kiel; Städtische Galerie, Karlsruhe; West LB AG, Düsseldorf; ZKM, Karlsruhe

SOLO EXHIBITIONS, SELECTION

(exh. cat.) = with exhibition catalogue

2020 Galerie Kornfeld, Berlin (exh. cat.); Art Karlsruhe: Galerie Kornfeld, Berlin; Galerie Ludorff, Düsseldorf (exh. cat.); Fabrik der Künste, Hamburg (exh. cat.) **2019** Solo exhibition at Museum Würth, Künzelsau Galerie Elbchaussee, Hamburg; Galerie Carzaniga, Basel; Galerie Netuschil, Darmstadt; Stadtgalerie Alte Post, Westerland/Sylt; Galerie Urs Reichlin, Zug; Art Hangar, Saanen/Gstaad; Barlach Halle K, Hamburg; Felix Jud Kunsthandel, Hamburg; **2018** Galerie Ludorff, Düsseldorf (exh. cat.); Galerie Müllers, Rendsburg (exh. cat.), Galerie Tobias Schrade, Ulm (exh. cat.); Galerie Urs Reichlin, Zug; Galerie Swiridoff, Schwäbisch Hall; exhibition of the Schlossplatz cycle in the Unter den Linden underground station in cooperation with Bertelsmann and PPG U5; Art Karlsruhe: Galerie Kornfeld, Berlin; Galerie Schrade, Karlsruhe (exh. cat.); Galerie Kornfeld, Berlin (exh. cat.); Kunsthaus Hänisch, Kappeln **2017** Galerie Müllers, Rendsburg; Galerie Schrade Schloss

Mochental, Ehingen (exh. cat.); Art Karlsruhe: Galerie Schrade, Mochental; Galerie im Fruchtkasten, Kloster Ochsenhausen; presentation in the Humboldt Forum, Berlin; Galerie Kornfeld, Berlin; Burg Kniphausen, Wilhelmshafen; Marburger Kunstverein, Marburg; Fabrik der Künste, Hamburg, in cooperation with the Galerie Müllers, Rendsburg; Galerie Swiridoff, Schwäbisch-Hall **2016** Grand Hotel des Bains Kempinski, St. Moritz, in collaboration with the Galerie Carzaniga, Basel; Galerie Swiridoff, Schwäbisch Hall; Rudolf-Stolz-Museum, Sexten (exh. cat.); Stadtgalerie Alte Post, Westerland/Sylt, in cooperation with the Galerie Müllers, Rendsburg (exh. cat.); Kunstmuseum Bensheim, Bensheim (exh. cat.); European School of Management and Technology, Berlin; Kurt Tucholsky Literaturmuseum, Schloss Rheinsberg; Art Karlsruhe: Galerie Meier Freiburg, Freiburg; Robert-Köpke Haus, Schieder-Schwalenberg **2015** Galerie Müllers, Rendsburg (exh. cat.); Kunst Zürich: Galerie Carzaniga, Basel; Galerie Tobias Schrade, Ulm; Galerie Swiridoff, Schwäbisch Hall; Galerie Carzaniga, Basel (exh. cat.); Galerie Schrade, Karlsruhe (exh. cat.); Bode Project Space, Daegu (exh. cat.); Itzehoer Versicherungen, Itzehoe; Box Freiraum, Berlin; Galerie Ines Schulz, Dresden; Galerie Schrade, Karlsruhe (exh. cat.) **2014** Galerie Sundermann, Würzburg; Galerie Bode, Nuremberg (exh. cat.); Stadtgalerie Alte Post, Westerland/Sylt, in cooperation with the Galerie Müllers, Rendsburg (exh. cat.); Ostholstein-Museum, Eutin (exh. cat.); Nordsee Museum Husum, Nissenhaus (exh. cat.), in cooperation with the Kunst-Kabinett Usedom, Benz; Galerie Ludorff, Düsseldorf (exh. cat.) **2013** Baumhaus, Wismar, in cooperation with the Galerie Meyer, Lüneburg; Kunstverein Coburg, Coburg; Galerie Schrade Schloss Mochental, Ehingen (exh. cat.); Art Cologne: Galerie Ludorff, Düsseldorf (exh. cat.); Galerie Carzaniga, Basel (exh. cat.); Kunstverein der Stadt Glauchau, Glauchau; Sparkassengalerie, Schweinfurt; Galerie Netuschil, Darmstadt (exh. cat.); Galerie Müllers, Rendsburg (exh. cat.); Galerie Swiridoff, Schwäbisch Hall; FAZ Atrium, Berlin **2012** Galerie Berlin, Berlin; opening of the restaurant Santa Lucia in Bern with paintings from Nepal and the Amalfi Coast; Galerie Tobias Schrade, Ulm (exh. cat.); Hotel Genueser Schiff, Hohwacht; "Terrasse", Zurich (exh. cat.); Galerie Swiridoff, Schwäbisch Hall; Galerie Meyer, Freiburg (exh. cat.); Alte Münze, Berlin: *Berlin – Plein Air. Malerei von 1995–2012*, opened by the Minister of Culture Bernd Neumann **2011** Brenners Park-Hotel, Baden-Baden, in collaboration with the Galerie Ludorff, Düsseldorf; Krefelder Kunstverein, Krefeld, in collaboration with the Galerie Ludorff, Düsseldorf; Galerie Müllers, Rendsburg; Galerie Meyer, Lüneburg (exh. cat.); Galerie Carzaniga, Basel (exh. cat.); Gut Altenkamp, Papenburg; Galerie Sundermann, Würzburg; Galerie Ludorff, Düsseldorf **2010** Galerie Herold, Hamburg (exh. cat.); Sparkassenstiftung Schleswig-Holstein, Kiel (exh. cat.); Kunstverein Osterholz, Osterholz-Scharmbeck; Galerie Schrade, Karlsruhe (exh. cat.); Alte Münze, Berlin (exh. cat.); Kunst-Kabinett Usedom, Benz; Galerie Schrade Schloss Mochental, Ehingen (exh. cat.); Galerie Swiridoff, Schwäbisch Hall **2009** Galerie Swiridoff, Schwäbisch Hall; Galerie Bode, Nürnberg (exh. cat.); Galerie Carzaniga, Basel (exh. cat.); Nordsee Museum Husum, Nissenhaus (exh. cat.); Galerie Meyer, Lüneburg (exh. cat.); Galerie Berlin, Berlin (exh. cat.); Galerie Müllers, Rendsburg **2008** Galerie Sundermann, Würzburg; Galerie im Woferlhof, Bad Kötzting; Galerie Ludorff, Düsseldorf (exh. cat.); Galerie Netuschil, Darmstadt; Galerie Meier, Freiburg (exh. cat.); Galerie Swiridoff, Schwäbisch Hall **2007** Art Karlsruhe: Galerie Berlin, Berlin; Galerie Sundermann, Würzburg; Ernst Ludwig Kirchner Verein Fehmarn, Fehmarn; Residenz, Munich, for the awarding of the art stipend of the Bayerische Akademie der Schönen Künste; Galerie Swiridoff, Schwäbisch Hall; Galerie Schrade Schloss Mochental, Ehingen (exh. cat.); Ray Hughes Gallery, Sydney (exh. cat.); Kunst-Kabinett Usedom, Benz (exh. cat.) **2006** Galerie Berlin, Berlin (exh. cat.); Galerie Schrade & Blashofer, Karlsruhe (exh. cat.); Galerie Ludorff, Düsseldorf (exh. cat.); Kunst-Kabinett Usedom, Benz; Museum Fähre, Bad Saulgau; Galerie Meyer, Lüneburg **2005** Galerie Lange, Berlin; Kunstverein Hohenaschau, Aschau; Galerie Netuschil, Darmstadt; Galerie Tobias Schrade, Ulm; Galerie Klaus Lea, Munich, with Harry Meyer; Galerie Sundermann, Würzburg; Mecklenburgische Versicherungsgruppe, Hannover, and the carriage house of Schloss Mirow, Müritz, both together with the Kunst-Kabinett Usedom, Benz; Galerie Schottelius European Fine Arts, San Francisco; Galerie Meier, Freiburg; Galerie Oberländer, Augsburg **2004** Art Karlsruhe: Kunst-Kabinett Usedom, Benz; Art Gallery, NORD/LB Norddeutsche Landesbank, Hannover, with the Kunst-Kabinett Usedom, Benz; Kunstverein Rotenburg, Rotenburg/Wümme; Galerie der NORD/LB, Braunschweig; Galerie Hoopmann, Amsterdam; Galerie Schottelius European Fine Arts, San Francisco; Galerie Schrade, Karlsruhe; Galerie Ludwig Lange, Berlin; Kulturzentrum Ponta del Gada, Azores; Galerie Jas, Utrecht **2003** Galerie Ludwig Lange, Berlin; Städtische

Galerie, Wangen; Galerie Schrade Schloss Mochental, Ehingen; Galerie Meyer, Lüneburg **2002** Galerie Ludwig Lange, Berlin; Galerie Baumgarte, Bielefeld; Galerie Schloss Neuhaus, Salzburg; Galerie Netuschil, Darmstadt; Kunst-Kabinett Usedom, Benz; Galerie von Braunbehrens, Munich **2001** Galerie Meyer, Lüneburg; Galerie Ludwig Lange, Berlin **2000** Galerie Sebastian Drum, Schleswig; Galerie Schrade Schloss Mochental, Ehingen **1999** Kunst-Kabinett Usedom, Benz; Galerie Netuschil, Darmstadt; Galerie Meyer, Lüneburg **1998** Galerie Ludwig Lange, Berlin; Galerie im Torhaus, Gut Panker; GASAG, Berlin – Kunstpreis (exh. cat.) **1996** Galerie am See, Potsdam; Kunst-Kabinett Usedom, Heringsdorf

GROUP EXHIBITIONS, SELECTION

(exh. cat.) = with exhibition catalogue

2020 Art Karlsruhe: Galerie Schrade, Mochental, Galerie Ludorff, Düsseldorf; König Galerie, Berlin 2019 Galerie im Woferlhof, Bad Kötzting; Galerie AC Noffke, Ratzeburg **2018** Galerie Rother Winter, Wiesbaden, in cooperation with the Galerie Netuschil, Darmstadt; Kunstmix, Copenhagen; Sammlung Hurrle, Durbach; Art Cologne: Galerie Ludorff, Düsseldorf; Art Basel: Galerie Carzaniga, Basel; Art Bodensee: Galerie Tobias Schrade, Ulm; Kunstmix, Copenhagen; Sammlung Hurrle, Durbach; Baumkunstpreis 2018, Schloss Gottorf, Schleswig **2017** Galerie Ludorff, Düsseldorf; Galerie AC Noffke, Rendsburg; Kunsthalle Würth, Schwäbisch Hall; Galerie Meier, Freiburg; Art Basel: Galerie Carzaniga, Basel; Galerie Urs Reichlin, Zug; Art Karlsruhe: Galerie Ludorff, Düsseldorf; Galerie Kornfeld, Berlin **2016** Kunsthalle Würth, Schwäbisch Hall; Kiaf Art Seoul: Galerie Bode, Nuremberg; Artfair, Cologne: Galerie Schrade, Mochental/Karlsruhe; Kunst Zürich: Galerie Carzaniga, Basel; Affordable Artfair, Hamburg; Galerie Müllers, Rendsburg; Kunstverein Kreis Gütersloh, Gütersloh; Cologne Fine Arts & Design: Galerie Ludorff, Düsseldorf; Art Basel: Galerie Carzaniga, Basel; Art Busan, South Korea: Galerie Bode, Nuremberg; Schloss Gottorf, Schleswig; Kulturforum Würth, Chur; Art Karlsruhe: Galerie Ludorff, Düsseldorf, Galerie Schrade, Mochental/Karlsruhe; Art Cologne: Galerie Ludorff, Düsseldorf; Galerie Netuschil, Darmstadt **2015** Art Elysée: Galerie Lebon, Paris; Daegu Art Fair, South Korea: Galerie Bode, Nuremberg; Art Busan, South Korea: Galerie Bode, Nuremberg; Kiaf Art Seoul: Galerie Bode, Nuremberg; Galerie Lebon, Paris; Galerie Ludorff, Düsseldorf; Galerie im Woferlhof, Bad Kötzing; Artfair, Cologne: Galerie Schrade, Mochental/Karlsruhe; Streiffler Haus, Landau/Pfalz; Galerie Müllers, Rendsburg; Grand Hotel Seeschlösschen, Timmendorfer Strand; Art Cologne: Galerie Ludorff, Düsseldorf; Art Karlsruhe: Galerie Ludorff, Düsseldorf, Galerie Schrade, Mochental/Karlsruhe; Galerie Müllers, Rendsburg **2014** Stadtmuseum, Langenfeld; Kiaf Art Seoul: Galerie Bode, Nuremberg; Art Karlsruhe: Galerie Ludorff, Düsseldorf, Galerie Schrade, Karlsruhe; Art Cologne: Galerie Ludorff, Düsseldorf, Galerie Schrade, Karlsruhe, Galerie Meier, Freiburg (exh. cat.) **2013** Art Karlsruhe: Galerie Ludorff, Düsseldorf, Galerie Schrade, Mochental/Karlsruhe, Galerie Meier, Freiburg; Hotel Genueser Schiff, Hohwacht (exh. cat.); Galerie Müllers, Rendsburg (exh. cat.); Schloss Gottorf, Schleswig (exh. cat.); Archäologisches Museum, Schleswig; Galerie Klaus Lea, Munich; Deagu Artfair, South Korea: Galerie Bode, Nuremberg; Kiaf Art Seoul: Galerie Bode, Nuremberg; Kunst Zürich: Galerie Carzaniga, Basel; Krefelder Kunstverein, Krefeld; Artfair, Cologne: Galerie Schrade, Mochental/Karlsruhe **2012** Art Karlsruhe: Galerie Ludorff, Düsseldorf, Galerie Schrade, Mochental/Karlsruhe; Art Cologne: Galerie Ludorff, Düsseldorf; Kiaf Art Seoul: Galerie Bode, Nuremberg; Daegu Art Fair, South Korea: Galerie Bode, Nuremberg; Kunst Zürich: Galerie Carzaniga, Basel; Galerie Tobias Schrade, Ulm; Artfair, Cologne: Galerie Schrade, Mochental **2011** Art Karlsruhe: Galerie Ludorff, Düsseldorf, Galerie Schrade, Mochental/Karlsruhe, Galerie Berlin, Berlin; Rotes Rathaus, Berlin; Kunstverein Hohenaschau, Aschau with Menno Fahl and Kathrin Rank; Art Cologne: Galerie Ludorff, Düsseldorf; Georg Kolbe Museum, Berlin, in rooms of the Gallery Weekend's Hot Spot Berlin; Galerie Bode, Seoul; Museum Würth, Künzelsau; Galerie Chungdan, Korea **2010** Art Karlsruhe: Galerie Schrade, Mochental/Karlsruhe, Galerie Berlin, Berlin, Galerie Ludorff, Düsseldorf; Kunstverein

Augsburg (exh. cat.); Art Cologne: Galerie Ludorff, Düsseldorf; Galerie Netuschil, Darmstadt; Galerie Müllers, Rendsburg; Daegu Art Fair, South Korea: Galerie Bode, Nuremberg; Kunst Zürich: Galerie Carzaniga, Basel; Artfair, Cologne: Galerie Schrade, Mochental/Karlsruhe; Kunsthaus Hänisch, Kappeln; Peter Behrens-Bau, Frankfurt-Höchst **2009** Art Karlsruhe: Galerie Berlin, Berlin, Galerie Ludorff, Düsseldorf, Galerie Schrade Schloss Mochental, Ehingen, Galerie Meier, Freiburg; Art Cologne: Galerie Ludorff, Düsseldorf; Galerie Herold, Hamburg; Internationales Maritimes Museum Hamburg, Hamburg; MiArt, Milan: Galerie Carzaniga, Basel; Galerie im Woferlhof, Bad Kötzting; Schloss Achberg, Ravensburg (exh. cat.); DuC Wuhan, China: Galerie Bode, Nuremberg (exh. cat.); Galerie Schrade Schloss Mochental, Ehingen **2008** Art Karlsruhe: Galerie Berlin, Berlin, Galerie Ludorff, Düsseldorf, Galerie Schrade Schloss Mochental, Ehingen; Art Cologne: Galerie Ludorff, Düsseldorf; Kunst und Antiquitätenmesse Munich: Galerie Ludorff, Düsseldorf; Galerie Tobias Schrade, Ulm; Galerie Bode, Nuremberg; Kiaf Art Seoul: Galerie Berlin, Berlin, Galerie Carzaniga, Basel (exh. cat.); Galerie Carzaniga, Basel zu Gast im Principe Leopoldo, Lugano; Galerie im Elysee, Hamburg, with the Norddeutsche Realisten (exh. cat.) **2007** Art Karlsruhe: Galerie Ludorff, Düsseldorf, Galerie Schrade Schloss Mochental, Ehingen; Art Cologne: Galerie Ludorff, Düsseldorf **2006** Galerie Berlin, Berlin; Galerie Schrade & Blashofer, Karlsruhe; Galerie Ludorff, Düsseldorf; Kunst-Kabinett Usedom, Benz; Museum Fähre, Bad Saulgau; Galerie Meyer, Lüneburg **2004** Altonaer Museum, Hamburg, with the Norddeutsche Realisten **2003** Galerie Rose, Hamburg; Grenzlandausstellung, Apenrade, Denmark; Galerie Netuschil, Darmstadt; Galerie Lange, Berlin **2002** Art Dresden; Art Frankfurt; Art Cologne **2001** Große Kunstausstellung, Haus der Kunst, Munich (annual participation); Galerie Schrade Schloss Mochental, Ehingen; Galerie Schloss Neuhaus, Salzburg, Kunstpreis: Salzburg in neuen Ansichten; Galerie Baumgarte, Bielefeld **2000** Galerie Ludwig Lange, Berlin; Galerie Schrade Schloss Mochental, Ehingen, Franz-Joseph-Spiegler-Preis **1999** Galerie Ludwig Lange, Berlin; Galerie Schrade Schloss Mochental, Ehingen; Galerie Netuschil, Darmstadt **1997** Galerie Meyer, Lüneburg; Galerie Ludwig Lange, Berlin; Artarmon Gallery, Sydney

PUBLICATIONS

2020 *Christopher Lehmpfuhl. Neue Heimat*, ed. Christopher Lehmpfuhl and Erika Maxim-Lehmpfuhl, Berlin, 142 pp; *Zu Gast im Orangerieschloss. Werke von Hubertus Hamm, Franziska Klotz, Christopher Lehmpfuhl und Oliver Westerbarkey*, Galerie Kornfeld, Berlin, 60 pp; *Christopher Lehmpfuhl. Licht/Blicke*, Galerie Kornfeld, Berlin, 24 pp; *Christopher Lehmpfuhl. Wolkenspiel*, Galerie Ludorff, Düsseldorf, 44 pp; *Am Wasser – Christopher Lehmpfuhl und Clemens Heinl*, Galerie Müllers, Rendsburg, 80 pp **2019** *Christopher Lehmpfuhl. Malreise nach Sylt*, Galerie Müllers, Rendsburg, 39 pp; *Christopher Lehmpfuhl. Von der Stadt in die Berge*, Galerie Carzaniga, Basel, 64 pp; *Zwischen Pathos und Pastos – Christopher Lehmpfuhl in der Sammlung Würth*, Swiridoff-Verlag, Künzelsau, 116 pp **2018** *Christopher Lehmpfuhl. Malreise nach Irland*, Galerie Müllers, Rendsburg, 56 pp; *Christopher Lehmpfuhl. Aquarelle/Watercolors*, Galerie Tobias Schrade, Ulm, 72 pp; *Christopher Lehmpfuhl. Vor Ort. Neue Bilder*, Galerie Ludorff, Düsseldorf, 80 pp; *Christopher Lehmpfuhl in Georgien*, Galerie Kornfeld, Berlin/Wienand Verlag, Cologne, 88 pp; *Christopher Lehmpfuhl. Herbstklänge*, Galerie Schrade, Karlsruhe, 56 pp **2017** *Christopher Lehmpfuhl. Das Licht des Nordens*, Galerie Müllers, Rendsburg, 72 pp **2016** *Christopher Lehmpfuhl. Schwabenritt*, Galerie Schrade Schloss Mochental, Ehingen, 56 pp; *Christopher Lehmpfuhl. Plein-Air-Malerei in den Dolomiten*, Hirmer Verlag, Munich, 120 pp, German/Italian; *NZZ Edition Nr. 1*, *Neue Zürcher Zeitung*, 20 pp; *Christopher Lehmpfuhl. Sylt im Licht,* Galerie Müllers, Rendsburg, 40 pp; *Christopher Lehmpfuhl. Die Farben des Schnees*, Kunstmuseum Bensheim, Bensheim, 44 pp **2015** *Christopher Lehmpfuhl. Bornholm*, Galerie Müllers, Rendsburg, 36 pp; *Die Norddeutschen Realisten am Timmendorfer Strand*, ed. Christopher Lehmpfuhl, Berlin, 48 pp; *Christopher Lehmpfuhl. Plein Air*, ed. Galerie Bode, Nuremberg, 21 pp; *Christopher Lehmpfuhl. Lugano, Engadin, Zürich*, Galerie Carzaniga, Basel, 56 pp;

Christopher Lehmpfuhl. Karlsruher Parklandschaften, Galerie Schrade, Karlsruhe, 60 pp **2014** *Raps-Landschaften. Hans-Joachim Billib und Christopher Lehmpfuhl*, Galerie Meier, Freiburg, 40 pp; *Christopher Lehmpfuhl. Nordseelandschaften. Helgoland – Seebüll Noldegarten – Hallig Hooge*, ed. Christopher Lehmpfuhl, Erika Maxim-Lehmpfuhl, Hannelore Stamm and Hannes Albers, Kunst-Kabinett Usedom, Benz, 112 pp; *Christopher Lehmpfuhl. Italien*, ed. Rainer M. Ludorff and Manuel Ludorff, Galerie Ludorff, Düsseldorf, 112 pp; *Christopher Lehmpfuhl. Meer. Berge. Plein Air Malerei*, ed. Christopher Lehmpfuhl and Erika Maxim-Lehmpfuhl, Berlin, 136 pp; *Christopher Lehmpfuhl. Plein Air Malerei 2009–2014*, ed. Klaus D. Bode, Bode Galerie & Edition, Nuremberg, 48 pp; *Christopher Lehmpfuhl. Sturm über Sylt*, Galerie Müllers, Rendsburg, 40 pp **2013** *Christopher Lehmpfuhl. Zwischen den Meeren*, Galerie Müllers, Rendsburg, 48 pp; *Christopher Lehmpfuhl. Von Speyer bis zum Bodensee*, Galerie Schrade Schloss Mochental, Ehingen, 64 pp; *Christopher Lehmpfuhl*, Galerie Carzaniga, Basel, 56 pp; *Christopher Lehmpfuhl. Vier Jahreszeiten*, Galerie Netuschil, Darmstadt, 56 pp; *Christopher Lehmpfuhl. Das kleine Format*, ed. Rainer M. Ludorff and Manuel Ludorff, Galerie Ludorff, Düsseldorf, 52 pp **2012** *Die Norddeutschen Realisten. Symposium in Hohwacht am Genueser Schiff*, ed. Christopher Lehmpfuhl, Berlin, 92 pp; *Christopher Lehmpfuhl. Schau – ins – Land. Neue Schwarzwaldbilder*, Galerie Meier, Freiburg, 40 pp; *Christopher Lehmpfuhl. Neues aus Berlin*, Galerie Tobias Schrade, Ulm, 10 pp; *Christopher Lehmpfuhl im terrasse*, Bindella Galleria, Zurich, 28 pp **2011** *Christopher Lehmpfuhl. Berlin Plein Air. Malerei 1995–2010*, ed. Erika Maxim-Lehmpfuhl, Berlin, 456 pp; *Christopher Lehmpfuhl. Bilder aus der Schweiz*, Galerie Carzaniga, Basel, 48 pp; *Christopher Lehmpfuhl*, Galerie Meyer, Lüneburg, 48 pp; *Christopher Lehmpfuhl. Neue Wege*, Galerie Ludorff, Düsseldorf, 72 pp **2010** *Christopher Lehmpfuhl. Die neue Mitte. Zyklus vom Rückbau des Palastes der Republik*, ed. Christopher Lehmpfuhl, Berlin, 56 pp; *Christopher Lehmpfuhl. Australien und Oberschwaben*, Galerie Schrade Schloss Mochental, Ehingen, 20 pp **2009** *Christopher Lehmpfuhl. Hamburg! Hamburg – Bilder einer Stadt*, Galerie Herold, Hamburg/Kampen, 36 pp; *Christopher Lehmpfuhl. Blühende Landschaften*, Galerie Berlin, Berlin, 48 pp; *Christopher Lehmpfuhl auf Amrum*, Galerie Meyer, Lüneburg, 32 pp; *Christopher Lehmpfuhl. Zwischen Skagen und Hamburg*, ed. Christopher Lehmpfuhl, Erika Maxim-Lehmpfuhl, Hannelore Stamm and Hannes Albers, Kunst-Kabinett Usedom, Benz, 52 pp; *Christopher Lehmpfuhl. Nürnberg*, Bode Galerie & Edition, Nuremberg, 28 pp; *Christopher Lehmpfuhl*, Galerie Carzaniga, Basel, 32 pp **2008** *Christopher Lehmpfuhl. Schneebilder*, Galerie Meier, Freiburg, 64 pp; *Christopher Lehmpfuhl. Das Licht in der Landschaft*, Galerie Ludorff, Düsseldorf, 96 pp; *Christopher Lehmpfuhl. Australia. The Red Path*, ed. Christopher Lehmpfuhl, Berlin, 48 pp **2007** *Christopher Lehmpfuhl. Die Alb*, ed. Christopher Lehmpfuhl, Harry Meyer and Galerie Schrade, Schloss Mochental, Galerie Ewald Karl Schrade, Karlsruhe/Mochental, 56 pp; *Christopher Lehmpfuhl. Am Meer*, Kunst-Kabinett Usedom, Benz, 48 pp; *Christopher Lehmpfuhl. Weihnachtsbriefe 1997–2006*, ed. Erika Maxim-Lehmpfuhl, Berlin, 120 pp **2006** *Christopher Lehmpfuhl. Stationen*, Galerie Ludorff, Düsseldorf, 72 pp; *Christopher Lehmpfuhl. Stadt-Landschaften. Malerei*, Galerie Berlin, Berlin, 48 pp; *Christopher Lehmpfuhl. Badische und oberschwäbische Landschaften*, ed. Christopher Lehmpfuhl and Galerie Schloss Mochental, Galerie Schrade & Blashofer, Karlsruhe, 48 pp **2005** *Christopher Lehmpfuhl. Meerlandschaft. Mecklenburg-Vorpommern*, ed. Christopher Lehmpfuhl, Hannelore Stamm and Hannes Albers, Kunst-Kabinett Usedom, Benz, 60 pp; *Berlin-Gemälde von Christopher Lehmpfuhl*, Galerie Lange, Berlin, 46 pp **2004** *Christopher Lehmpfuhl. Meerlandschaft. Ostfriesland*, ed. Christopher Lehmpfuhl, Hannelore Stamm and Hannes Albers, Kunst-Kabinett Usedom, Benz, 64 pp; *Christopher Lehmpfuhl. Indisches Tagebuch*, ed. Christopher Lehmpfuhl, Berlin, 48 pp **2003** *Christopher Lehmpfuhl in China*, ed. Christopher Lehmpfuhl, Galerie Ludwig Lange, Berlin, 32 pp; *Christopher Lehmpfuhl. Meerlandschaft. Fehmarn – Rügen – Usedom*, ed. Christopher Lehmpfuhl, Edition Kunst-Kabinett Usedom, Benz, 48 pp **2002** *Christopher Lehmpfuhl. Augenblicke. Bilder 1999–2002*, ed. Axel Zimmermann, Galerie von Braunbehrens, Munich, 80 pp **1998** *Christopher Lehmpfuhl. Bilder 1996–1998*, ed. Klaus Fußmann, Berlin, 14 pp **1998** *Christopher Lehmpfuhl, GASAG Kunstpreis*, Hochschule der Künste, Berlin, 28 pp

IMPRESSUM / IMPRINT

Umschlag / Cover Schlossplatz im August 2014 / Schlossplatz in
August 2014 (Detail von Abb. S. 111 / detail of fig. p. 111)

Fotografien / Photographs
Florian Selig S. / pp. 11, 13, 22, 152–153
Christopher Lehmpfuhl S. / pp. 15, 24, 26
Uwe Walter S. / pp. 17, 19, 28

Reproduktionen / Reproductions
S. / pp. 34–71 Bernd Kuhnert, Berlin
S. / pp. 72–121 Florian Selig, Berlin
S. / pp. 122–123 Christopher Lehmpfuhl
S. / pp. 126–144 Uwe Walter

© Prestel Verlag, Munich · London · New York 2021
A member of Penguin Random House Verlagsgruppe GmbH
Neumarkter Strasse 28 · 81673 Munich

Der Verlag weist ausdrücklich darauf hin, dass im Text enthal-
tene externe Links vom Verlag nur bis zum Zeitpunkt der Buch-
veröffentlichung eingesehen werden konnten. Auf spätere Verände-
rungen hat der Verlag keinerlei Einfluss. Eine Haftung des Verlags ist
daher ausgeschlossen. / With respect to links in the book, the Publisher
expressly notes that no illegal content was discernible on the linked
sites at the time the links were created. The Publisher has no influence
at all over the current and future design, content, or authorship of the
linked sites. For this reason, the Publisher expressly disassociates itself
from all content on linked sites that has been altered since the link was
created and assumes no liability for such content.

© für die Texte bei den Autoren / for the texts by the authors
© für die abgebildeten Werke / for the depicted artworks
by Christopher Lehmpfuhl

Library of Congress Control Number: 2020949295
A CIP catalogue record for this book is available from the British Library.

Projektleitung / Editorial direction Anja Besserer und / and Nora Schröder
Deutsches Lektorat / German copyediting Anne Hagenlocher
Übersetzung ins Englische / Translation into English Cynthia Hall
Englisches Lektorat / English copyediting Sarah Quigley
Design und / and layout Marina Dafova
Herstellung / Production management Cilly Klotz
Repro / Separations ruksaldruck, Berlin
Druck und Bindung / Printing and binding ruksaldruck, Berlin
Schrift / Typeface Montserrat; Compacta
Papier / Paper LuxoArt Samt, 170 g/m², 1,05-fach Vol.;
Salzer EOS blauweiß, 120 g/m², 1,5-fach Vol.

Das Innenpapier ist FSC-zertifiziert.

Printed in Germany

ISBN 978-3-7913-7841-1

www.prestel.de
www.prestel.com